Wolfgang Engler
Lüge als Prinzip

Wolfgang Engler

Lüge als Prinzip

Aufrichtigkeit im Kapitalismus

aufbau

Mit 25 Abbildungen

ISBN 978-3-351-02709-4

Aufbau ist eine Marke der Aufbau Verlag GmbH & Co. KG

1. Auflage 2009
© Aufbau Verlag GmbH & Co. KG, Berlin 2009
Einbandgestaltung heilmann/hißmann, Hamburg
Druck und Binden CPI – Clausen & Bosse, Leck
Printed in Germany

www.aufbau-verlag.de

Inhalt

In der Wahrheitsfalle. Statt eines Vorworts   9

Aufrichtigkeit als Gebot der Gegenwart

Regeln für den Hausgebrauch 21
1. Nicht zu wenig, nicht zu viel 21
2. Mut zur Schwäche 25

Die Regeln des Marktes 30
1. Ehrliches Geschäftsgebaren 30
2. Die Lüge aus Prinzip 35
3. Die Lüge als Passion 39
4. Grenzen des Systemvertrauens 47
5. Aus dem Rahmen 52
6. Regeln, Normen und die ausstehende Antwort
   auf die Frage nach dem Wozu 54

Das Theater der Aufrichtigkeit. Hommage an Michel Foucault

Philosophisches Geleit: Gorgias 61

Zeigen und Schweigen 63
1. Verhexter Verstand oder der »Missbrauch der Worte« 63
2. Der Schulmeister im »freien Hörsaal der Natur«:
   sprachlos 67
3. Der Bündelungseffekt der höfischen Konversation . . 73

Aufrichtigkeit im Grundriss 77
1. Versteckspiele 77
2. Boten, Vermittler 82
3. Die Schule der Aufrichtigkeit 85
4. Alltag der Utopie 90

Aufrichtigkeit in der Entfaltung 94
1. Der bedürftige Mensch 94
2. Der empfindsame Mensch 100
3. Politik im vorpolitischen Raum 105
4. Ein Geflecht aus Diskursen 110

»Aufrichtige« Soziologie 114
1. Anmut der Armut 114
2. Symmetrie der Willen 115
3. Verteidigung der bürgerlichen Gesellschaft 120
4. Eine Erfindung des achtzehnten Jahrhunderts? 123

Aufrichtigkeit im Umbruch 129
1. Die große Inventur 129
2. Funktionalität und Effizienz 133
3. Vorläufige Abdankung......................... 145

Aufrichtig, authentisch, echt

1. Der Weg nach innen 147
2. Im Spiegelkabinett 151
3. Authentisch arbeiten? 157
4. Verantwortung en gros 165
5. Echt! 170

Anhang 173
Verwendete Literatur 173
Anmerkungen 185
Bildnachweis 214

Die Aufrichtigkeit schritt eines Tages durch die Welt und hatte eine echte Freude über sich.

Ich bin doch eine tüchtige Person, dachte sie; ich scheide scharf zwischen gut und schlecht, mit mir gibt's kein Paktieren; keine Tugend ist denkbar ohne mich. Da begegnete ihr die Lüge in schillernden Gewändern, an der Spitze eines langen Zuges. Mit Ekel und Entrüstung wandte die Aufrichtigkeit sich ab. Die Lüge ging süßlich lächelnd weiter; die letzten ihres Gefolges aber, ein kleines schwächliches Volk mit Kindergesichtchen schlichen demütig und schüchtern vorbei und neigten sich bis zur Erde vor der Aufrichtigkeit.

»Wer seid ihr denn?«, fragte sie.

Eines nach dem anderen antwortete: »Ich bin die Lüge aus Rücksicht.« – »Ich bin die Lüge aus Pietät.« – Ich bin die Lüge aus Barmherzigkeit.« – »Ich bin die Lüge aus Liebe«, sprach die vierte, und diese Kleinsten von uns sind: »das Schweigen aus Höflichkeit, das Schweigen aus Respekt und das Schweigen aus Mitleid«.

Da errötete die Aufrichtigkeit und plötzlich kam sie sich doch etwas plump und brutal vor.

Marie Freifrau von Ebner-Eschenbach (1830–1916)

In der Wahrheitsfalle
Statt eines Vorworts

Das Thema dieses Buches beschäftigt mich mit Unterbrechungen seit nunmehr zwanzig Jahren. Es endlich abzuschließen fehlte mir lange das Zutrauen, und das hat Gründe, persönliche, zeitgeschichtliche, politische; Gründe, die zur Sache gehören und daher hier berichtet werden sollen.

Im Jahr 1987 erhielt ich durch Vermittlung eines befreundeten Kollegen eine Einladung nach Klagenfurt, um an der dortigen Universität einen Vortrag zu halten. Für jemanden, der im Osten Deutschland saß, in Ostberlin, ein reizvolles Angebot – *that kind of offer you don't reject*. Seit Monaten mit einer Studie über die geistige Kultur des Bürgertums in der zweiten Hälfte des achtzehnten Jahrhunderts befasst, griff ich dankbar zu, beschleunigte die Arbeit und gab ihr den Titel: »Die Konstruktion von Aufrichtigkeit. Zur Geschichte einer verschollenen diskursiven Formation«. Ich hatte darüber ein Seminar mit Regiestudenten abgehalten, deren Interesse geweckt und meinte, auch das meiner Gastgeber zu finden. Die Erwartung erfüllte sich, nur anders als vermutet.

Gewiss, sie begriffen den Wink, den der Untertitel gab: eine unmissverständliche Anspielung auf Michel Foucault, den Archäologen der Diskurse, dessen Werke zu jener Zeit in West wie Ost eifrig gelesen und debattiert wurden. Auch ich hatte seine Bücher studiert, die *Ordnung der Dinge* und das, was folgte, stand, wie man so sagt, im Stoff und fühlte mich für meinen Auftritt gut gerüstet.

Aber nicht darüber entspann sich das Gespräch in Klagenfurt. Der Gast aus der DDR habe sich sicher etwas gedacht, als er gerade dieses Thema wählte, und seine Absichten erschöpften sich mitnichten in seinem Interesse an Foucault.

Er spreche im historischen Interieur, gleichsam durch die Blume, von sich, von der Gesellschaft, dem Staat, in dem er lebte, weshalb sonst verbreite er sich ausgerechnet über die Aufrichtigkeit!

Darauf, auf den Grund der Rede, zielten die Kommentare und Nachfragen, wobei sich alle sichtlich um Zurückhaltung bemühten. Später, beim Essen in kleinerem Kreis, wagte sich einer der Älteren etwas weiter aus der Deckung und sagte etwa Folgendes: »Sie haben sehr elegant zu uns gesprochen, allegorisch, und, seien Sie versichert, wir haben, was Sie uns sagen wollten, gut verstanden. Sämtliche Motive Ihres Vortrags, die Skepsis dem öffentlichen Leben gegenüber, das Lob des Schweigens, von Nähe und Vertrauen, die Preisungen einfacher, bescheidner Sitten, der wiederholte Verweis auf Fichtes *geschlossenen Handelsstaat* – ganz unverfänglich und zugleich ganz klar.«

Ich quittierte die Bemerkung mit einem einverständlichen Lächeln, hinter dem ich meine Verwirrung verbarg. Eine kulturgeschichtlich eingekleidete Kritik ostdeutscher Zustände zu verfassen, das hatte mir nicht vorgeschwebt, als ich den Gegenstand für mich entdeckte. Ich wähnte mich im Dienst der Sache selbst. Aber offensichtlich hatten die Hörer in der Fremde deutlicher als ich vernommen, was zumindest mitgemeint war beim Schreiben und beim Reden. Ein Satz von Heiner Müller fiel mir ein: Der Autor ist klüger als die Parabel, die Metapher ist klüger als der Autor.

Ich hieß diese geflügelte Klugheit, die sich hinterrücks in den Denkprozess einmischte, nachträglich willkommen. Dankte ich doch vornehmlich ihr die Aussicht, mein Manuskript demnächst in Österreich publiziert zu sehen. Schnell wurde eine Abschrift angefertigt. Ich sah sie eilig durch und reiste ab. Dann ruhte der Vorgang. Erst 1989, mitten im gesellschaftlichen Umbruch in der DDR, erschien der Text – die erste »richtige« Publikation.

Oder doch nicht?

Das schmale Buch strotzte vor Fehlern, auch sinnentstellenden; das trübte die Freude. In kleiner Auflage gedruckt und ohne Werbung in die Welt entlassen, fand es ein paar Dutzend Leser, der Restbestand verschwand auf rätselhafte Weise.

Auch unter lauterem Trommelwirbel hätte die Schrift ein besseres Schicksal kaum gefunden. Stürmische Zeiten protegieren Manifeste, Pamphlete, Grußadressen; ein geistesgeschichtlicher Traktat über die Aufrichtigkeit war so ziemlich das Letzte, wonach das Publikum damals verlangte. Ich verschenkte die mir zugesandten Exemplare an Freunde und Bekannte, stellte eines ins Regal und überließ es nach Art berühmter Leute der »nagenden Kritik der Mäuse«.

Nach Jahren fiel mir das Büchlein wieder in die Hände. Was ich, die vielen Fehler, so gut ich konnte, übersehend, las, gefiel mir immer noch. Das Material verstauben lassen hieße, die Arbeit verachten, die nötig war, es zusammenzutragen. Auch die Deutungen hielten dem kritischen Blick im Wesentlichen stand. Der erste Impuls ging dahin, den schon einmal publizierten Text, gründlich durchgesehen und korrigiert, neu herauszubringen.

Dazu kam es nicht. Andere Arbeiten gingen vor, viele Aufsätze und etliche Bücher später lag der Band noch immer »unerledigt« auf dem Schreibtisch.

Ein weiteres Mal aus dem Stapel gezogen und aufgeblättert, begriff ich, Seite für Seite, meinen Langmut: In dieser Form besaß er kein Recht auf einen zweiten Anlauf. Was mehr als alles andere störte, war seine Ausdrucksweise, sein Jargon; Resultat mangelnder Distanz zu intellektuellen Moden.

Mitte der 1980er Jahre, als die Abhandlung entstanden war, litten Sozial-, Kultur- und Geisteswissenschaften an Minderwertigkeitskomplexen. Ihre Wissenschaftlichkeit unter Beweis zu stellen, griffen viele Forscher zu Begriffen und Verfahren, die Linguisten und Semiotiker entwickelt hatten. Alles schien Sprache, in Sprache, oder allgemeiner, in Zeichenaustausch und

Symbolsysteme auflösbar zu sein. Wer mitreden wollte, sprach, als sei das der Gipfel der Erkenntnis, von »kultureller Semiose«, von »illokutiven Akten« und »kommunikativer Performanz«.

Sofern diese Konzepte die Komplexität der menschlichen Sprache herausstrichen, erfüllten sie eine kritische Funktion gegenüber naiven Abbildtheorien in Wissenschaft und Künsten. Sprechend verändern die Menschen die Wirklichkeit, die sie mit ihren Worten meinen, und sei es noch so minimal; das war der Erkenntnisgewinn des *linguistic turn*. Auf dem neuen Vokabular triumphierend herumzureiten, so als sei nach langer Irrfahrt des menschlichen Geistes nun endlich Land in Sicht, war die Mode dieser Jahre.

Bei neuerlicher Durchsicht des alten Textes musste ich mir diese Unart eingestehen. Der Wunsch, geistig auf dem neuesten Stand zu sein, hatte seine Spuren hinterlassen. Die galt es, um der Verständlichkeit des Dargestellten willen, nun zu tilgen. Einmal am Zuge, traf ich auch sonst auf manche dunkle Stelle, auf Ungeschicklichkeiten. Wenige Passagen ausgenommen, schrieb ich das Ganze um und fügte, neuere Forschungen aufgreifend, hier und da etwas hinzu.

So entstand das dritte Kapitel dieses Buches, und damit war der Schreibprozess noch nicht beendet. Zu viele Fäden lagen offen.

Die Kultur der Aufrichtigkeit überschritt ihren Zenit am Ende des achtzehnten Jahrhunderts; an dieser einmal gewonnenen Einsicht hielt ich fest. Ebenso an den einst ausgemachten Ursachen für diesen Niedergang. Die Utopie des »wahren« Menschen prallte an der sozialen Welt, seit sie Systemcharakter angenommen hatte, wie an einer Mauer ab und ging »nach Hause«. Gewohnheiten und Praktiken aus der Ära der Aufrichtigkeit lebten, konsequent verhäuslicht, fort und traten in widersprüchliche Beziehung zu der Kultur, die kam, der Kultur des Authentischen.

Diese bezog sich dreifach auf ihre Vorläuferin. Sie übernahm einzelne Elemente unverändert, formte andere um und zerbrach zugleich den Rahmen, der ihnen Platz und Bedeutung angewiesen hatte. Was authentisches Begehren und Verhalten »ist«, versteht nur, wer seine Vorgeschichte kennt. Die Analyse der Aufrichtigkeit, das erfasste ich erst jetzt, ist der Schlüssel zum Verständnis der Authentizität und hilft, des Weiteren, zu begreifen, was Echtheit ist.

Davon handelt das vierte Kapitel dieser Schrift.

Worauf ich »eigentlich« hinauswollte, als ich die Arbeit begann und vortrug, was ich herausgefunden hatte? Auf weiter nichts als auf die Erkenntnis historischer Zusammenhänge, lautet die unveränderte Auskunft. Eine politische Stellvertreterrolle war dem Text so wenig wie der Rede zugedacht, weder bewusst noch unbewusst, da bin ich mir sicher.

Nur konnte ich das meinen damaligen Hörern mit noch so vielen Worten nicht vermitteln. Sie hätten sich dadurch in ihrer Vermutung, ich verberge, verkleide meine wahren Motive, nur bestärkt gefühlt. Mein Thema hatte mich eingeholt. Ich hatte aufrichtig gesprochen, frei von Hintergedanken, aber man glaubte mir nicht. Und ich sah kein Mittel, die Zweifel zu zerstreuen. Ich saß in der Falle.

Natürlich war das Thema für die Gesellschaft, in der ich damals lebte, relevant. Und natürlich hätte man darüber schreiben und diskutieren können.

Das unterblieb, und wie ich noch einmal beteuere, nicht aus übertriebener Vorsicht oder aus verdrängter Angst. Was hier zu sagen war, lag auf der flachen Hand, warf für das Denken keinen Mehrwert ab.

In einer Gesellschaft wie der ostdeutschen, die ein umfängliches Spitzelunwesen ertragen musste, zählte aufrichtiges Sprechen und Handeln zu den Kardinaltugenden des anständigen Bürgers. Es war schwierig, jederzeit aufrecht durch die Welt zu gehen, und deshalb war es wichtig, unverzichtbar.

Sollte der Gesellschaft das an sich dem Staat zudiktierte Schicksal, nächstens abzusterben, erspart bleiben, mussten die Menschen Inseln herrschaftsfreier Kommunikation gründen und behaupten. Was zu allen Zeiten, auch den düstersten, gelungen war, gelang auch in der DDR, man weiß es heute und wusste es zuvor; hier gab es kein Geheimnis zu lüften.

Aufrichtigkeit im achtzehnten Jahrhundert – das war ein kultureller Aufstand mit hohem Unterhaltungswert, ein Spektakel; da fochten die besten Köpfe der Zeit mit schillernden Gegnern. Aufrichtigkeit in der DDR – das war die protestantische Reprise, Anstand vor Aufstand, aus guten Gründen, nur: wozu sich darüber eigens verbreiten?

Um aus dem Kontrast zweier Spielarten der Aufrichtigkeit deren Wesen genauer herauszupräparieren, sage ich mir heute. So würde das Klagenfurter Missverständnis doch noch produktiv.

Wohlan.

Die staatssozialistische Herrschaftsordnung glich der absolutistischen insofern, als sie konkurrierende Ansichten öffentlich nicht zuließ und jeden bedrängte, der sich dessen vermaß. Ihren Alleinvertretungsanspruch durchzusetzen, bediente sie sich der Zensur und, bald offen, bald verdeckt, geheimpolizeilicher Methoden; auch dies Gemeinsamkeiten mit wiederum denselben Folgen: Das soziale Handeln hüllte sich in einen Schleier der Ungewissheit. Diesen anzulegen und bei Bedarf zu lüften gehörte zur sozialen Kompetenz.

Jeder, der am öffentlichen Austausch teilnahm, nutzte, seiner Unangreifbarkeit zuliebe, Sprach- und Handlungsmasken. Jeder verstand sich auf Andeutungen, die anderen einen Blick hinter die Masken gewährten. Folglich beherrschten alle die Kunst, dem fremden Minenspiel Hinweise auf das wahre Antlitz abzulesen, dem rituell Dahingesagten Kundgaben der unverfälschten Mundart abzulauschen. Das gesellschaftliche Leben war ein fortgesetztes Abtasten des förmlich dargebotenen Handelns auf das subjektiv gemeinte. Ertastete man Lamellen des »Charakters«, ging der Austausch weiter, tiefer, ansonsten traten Oberflächen in Kontakt.

Aller Anfang ist schwer; besonders wenn, wer anfängt, Sorge tragen muss, bei anderen übel aufzulaufen. Aufrichtigkeitsbekundungen unter herrschaftlicher Aufsicht, auch schüchterne, bergen die Gefahr in sich, erst beim Wort genommen und dann am Kragen gepackt zu werden. Dennoch gibt es keinen anderen Weg, Vertrauen herzustellen, als »unserm Nächsten alles, wodurch sein Nutzen befördert oder sein Schaden abgewendet werden kann, frey heraus (zu) sagen«, wie ein Lexikon von 1731 fordert.

Es hatte damit insoweit seine Tücken, als die Obrigkeit, unendlich wissbegierig, darauf nur wartete – in Gestalt des von ihr in die Gesellschaft abgesandten »Nächsten«, der der Beste nicht war. Die Aufrichtigkeit von unten beherzigte Gebote, die die Aufrichtigkeit von oben selbst erlassen hatte: »Sei offen, aufrichtig, lüge nicht!« Eins griff ins andere, und so blieb kein Entrinnen, keine Wahl außer der unsäglichen, dass jeder jede »sicherheitshalber« belog und betrog. Das Risiko, mit seinem Freimut aufzufliegen, begleitete die menschliche Begegnung wie ein Schatten.

Zur üblichen Last, die die Aufrichtigkeit dem »Sender« aufbürdet, gesellte sich ein Rucksack, prall gefüllt mit Zweifeln und Bedenken.

Ihn gänzlich abzuschütteln, musste man das Land verlassen, ihn zu tragen, ohne einzuknicken, half mentales Muskeltraining, geistige Abhärtung. Der Nächstbeste mochte meine Wege als Freizeitspion kreuzen oder in guter Absicht; wer wollte das schon zuverlässig sagen. War mir an ihm gelegen, an seinem Wissen, seinen Fähigkeiten, zettelte ich, Zug um Zug, Vertrauen an, gab etwas um den Preis von mir preis, dass er dasselbe tat, und lüftete in nämlicher Erwartung einen weiteren Vorhang, er ebenso; nun hatten wir uns beide in der

Hand. Aufrichtigkeit unter Bedrängnis sucht Gewissheit am Abgrund: in der Chance, einander verraten zu können.

Aufrichtigkeit ist kein Zustand, sondern ein Prozess, in dessen Verlauf innere Hemmungen überwunden, seelische Barrikaden geschliffen werden, und zwar wechselweise; erst wenn man darin fortgeschritten ist, lässt man sich fallen. Und fällt ins Bodenlose, wenn der andere, die andere mit diesem ernsten Spiel ein böses treibt.

Das »Verdienst«, die Gemeinde der Aufrichtigen mitten im Alltag in den Ausnahmezustand versetzt zu haben, gebührt der staatssozialistischen Herrschaft mehr als jeder Herrschaftsweise vor ihr. Spätestens hier überflügelte deren Einzigartigkeit fraglos vorhandene Ähnlichkeiten mit anderen autokratischen Ordnungen.

Wendet man sich der Kultur der Herrschaft zu, tritt diese Singularität noch greifbarer zutage.

Die höfische Aristokratie verfügte über ausgesuchte, dabei unendlich nuancierte Ausdrucksmittel. Sie regulierten die Position des Einzelnen in der Hofgesellschaft ebenso wie Verschiebungen der Machtbalance infolge von Rangordnungskämpfen und sicherten der ganzen Gruppe symbolische Unterscheidungsgewinne.

Der sozialistische Staatsadel bot kulturell ein mehr als kümmerliches Bild. Aufgemacht wie kleine Angestellte im Sonntagsputz, sprachlich unbeholfen, im steifen Gestus eingefroren, ernteten die politisch Auserwählten Häme statt Achtung.

Der dritte Stand rang mit einem symbolisch hochgerüsteten Gegner um kulturelle Vorherrschaft und scharte sich um eine intellektuelle Elite mit ausgeprägtem Spieltrieb.

Die »Werktätigen« im Staatssozialismus trafen auf Herrscher ohne Leitkultur und schätzten »Kulturschaffende« mit Bodenhaftung.

Lügen, schillernd dargeboten, farbenprächtig, suggestiv, kuschen nur vor Wahrheiten, die glänzen. Phrasen, flach wie ein

Bürgersteig, mit ungelenker Zunge vorgetragen, widerlegt die einfache Wahrheit, die die Welt in Gut und Böse teilt, in Sie und Wir. Elegante Verführer zu düpieren erfordert geistige Akrobatik, plumpe Rosstäuscher bloßzustellen genügt der gesunde Menschenverstand.

Im ersten Fall greift man zu Paradoxien, errichtet Labyrinthe, im zweiten pocht man auf Fakten und ruft »mehr Licht!«.

Dieselbe Intention, verschiedene Verfahren, verschiedene Arten, aufrichtig zu sein.

Texte als Nichttexte zu inszenieren, vorgetäuschte kulturelle Armut, das passte zu einer sozialen Welt, in der die Herrschenden mal im Talar einherstolzierten und mal im Dress des Schäfers unter Bäumen lungerten. Sie bloßzustellen, zu verspotten, kulturell schachmatt zu setzen, musste man selbst hintergründig sein, gewitzt und mit der simplen Attitüde spielen.[1]

Verabscheuen der »Kaiser« und sein Gefolge dagegen jeden Prunk und jeden Robenwechsel, verlieren solche Vexierspiele ihren Sinn und ihren Reiz. Die Aufrichtigkeit geht im Hausmantel, der sich nicht wenden lässt, umher und wirkt so wenig hintergründig wie im Wald ein Baum.

Aufrichtigkeit in ihrer Quintessenz als soziale Kameradschaft – das war die Forderung der Zeit, und die verschaffte sich Gehör. Verlässlich sein, sagen, was der Fall ist, ohne Umschweife, gerade heraus, hemdsärmelige Tugenden also standen in einer Gesellschaft wie der ostdeutschen in hohem Ansehen.

Sozial annähernd gleich, dachte und fühlte jede(r) in etwa wie die anderen; sich in sie hineinzuversetzen kostete geringe Anstrengung.[2] Von Mauern umzäunt, vollzog sich der gesellschaftliche Verkehr nach innen erstaunlich freizügig und unkompliziert. Menschen unterschiedlichster Professionen kamen sich schnell nah, innerhalb wie außerhalb der Arbeit, und fassten, obgleich sie allen Grund zur Vorsicht hatten, Vertrauen zueinander. Der Wunsch, sich auszutauschen, überwog die mitlaufende Hemmung und gewann der aufgezwungenen

Nähe soziale Reibungswärme ab. In funktioneller Hinsicht unterkomplex (wie der Soziologe sagen würde), an internen Differenzierungen vergleichsweise arm, ähnelte die Gesellschaft unterhalb der Herrschaftssphäre einer großen Gemeinschaft.

Einfache Sitten, handfeste Umgangsformen, gerader Sinn, praktischer Lebensstil – darin erkannten sich Regierende wie Regierte gleichermaßen wieder. Exzentriker hatten in beiden Lagern einen schweren Stand. Was die Mehrheit der Bürger an ihrer Obrigkeit auszusetzen fand, war nicht deren »arbeiterlicher« Gestus, sondern ihr heimlicher Hang zu Pracht und Luxus: Herren, die nur so taten, als gehörten sie zum Volk.

Wie sehr dieser Vorwurf sein Ziel verfehlte, zeigte sich, als die Oberen, politisch entmachtet, ihre »Villen« und »Paläste« fluchtartig räumten: Verliese des Komforts, Richtstätten des Stilgefühls, eine wie die andere. Hier verging der Schaulust das Sehen, und dem Neid verschlug es die Sprache.

Eine Abfuhr ohne Verzeihen verdiente die Nomenklatura gleichwohl. Sie hatte den Verrat geradezu geschäftsmäßig in die Gesellschaft getragen und die elementaren mitmenschlichen Regungen an ihrer Wurzel geschädigt. Das wäscht kein Regen ab.

Was mich beim jüngsten Wiederlesen des alten Textes tatsächlich stutzen ließ, war sein enger Zeitrahmen. Meine Untersuchung von Phänomenen der Aufrichtigkeit beschränkte sich in der Hauptsache auf die zweite Hälfte des achtzehnten Jahrhunderts. Am Ende folgte ein kurzer Verweis auf die Versachlichung der menschlichen Beziehungen in der Folge von industrieller Revolution und freier Konkurrenz, mehr nicht. Der karge Ausklang suggerierte dem Leser, dass sich die Gemeinde der Aufrichtigen auf dem weitläufigen Feld des modernen Kapitalismus zerstreut habe, dass weitere Spurensuche auf diesen Pfaden sinnlos sei.

Das war ein Irrtum, wie ich unterdessen weiß. Warum wusste ich das damals nicht? Warum übersah ich die Verbindungslinien, die von der Sozialmoral der Aufklärung bis in unsere Zeiten reichen?

Ich schreibe das heute dem Einfluss von Niklas Luhmann zu, in dessen Arbeiten ich mich zu Beginn der 1980er Jahre vertieft hatte, so sehr, dass ich eine Zeitlang als »Luhmannianer« umging. Ich las Luhmann teils mit reinem Vergnügen, teils als Kritiker des »real existierenden Sozialismus« und führte diesbezüglich sogar einen kleinen Briefwechsel mit dem Autor über die deutsch-deutsche Grenze hinweg.

Luhmanns soziologische Systemtheorie legte so ziemlich alle Schwachstellen des staatssozialistischen Gesellschaftsgebäudes bloß. Sie führte den Nachweis, dass es diesem Sozialismus nicht gelungen war, »funktionale Äquivalente« für jene Wettbewerbsformen zu erzeugen, die er abgeschafft hatte, und kam dabei ohne jegliche Moralisierung aus. Das faszinierte mich, war »cool«, wie man mittlerweile sagt.

Dieselbe Coolness bewies Luhmann im Streit mit seinen Widersachen, speziell im Geistesdauerclinch mit Jürgen Habermas. »Herrschaftsfreie Kommunikation«, ja gern, aber bitte unter Vorwegverzicht auf gesellschaftliche Relevanz. Moderne Gesellschaften setzten auf Kommunikation, bedienten sich dabei aber nicht der natürlichen Sprachen, sondern »symbolisch generalisierter Kommunikationsmedien« wie Macht, Geld, Recht und Wahrheit. »Am Schwall der begründenden Rede lässt sich nichts festmachen«, das war Luhmanns Überzeugung, die ich ebenso teilte wie seine Moralskepsis. Das Erfolgsgeheimnis moderner Gesellschaften sei gerade die »Entmoralisierung« ihrer wichtigsten Funktionssysteme,[3] ihre Abkopplung vom »ganzen Menschen« und seinem »Seelenbrei«.

Ganz in den Bann dieser Argumentation gezogen, sah ich meine Aufgabe, die Kultur der Aufrichtigkeit betreffend, an der Schwelle zum neunzehnten Jahrhundert als erledigt an.

Diesen voreiligen Schlussstrich aufzulösen, ohne in Moralisierung zurückzufallen, ist das Hauptinteresse dieser Schrift.

Aufrichtigkeit als Gebot der Gegenwart

Regeln für den Hausgebrauch

1. Nicht zu wenig, nicht zu viel

Die DDR ist passé und liefert wie die höfische und die frühe bürgerliche Gesellschaft nur mehr vergangene Gründe, das Thema aufzugreifen. Hat es mit der Aufrichtigkeit für uns Heutige noch irgendeine Bewandtnis?

Wir leben in funktional differenzierten Gesellschaften mit eigensinnig operierenden Systemen (Ökonomie, Recht, Politik etc.), die einer Kultur der Aufrichtigkeit wenig Anhaltspunkte bieten.

Henry Ford, ein Pionier der Moderne, verbannte die Aufrichtigkeit aus dem wirtschaftlichen Ernst des Lebens, und es ist schwer abzusehen, wie sie da wieder Fuß fassen könnte. Vor Gericht sind wir zu Wahrhaftigkeit verpflichtet – sofern sie uns nicht schadet – und dürfen, dies vor Augen, schweigen. Rechtsanwälte boxen ihre Klienten durch, so gut sie können, mögen dieselben noch so unglaubwürdig sein. Was zählt, ist der Erfolg. Politiker erwecken gern den Anschein grundredlicher Motive, manchmal schwören sie sogar auf ihr Gewissen – und werden ein ums andere Mal der Lüge überführt. Karrierezwänge dulden höchstens Halbwahrheiten, Parteiräson sticht Staatsräson.

Strukturelle Unaufrichtigkeit wohnt selbst der Liebe inne – wenn es in der Beziehung kriselt. Dann wird jede Äußerung des Partners, verbal wie nonverbal, zur (unfreiwilligen) Auskunft über den Stand der intimen Dinge und verliert genau dadurch ihre Unschuld. »Ich liebe dich.« – »Warum sagst du das gerade jetzt?«[4]

Im Austausch von Mensch zu Mensch besitzt die Aufrichtigkeit fraglos bessere Chancen, mit ihren Forderungen durchzudringen. Widerstände gibt es auch hier, aber sie werden nicht zusätzlich durch Systemzwänge unterstützt, die das Persönliche beiseiteschieben. Im mitmenschlichen Alltag begegnen sich Individuen statt Funktionsträger, und je näher sie sich kommen, desto weniger können, ja wollen sie sich voreinander verstecken. Wer gemeinsam mit anderen auf eine Lebensreise gehen will, sei es auch nur bis zur nächsten Station, der muss zuvor das Ticket dafür lösen: Aufrichtigkeit.

Den Kurs der Reise gibt eine Klugheitsregel an, die älteren Datums als alle Schriftbelege ist: Sei offen, mitteilsam, wo das deinem Nächsten nützlich ist, hüte dich vor Schwatzhaftigkeit und schweige, wo Worte sich zu einem Strick um deinen Hals verknüpfen könnten.

So haben menschenfreundliche Ratgeber immer gedacht, geschrieben, selbst zu Zeiten, in denen Aufrichtigkeit als religiöser Pflichtenkatalog verfasst war, der das rechte Verhältnis zu Gott beschrieb.

Dieser Ursprung ist heute verblasst und mit ihm die originäre Bedeutung des Wortes »Aufrichtigkeit«. »Gottes Wort aber machet das hertz auffrichtig gegen Gott«, so hörte man es von Luther und den Reformierten.[5] Aufrichtigkeit, das ist die aufrechte Haltung, ist *rectitudo*, im Gegensatz zur gekrümmten, zu *curvitas* – unmöglich ohne vorherige Auf-Richtung des Menschen durch Gottes erlösende Botschaft. Aufrichtig ist der Mensch vermöge dieser Anrufung und nicht aus eigener Kraft.

Aufrichtigkeit hat einen Ursprung – den rechten Glauben – und viele Paten: die Disziplin, Gesetz und Pädagogik. Sie nehmen sich des gebrechlichen, sündhaften Menschenwesens an und trainieren den aufrechten Gang, die *statura erecta*, durch minutiöse Übungen vom Scheitel bis zur Sohle. Selbst die Tanzmeister, oft beargwöhnt, gehören zum unentbehrlichen Personal dieser Körperschule der Aufrichtigkeit.[6] In diesem

Kontext wurzelt die protestantische Schulreform, von der bald Näheres zu vermelden ist.

Überhaupt: Je weiter man in der historischen Ordnung zurückgeht, je frühere Zeugen der Aufrichtigkeitskultur man aufspürt, desto häufiger sprechen sie »teutsch«, mit protestantischem Akzent.

Es gibt unnachsichtige und es gibt verständnisvolle Hüter der Gott schuldigen Wahrhaftigkeit. Vor dem HERRN hat man die Brust zu öffnen, die kleinste Sünde gehört einbekannt, sagen jene und rechtfertigen die strenge Buße bis hin zur Selbstkasteiung. Das ist zu viel verlangt, erwidern diese; der Mensch ist unvollkommen, fehlbar, anfechtbar; dagegen ist kein Kraut gewachsen.[7] Die »richtig aufrichtige« Andachtshaltung wahrt die Mitte zwischen Bekenntnisroutine und Selbstzerfleischung. Wer sich zeitlebens zerknirscht im Staub wälzt, verhöhnt in Wahrheit Gott, statt ihn zu ehren.[8]

Was man sagt, das muss man meinen, aber man muss (und kann) nicht alles sagen, was man meint, denkt, fühlt und ahnt. Wer schweigt, wo er sprechen sollte, tätigt eine Handlung und nicht die edelste, doch sind die Untugenden nicht alle von derselben Art. Etwas verschweigen (*dissimulatio*) ist eine lässlichere Sünde als hartnäckiges Leugnen oder Lügen (*simulatio*) und im Verkehr von Mensch zu Mensch mitunter geradezu geboten; der jeweils andere besitzt im Zweifelsfall ein Recht auf Schonung.[9]

Nicht zu viel und nicht zu wenig – mehr können und mehr sollen auch wir Heutigen nicht fordern; die »rechte« Aufrichtigkeit rechnet mit den »Tücken des Subjekts«. Weniger zu verlangen hieße der moralischen Abstumpfung das Wort reden, mehr einzuklagen liefe auf die folgenschwere Verwechslung von Anstand und Selbstauslieferung hinaus.

Die Allgegenwart von Lüge und Verstellung schneidet das Leben von seiner sozialen Wurzel ab, dem mitmenschlichen Grundvertrauen, und gipfelt regelmäßig im Verrat.[10] Die Herrschaft von Tugend und Transparenz schneidet das Dasein von seiner vitalen Wurzel ab, dem Zutrauen zu sich selbst als einem Wesen, das auch dunkle Seiten hat, bedrohliche, amoralische, und brütet Verstandesungeheuer aus.

Erfüllt, wer anderen aufrichtig begegnet, nur eine soziale Pflicht, oder schuldet er das letztlich seiner Selbstachtung? Mein Verhältnis zu mir trübt sich ein, wenn ich anderen vorenthalte, worauf sie einen Anspruch haben, sie gar absichtlich täusche; wie könnte ich das je vor mir verheimlichen. Die Verletzung ungeschriebener sozialer Rechtspflichten verstößt gegen elementare Grundsätze der ethischen Selbstsorge, das wusste Thomas von Aquin, das steht bei Kant geschrieben,[11] das wissen wir, sofern wir ehrlich zu uns sind. Und dieses Wissen treibt uns um – und oftmals zu Geständnissen.

Liegt eine Vernachlässigung der ethischen Selbstsorge auch dann vor, wenn ich *mir* die Wahrheit vorenthalte, darauf verzichte, mich genauer zu kennen, zu wissen, wer ich bin, im Innersten meines Wesens?

Diese Frage sprengt den Horizont der Aufrichtigkeitskultur. Zwar bildet, wie angedeutet, die Reinheit der Seele vor Gott (und den rechtgläubigen Mitmenschen) samt der zugehörigen Selbstprüfung einen Teil ihrer Geschichte, jedoch einen durchaus esoterischen. Jene, die dieses Kapitel schrieben, zählten (sich) zu den spirituellen Eliten, führten keine Durchschnittsexistenz. Sein Leben nach dem Leitstern der Selbsterforschung auszurichten, dazu war das normale bürgerliche Publikum (ob Stand, ob Klasse) weder geschaffen noch bestimmt; der Masse der Bauern und Tagelöhner galt ethische Vergeistigung als unerschwinglicher Luxus.

Im achtzehnten Jahrhundert griff die »Analyse des Selbst« auf Bürgerliche über – Benjamin Franklins penible ethische Buchprüfung ist dafür exemplarisch –, eine »Massenbewegung« formierte sich jedoch erst in den letzten Jahrzehnten des zwanzigsten Jahrhunderts. Sie schuf eine Kultur des Authentischen, die uns Heutigen derart selbstverständlich anmutet, dass wir in rückblickender Betrachtung meinen, sie hätte das individuelle Selbst- und Weltverhältnis seit je bestimmt.

2. Mut zur Schwäche

Tugenden wohnt stets ein Hang zur Übertreibung inne. Sie paaren sich nur allzu gern mit ihrem Gegenteil; das gilt ganz allgemein.

Besonnenheit, überstrapaziert, weicht Trägheit, Tapferkeit in jeglicher, auch aussichtsloser Lage zeugt falschen Heroismus, Sparsamkeit, die jeder Laune auf den Schlips tritt, selbst ohne Not, heißt Geiz.

Das Alter Ego der Aufrichtigkeit ist die Geschwätzigkeit, die Mitteilungssucht; da mutiert sie zur Plaudertasche. Mit Augenmaß betrieben, bewirkt sie fraglos Gutes wie jede andere Tugend auch.

Sich gleichberechtigt im Kreise ihrer Schwestern zu behaupten fällt ihr dennoch schwer.

Besonnenheit, Tapferkeit, Sparsamkeit sprechen eine klare Sprache, weisen sich mühelos anhand der für sie als unverzichtbar erachteten Eigenschaften aus. Der Besonnene wägt alle Eventualitäten gründlich ab, ehe er sich zum Handeln entschließt, der Tapfere bleibt, wenn es ungemütlich wird, länger als andere auf dem Plan, der Sparsame schätzt den Wert der Dinge, ihre Güte, und widersteht in einer Mischung aus Besonnenheit und Tapferkeit dem Sirenengesang der Warenwelt.

Die Aufrichtigkeit kann da nur neidlos applaudieren. Untrügliche Beweise ihres Vorhandenseins zu liefern ist ihr versagt, kein Mittel weit und breit, weder Worte noch Gesten noch Taten. Die scheinbar reinsten Worte, die verbindlichsten Gesten, die brüderlichsten Taten können Teil eines Betrugsmanövers sein, das seine abgrundtiefe Schäbigkeit erst ganz am Schluss enthüllt – wenn es zu spät ist und dem Betrogenen nur

Reue über sein leichtfertiges Vertrauen bleibt. Die Einheit von Mund und Herz, von Wort und Tat, Ausweis der Aufrichtigkeit von alters her, gleicht einer Beschwörungsformel mehr als einer belastbaren Prüfliste.

Der Aufrichtige, gebeten, sich allseits bekannt zu machen, errötet und tritt beschämt beiseite. Er stünde, was immer er in eigener Sache äußerte, als hoffnungsloser Prahlhans da. »Ich bin der, der anderen stets die Wahrheit sagt« – wer das von sich behauptet, der ist ein eitler Fratz, ein Tugendbold, dem glaubt kein Mensch.

Was soll uns eine Tugend ohne Steckbrief? Wäre die soziale Welt ohne sie womöglich ärmer an jähen Enttäuschungen? Bejaht man diese Frage, welche andere Konsequenz folgte daraus als die der Ausgliederung der Aufrichtigkeit aus dem Katalog der »ordentlichen« Tugenden. Das Mindeste, wozu wir uns verstehen müssten, wäre ein Moratorium, ein Abschied der Aufrichtigkeit auf Zeit – ins Reich der moralischen Zwitter, bis zum Beweis des Gegenteils.

Die Fanatiker der Aufrichtigkeit werden an diesem Buch wenig Gefallen finden, weil es solche Fragen zulässt, ihre Verächter ebenso wenig, weil es für die berechtigten Anliegen der Aufrichtigkeit ficht.

Ehe wir den Stab über sie brechen, sollten wir unsere Lebenserfahrung konsultieren.

Klarheit und Wahrheit im mitmenschlichen Austausch wie im gesellschaftlichen Verkehr oder aber das Gegenteil davon, Dunkelmännertum auf allen Ebenen – *das* ist die Frage, und die lässt uns nicht kalt.

Wer ruhigen Bluts für die Verfinsterung der sozialen Welt optiert, der ist für dieses Buch verloren und sei hiermit freundlich aus der Lektüre entlassen. Wer leichter durchschau- und beherrschbare Verhältnisse für möglich hält, für wünschenswert, mag weiter an der Eignung der Aufrichtigkeit für diese Zwecke zweifeln. Ein Werkzeug mit derart verklausulierter

Gebrauchsanweisung – wie sollte das zu größerer Klarheit führen?

Abermals ist unsere Lebenserfahrung aufgerufen.

Worte können Aufrichtigkeit nur suggerieren, Gesten, Minenspiel, Handlungen ebenso. Aber gleichen wir nicht stets eins mit dem anderen ab? Die Aussage mit dem Tonfall, das Minenspiel mit der unwillkürlichen Augenbewegung, die produzierte Geste mit der gesamten Körpersprache? Auf diesem Gebiet sind wir unschlagbare Experten, und in wenigstens neun von zehn Fällen demaskieren wir noch den gewieftesten Falschspieler. Um absolute Sicherheit verlegen, gewinnen wir doch hinreichende Wahrscheinlichkeit, und das genügt, muss genügen, solange Menschen Menschen sind, im Letzten unerschöpflich, undurchdringlich, glücklicherweise.

Was wir verlören, erteilten wir der Aufrichtigkeit Platzverbot? Eine wesentliche Quelle unserer bürgerlichen Sicherheit, zunächst.

Schwebt ein Verhängnis über uns, von missgünstigen Personen angezettelt, winkt uns zumeist nur eine Rettung: andere müssen uns darüber aufklären; wir sie, wenn es sich umgekehrt verhält.

Aufrichtigkeit als Aufklärung für den sozialen Hausgebrauch befriedigt ein Bedürfnis, das unauslöschlich in uns allen steckt.

Man mache die Probe, gehe in einen Film, in dem der Held, die Heldin Gegenstand einer undurchschauten Intrige ist. Wir, die Zuschauer, wissen Bescheid, die Bösewichter auf der Leinwand sowieso. Wird das überzeugend in Szene gesetzt, nach Art eines *Suspense*, bekommen wir Gänsehaut, feuchte Handflächen und rutschen unruhig auf unseren Sitzen hin und her.

Warum?

Weil man eine moralische Zwickmühle um uns herum errichtet. Instinktiv wollen wir dem, der Unglücklichen zur Seite springen, ihm, ihr sagen, worauf sie ein Anrecht besitzt (sonst geht die Unschuld baden), aber als Zuschauer, von der Leinwand, der Bühne getrennt, zum Schauen aufgerufen statt zum Handeln, können, dürfen wir nicht eingreifen.

Unser natürlicher Impuls zu handeln findet keine Abfuhr, kreist in sich, in der Gefühlsbahn und mündet in eine verkrampfte physiologische Reaktion: Schweißausbruch, Nervosität.

Wir könnten dieser Mensch in Bedrängnis sein – *deshalb* eilen wir anderen zu Hilfe und verhalten uns, wo das nicht angeht, wie Kinder, die der Vorstellung eines Puppentheaters beiwohnen.

Die Spielsituation belehrt uns über unser moralisches Wesen. Damit kommen wir auf die Welt. Aufrichtigkeit ist Teil unserer Grundausstattung. Alles andere ist Faselei.

Unser Wissen mit anderen teilen, an ihrem teilhaben, das ist Aufrichtigkeit als ebenso kostenlose wie effiziente Versicherungsgesellschaft: ein evolutionärer Vorteil des Menschen allen anderen Lebewesen gegenüber, *eine* Gratisgabe der Aufrichtigkeit.

Sich einem, einer anderen rückhaltlos offenbaren zu können, ohne abgewiesen zu werden – in kritischen Momenten hängt davon unter Umständen das Weiterleben ab. Ein anderer, der zuhört, zu bedenken gibt, widerspricht, ermutigt, rät, vollkommen selbstlos – erst diese zweite Gabe zeigt den ganzen Adel des Menschen. Mut zur eigenen Schwäche fassen im Vertrauen darauf, so angenommen und eben nicht ausgenutzt, überrumpelt zu werden – wer wären und wo stünden wir ohne diese Möglichkeit? Im geistigen Tierreich.

Mehr davon im dritten, historischen Kapitel dieser Studie.

Angeblich gefährden Individuen, die sich solchermaßen öffnen und seelisch entsichert auf andere zugehen, die »Zivilisation«. Die hängt, teilt man uns mit, am seidenen Faden unserer Triebhemmung. Unser Innerstes sorgsam zu beschirmen, von dort aufsteigende Regungen rechtzeitig einzufangen, an ihrem Ausbruch zu hindern – das allein bewahrte uns vor der »Tyrannei der Intimität«[12].

Ohne diese Gefahr herunterzuspielen, sei doch darauf verwiesen, dass »sich öffnen« keineswegs dasselbe wie »sich gehen lassen« meint.

Abgesehen davon, mahnen uns die Umstände, unter denen wir handeln, wenn wir das Haus verlassen, hinlänglich zur Zurückhaltung, zur präventiven Abstandnahme, zur Camouflage. Noch der simpelste Ratgeber für Vorstellungsgespräche breitet die einschlägigen Maßregeln sozialer Kostümierung mit einverständlicher Gebärde vor dem Publikum aus; da muss uns um die »Zivilisation« nicht bange werden. Wir sind Verstellungskünstler mehr aus Not als aus Neigung, aber Not, man weiß es, macht erfinderisch.

Dagegen verlässt uns oftmals die Courage, wenn wir aus uns heraus und auf andere zugehen müssen, oder wir fliehen, wenn andere sich offenbaren: der Mitmensch mit nichts als seinem nackten Antlitz, seiner inneren Not, wie peinlich!

Der Fluchtimpuls vor dem bedrängten anderen, zur Norm erhoben, signalisiert das glatte Gegenteil von »Zivilisation« – den Zivilisationsbruch.[13]

Die Regeln des Marktes

1. Ehrliches Geschäftsgebaren

Mehr als nur dem Anschein nach hat die große Welt mit der Aufrichtigkeit gebrochen und die alte »Seelenkunde« zu den Akten gelegt. Mit Stolz verweisen die Wortführer der Moderne auf die bewährten Verfahren, die sozialverträgliches Verhalten unter Umgehung der Wünsche und Motive der Akteure sicherstellen. Solange die »sozialen Systeme« mit jeweils ihren Mitteln hinreichende Transparenz erzeugen, erscheint es belanglos, ob die Personen sich selbst und das durchschauen, was sie tun. »Symbolisch generalisierte Kommunikationsmedien« (Macht, Geld, Recht) sorgen für die funktionsgerechte Verkettung von Handlungen und Operationen quer über den ganzen Globus und hebeln jeden Einspruch aus: »Am Schwall der begründenden Rede läßt sich nichts festmachen.«[14]

Erweist sich diese Betrachtungsweise als stichhaltig, dann ist auch der kühnste Versuch abgeschmettert, Aufrichtigkeit im gesellschaftlichen Großbetrieb zu verankern – vorgetragen von einem der bedeutendsten Rechtsgelehrten des siebzehnten Jahrhunderts, von Hugo Grotius (1583–1645).

Der hatte den aufrichtigen Gestus in einem Hauptwerk[15] mit den wichtigsten Angelegenheiten der Völker, mit Krieg und Frieden, verknüpft und ein Anrecht des Adressaten auf wahrhaftige Unterrichtung postuliert. Wer spreche, schließe einen »stillschweigenden Vertrag« mit dem Hörer, an den er sich wende; einen Vertrag, der dem Wesen der Sprache selbst entspringt: soziale Verbindlichkeiten zu stiften. Wer spricht und dabei lügt, beraubt den anderen der »Freiheit des Urteils«, verweigert ihm die Möglichkeit, begründet zuzustimmen oder abzulehnen, und riskiert, nächstens selber derart vorgeführt zu werden. Die hieraus erwachsenden Kränkungen und Verwirrungen stürzen die Menschheit wieder und wieder ins Elend.[16]

Ausgenommen Situationen, in denen Täuschung wechselseitig hingenommen oder gar gewollt wird (in der Kunst, in der Anspielung, bei Witz und Scherz), gelte der Vertrag, versichere er einzelne wie ganze Gemeinwesen gegen Lüge und Heimtücke, gewährleiste persönlichen Anstand, Verlässlichkeit und Transparenz der sozialen Beziehungen.

Ist diese posttheologische Vertragstheorie der (aufrichtigen) Sprache[17] wirklich so unbrauchbar für das Verständnis und die Beherrschung unserer heutigen gesellschaftlichen Angelegenheiten?

Gesellschaft (im Unterschied zu Gemeinschaft) ist vermitteltes Sozialgeschehen, und der Inbegriff solcher Vermittlung sind Märkte, Gütermärkte, Meinungsmärkte, kulturelle Märkte, Märkte, die die Verteilung von Posten, Einfluss, Ansehen regulieren. Nicht alles ist und wird »vermarktet«, aber Marktprozesse bilden den Kern moderner Vergesellschaftung. Der ökonomische Markt ist der Ur- und Leitmarkt aller Märkte. Gelingt der Nachweis einer wie auch immer gearteten Relevanz von Aufrichtigkeit für *diesen* Markt, ist er im Prinzip für alle anderen geführt und die Ansicht erschüttert, auf Märkten regiere nur die »unsichtbare Hand«.

Die Minimalanforderung an Aufrichtigkeit ist Verzicht auf falsche Worte. Genügt man ihr, kann man noch immer schweigen, eigene Schwächen herunterspielen, eigene Vorzüge aufbauschen. Die marktförmig organisierte Wirtschaft hat Methoden entwickelt, die allzu menschliche Beschönigungssucht diesseits der Grenzen hemmungsloser Prahlerei, leerer Versprechungen zu halten, besonders eine: die Konkurrenz.

Produzenten, Verkäufer von Waren und Dienstleistungen preisen die Qualität derselben mit allen Mitteln an, hüllen sie in eine Aura ein, die den tatsächlichen Gebrauchswert oftmals übertüncht. Dergleichen Übertreibungen gehören zum Geschäft, und *das* Geschäft floriert: Aus Warenzeichen wurden Marken, die zu verjüngen, neu zu schöpfen Aufgabe des *Bran-*

ding ist, das auf nichts weniger zielt als auf die Sakralisierung des Kaufakts.[18]

Mit Ausnahme reiner und zumeist kostspieliger Prestigeobjekte, bei denen die Marke das Markierte in sich aufsaugt und zur Nebensache degradiert, bleiben belastbare Produkteigenschaften der Schlüssel zum längerfristigen Verkaufserfolg. Ein Bluff verfängt beim ersten Mal, vielleicht, und spricht sich dann herum; die geleimte Kundschaft läuft zu Konkurrenten über.

Generell konkurrieren in einer funktionierenden Marktwirtschaft die Unternehmen nicht direkt um die Gunst der potenziellen Käufer, sondern mit- und gegeneinander um Innovationen, mal kleinere, mal größere Erfindungen und Verbesserungen. Sich damit auf dem Markt durchzusetzen gelingt nur, wenn sie den Test bestehen, preislich und sachlich, wenn sie (besser) brauchbar und trotzdem erschwinglich sind.

Der stumme Zwang des Wettbewerbs realisiert die Forderungen der Aufrichtigkeit in der Sphäre der Wirtschaft, indem er sie in deren Sprache übersetzt: *The proof of the pudding is in the eating* – dieser simplen Wahrheit muss sich die abgehobenste Produktkampagne schließlich beugen.

Ehrliches Geschäftsgebaren – im Herrschaftsbereich des Staatssozialismus verstand sich das von selbst, auf allerdings groteske Weise. Hier redeten die Verkäufer ihre Waren systematisch schlecht, breiteten deren Mängel und Fehlfunktionen vor den potenziellen Käufern aus, rieten entweder ab vom Kauf oder, sofern vorhanden, zum Erwerb billigerer Alternativen: »Das tut es auch!«

Die (westliche Konsumenten schlichtweg entwaffnende) Aufrichtigkeit floss keineswegs aus übertriebener Kundenliebe. Der Ton des Ladenpersonals war häufig barsch, die Umgangsformen wenig ausgesucht. Regionale Unterschiede im Temperament, kleinstädtische Verhältnisse mochten den Ton aufhellen, verbindlicher gestalten, ohne das Wesen »sozialistischer Verkaufskultur« ganz zu überspielen.

Die »Händler« konnten sich die ungeschminkte Ausdrucksweise sorglos leisten. Sie waren ihrer Stelle sicher, ganz unabhängig vom Verkaufserfolg. Der »sozialistische Wettbewerb« glich einer Konkurrenz ohne Zähne und dementsprechend, von ökonomischen Zwängen emanzipiert, bedienten die Verkäufer ihre Kunden: gerade heraus, auf gleicher Augenhöhe, bar jeder Inszenierung. Das Warenlager, das sie kommandierten, unterstütze die allgemeine Nüchternheit, bot wenig Anlass für verzückte Blicke.

Indes: So »ehrlich«, so direkt wie diese Akte, so »verlogen« war der ökonomische Gesamtzusammenhang, in den sie eingebunden waren. Das Geld, die offizielle Währung, vermittelte nur einen Teil der Warenzirkulation; der andere vollzog sich im Dunkeln oder vermittels Devisen. Die Preise verbargen die effektiven Kosten, untertrieben oder übertrieben sie. Das untergrub jede rationale Geschäftsführung, förderte die Verschwendung beziehungsweise das Horten von Ressourcen. Der eigentliche Sinn des Wortes »Ökonomie« verflüchtigte sich mehr und mehr aus dem allgemeinen Bewusstsein – mit einer Ausnahme: Die eigenen Kräfte sparsam einzusetzen, mit Leistung zu geizen galt in diesem irrationalen Gesamtprozess als Maßregel wirtschaftlicher Vernunft.

Was die »Minderleister« an Aufwand sparten, beglichen sie in ihrer Eigenschaft als Konsumenten in Form von Wartezeiten, Fehlkäufen, Nacharbeiten; darüber tröstete auch keine Ehrlichkeit hinweg.

Die zeigte ihre spröde Seite noch in anderer Hinsicht. Betrat man das weite Reich des Mangels, kehrten die vermeintlich abgelegten Rollen und Masken unversehens wieder. Um Produkte mit ausgewiesenem Gütesiegel zu erwerben, musste man entweder über »richtiges« Geld verfügen oder über »Charme«. Die wegwerfende Geste, mit der ein Verkäufer einen x-beliebigen Gegenstand bedachte, ging im Nu in eine triumphierende Gebärde über, wenn man ihn nach Kostbarkeiten fragte; da zog der »Nachbar« seinen Kittel aus und legte seine Amtstracht an.

Eine marktförmig verfasste Wirtschaft packt das Aufrichtigkeitsproblem weit klüger an. Trickreich in ihren Methoden, einfach in ihren Wirkungen, setzt sie Anreize, die den »Charakter« daran hindern, sich ungezügelt auszuleben, im Guten wie im Schlechten, und nötigt den auf ihren Vorteil bedachten Individuen soziale Gefälligkeiten auf.

Der Mensch als *homo oeconomicus* muss, ja soll sich gar nicht offenbaren, zum kumpelhaften Gegenüber werden.[19] Ihn dienstbereit zu finden, in Grenzen auskunftswillig, genügt es vollauf, dass er um Konkurrenten weiß, die auf seine Missgriffe und Versäumnisse nur warten. Dieses Wissen führt ihn zielsicher zu der Erkenntnis, dass er seine Eigeninteressen erfolgreich nur im Rahmen der Interessen anderer verfolgen kann, seiner Geschäftspartner, seiner Abnehmer, seiner Kunden.

Seinen Schnitt machen, ohne andere zu übervorteilen (weil sie dann nicht wiederkommen) – so buchstabiert der ökonomische Jargon den »Anstand«. Das eigene Angebot so glanzvoll und alternativlos erscheinen zu lassen, wie das nur irgend angeht, ohne damit verbundene Gefahren und Risiken einseitig, weil ungenannt, dem Verbraucher zuzuschieben, das ist die rechte Art.

Sie markiert die Bruchstelle zwischen einem Kapitalismus, der als profitträchtige Bedürfnisbefriedigungsmaschine funktionierte, und seinem Abkömmling, der auf verschiedene Namen hört.[20] Der neue, »abstrakte« Kapitalismus[21] unterscheidet sich von seinem Vorläufer grundsätzlich durch zwei Eigenschaften: Er degradiert Produktion zum lästigen Umweg der Gewinnmaximierung und wälzt deren Risiken ebenso geschickt wie unbarmherzig auf die Endverbraucher ab. Die sind die designierten Narren dieser mit sich kurzgeschlossenen Wertschöpfungsmaschine.

Eine eingehendere Betrachtung dieser Wende ist daher unabdingbar.

2. Die Lüge aus Prinzip

Ökonomische Transaktionen vollziehen sich niemals im sozio-kulturellen Vakuum. Noch der simpelste Tauschakt verweist auf eine ganze Welt, die für ihn einsteht. Um ihren Geschäften ungestört nachgehen zu können, müssen die ökonomischen Akteure ihres Lebens und ihres bürgerlichen Daseins halbwegs sicher sein. Das verlangt eine (staatliche) Autorität, die Handlungsräume befriedet und räuberische Geschäftspraktiken kriminalisiert.

Mit der Herausbildung nationaler Märkte und dank des Drucks der abhängig Beschäftigten griff die »Politik von Tausch und Arbeit« weiter aus. Seither bestimmt sie über Arbeitszeiten und über Arbeitsruhe, über die Teilnahme und über den Ausschluss bestimmter Personengruppen an bzw. von der Produktion und seit einigen Jahrzehnten auch über ökologische Mindeststandards der Gütererzeugung. Waren fragwürdigen Ursprungs (Kinderarbeit, moderne Sklaverei) werden mit Einfuhrverboten belegt, Anbieter, die als Umweltsünder gelten, müssen mit Konsumboykotten rechnen. Der »politische Konsument« geht als Gespenst in den Chefetagen gerade globaler Unternehmen um. Je arbeitsteiliger und vernetzter eine Firma operiert, desto anfälliger ist sie für Störungen. Nichts stört die Geschäfte nachhaltiger als ein schlechter Ruf.[22] Das kostbarste Firmenkapital besteht aus Vertrauen.

Vertrauen ist von Natur aus träge, geduldig, strapazierbar. Es zehrt von der Vergangenheit und überträgt dort gebildete Erwartungen aufs Hier und Jetzt. Je stärker die gewohnheitsmäßige Bindung an ein bestimmtes Objekt, desto größer der Vertauensvorschuss, desto ausgeprägter die Bereitschaft, Enttäuschungen zu verzeihen; das gilt für eine wichtige Bezugsperson ebenso wie für ein geschätztes »Label«. Nie auf der Höhe der Gegenwart, in weiten Grenzen enttäuschungsfest, ist das Vertrauen ausbeutbar. Der Reiz, das Trägheitsmoment auszunutzen, das Vertrauen anzuzapfen, zu düpieren, wird um so unwiderstehlicher, je geringer die Aussicht erscheint, dabei erwischt zu werden. Wer hoffen darf, dass Verbindlichkeiten von heute erst übermorgen fällig werden oder später noch, der rechnet das Vertrauen, kaum dass es Eingang in die Bilanzierung fand, sogleich wieder heraus. Er oder sie handelt dann wider die bessere Einsicht, jedoch im Einklang mit dem Grundinstinkt.

Der allerneueste Kapitalismus promovierte diesen Rückfall auf die Reflexhaftigkeit zum Adelsprädikat der ökonomischen Elite.

Alles begann mit der Heraufkunft und schließlichen »Machtergreifung« eines neuen Unternehmertypus: des sozial frei schwebenden Finanzjongleurs. Um sich zum Leitbild der gesamten Gruppe aufzuschwingen, muss er weder in der Überzahl noch im Einzelfall besonders reich sein. Er erledigt diesen Job, indem er seinen Standesgenossen ständig neue Wege weist, eine vorgeschossene Summe Geldes binnen kurzem in sehr viel mehr Geld zu verwandeln, ohne sich als Produzent zu engagieren. Als Unternehmer ohne Unternehmen, ortlos, bindungslos, ist er stets auf der Suche nach unterbewerteten Firmen, die er unterwandern, oder nach kapitalbedürftigen Erfindern, die er samt ihren Ideen kaufen und zu gegebener Zeit verhökern kann. Die Objekte seiner Begierde sind ihm alle gleich, gleich lieb, sofern sie sich *ad hoc* verwerten lassen.

Ein Meister der Abstraktion vom Eigenwert der Dinge, ist dieser Typus zugleich der geborene Feind des Langfristdenkens, nach hinten wie nach vorn; kein Vorgestern, kein Übermorgen; Geschichte ereignet sich im Hier und Jetzt, im Rhythmus von Quartalsberichten, und wirft nur kleine Schatten.

Ganz auf der Höhe ist der neue Hero da, wo Geld unmittelbar mehr Geld erzeugt, ohne die störende Dazwischenkunft der Produktion. Ein wahres Genie der Wertschöpfung *ex nihilo*, erfindet er stets raffiniertere Finanzprodukte; je gewagter die Konstruktion, je unwahrscheinlicher der Plot, desto kleiner der Kreis der Eingeweihten, desto größer die Beute. Den Unternehmern alten Zuschnitts, diesen Umstandskrämern, begegnet er mit einer Mischung aus Mitleid und Verachtung. An seiner Seite sehen die tatsächlich alt aus.

Alt, ohne klaren Zugriff, ohne Biss, auch die Kritik an diesem Helden, die, ihn zu stellen, oftmals in die Mottenkiste greift und den alten, knochentrockenen *homo oeconomicus* heraufbeschwört.

Beinahe alles, was man bislang dem Unternehmer als »Charaktermaske« vorgehalten hat, sein »rechenhaftes Wesen«, sein eiskalt kalkulierender Verstand, blind für die Unerschöpflichkeit, die Rätselhaftigkeit des Lebens, prallt an dem neuen Typus ab.

Er liebt das Rätsel, vergöttert Labyrinthe, und wer behauptet, er ließe sich bei seinen Entscheidungen ausschließlich von rationalen Gründen leiten, erntet spöttisches Gelächter. *Rational choice?* – Der Unternehmer ohne Unternehmen ist die leibhaftige Widerlegung dieses drögen Dogmas. In dem von ihm geschaffenen Universum zählen die Tugenden des Spielsaals: Risikofreude, Lust am Raten, Wetten, Spekulieren, Vertrauen auf die innere Stimme mindestens ebenso sehr, wenn nicht in höherem Grade, als nüchternes Kalkül.[23]

Sein Erfolg steht ständig auf dem Prüfstand, drei Monate sind eine Ewigkeit, das hämmert er den Managern und Aufsichtsräten jener Unternehmen ein, in die er investiert. Bilanzen kann man schönen, fälschen und muss es manchmal, notgedrungen. Geht das nicht an, muss *cash flow* her, im allerletzten Augenblick, gleichgültig, aus welchem finsteren Kanal der Zufluss kommt. Vielleicht fängt man sich derart einen Virus ein, *bad debts*, geparkte Schulden, sei's drum, man wird sie nächstens weiterreichen, gut verpackt. Systematische Verdunkelung schadet dem System als solchem und bietet doch zugleich willkommene Verstecke für die Verursacher des Schadens.

37

Verleugnung von Autorschaft, Spuren verwischen, falsche Fährten legen, dieses Paradestück aus dem Theater der Aufrichtigkeit, einst von aufmüpfigen Bürgern angezettelt – hier erlebt es seine hyperbourgeoise Wiederauferstehung.

Die Wiederkehr des ernsten Spiels als bittere Farce bleibt keine Episode des Finanzsystems; die sogenannte »Realwirtschaft« ist in dem Dickicht längst gefangen. Teils sucht sie selbst mit Teilen des Gewinns den Spielsaal auf, teils wird sie von Spekulanten eingekreist und widerstrebend eingemeindet; wer sich verweigert, steigt nach dem offiziellen Ranking in die zweite Liga ab.[24] Wer zu den Champions zählen will, spielt mit und tanzt auf dem Vulkan, auch wenn er nur Sandalen trägt.

In diesem von rasender Kurzatmigkeit gekennzeichneten Spiel gewinnt die meisten Runden der, dem es gelingt, die Risiken den Konkurrenten zuzuschieben. Überleben, auch unter den Großen, ist eine Frage der Macht, und Macht heißt Wissen. Zusammen mit dem relativen Gewicht der Spieler, ihrer effektiven Marktposition, wachsen deren Ausgaben für Markterforschung und Risikoabschätzung. Ganze Abteilungen sind damit beauftragt, dem Raten und Wetten halbwegs verlässlichen Boden zu bereiten. Angestoßen, um Dunkelzonen aufzuklären, verstärken diese Aktivitäten im Endeffekt die allgemeine Undurchsichtigkeit. Wer glaubt, begründeter zu raten als die anderen, erhöht das Tempo, steigert das Risiko, reizt noch den minimalsten Vorsprung unbedenklich aus – und ebenso verfahren seine kongenialen Widersacher. Weil jeder meint, der andere sei der größere Narr, halten sich alle wechselseitig zum Narren.[25]

Die heutigen weltwirtschaftlichen Verkehrsverhältnisse sponsern diesen Narrenaufzug zusätzlich.

Die globale Ökonomie beruht auf langen, weit verzweigten Handlungsketten. Je mehr mit Eigeninteressen begabte Glieder sie aufweisen, desto größer ist die Chance der Risikoverlagerung, Risikovertuschung. Die Risiken werden verschnürt, auf die Reise geschickt, gelöscht, umgeladen, mit neuem Etikett versehen, bis keiner mehr durchsieht.

Jemandem unvermittelt ins Gesicht zu lügen, setzt eine gehörige Portion Kaltschnäuzigkeit voraus. Jemandem »schlechte Schulden« anzudrehen, mit Aktivposten gemischt, geht sehr viel leichter von der Hand. Die Schamschwellen der versachlichten, prolongierten Unaufrichtigkeit liegen heute so niedrig wie nie zuvor in der Geschichte des modernen Kapitalismus. Die Täuschung segelt im Schatten weltumspannender Geld- und Warenströme und wird, dank dieser Deckung, gewohnheitsmäßig; »verbriefte« Lügen, die am Ende auch ins Haus der Hauptakteure flattern; struktureller Betrug, Lüge aus Prinzip.

Da läuten Glocken, die man längst verklungen glaubte.

3. Die Lüge als Passion

»Ein System organisierter Verantwortungslosigkeit« – mit dieser Formel charakterisierten ungarische Intellektuelle in den 1970er Jahren den nach ihrer Ansicht bürokratisch entarteten Sozialismus.

Der deskriptive Teil ihrer Diagnose traf ins Schwarze.

Die politischen Entscheidungsprozesse im »real existierenden Sozialismus« entbehrten jeder demokratischen Grundlage. An der Spitze der Machtpyramide gefasst, pflanzten sich einsame Entschlüsse erst durch den Machtapparat, dann durch die ganze Gesellschaft fort. Widerspruch drang öffentlich nicht durch, und wenn er sich rebellisch Gehör erzwang, wurde er gewaltsam von der Straße gefegt. Der Normalbetrieb von Herrschaft schloss Mitsprache und Belehrungen von unten aus. Die Lageberichte des Sicherheitsdienstes schöpften ihr Wissen aus dunklen Quellen; Aufklärung pervers.

Die Machthaber steuerten ihren Kurs im Blindflug und verschmähten den einzigen verbliebenen Ausweg aus der selbstverschuldeten Not: Einschalten des mit bürokratischen Programmen gefütterten Autopiloten.

Trennung privater und sachlicher Belange, hierarchisch geordnete Kompetenzen, Ressortprinzip, das heißt strikte Aufgabenteilung auf Basis klar definierter Zuständigkeiten, unbedingte Loyalität der Sachwalter dem politischen Dienstherrn gegenüber, Entscheidung nach Aktenlage und folglich: ohne Ansehen der Person, unnachsichtige Ahndung subjektiver Willkür und Bestechlichkeit – all das fehlte entweder ganz oder war zu Rudimenten verkümmert.

Wohl existierte ein Machtzentrum, aber die Fäden, die von hier nach unten liefen, waren doppelt gespannt und oftmals ineinander verwoben. Der Staat befand sich in der Hand der Staatspartei, die Umklammerung schuf eine parteistaatliche Doppelhelix, die von der Machtspitze ihren Ausgang nahm und bis zu den untersten Vollzugsebenen reichte. Jeder staatliche Funktionsträger fand sein Gegenüber in einem Funktionär des Parteiapparats. Sämtliche Gliederungen des politischen Körpers – Teilrepubliken, Bezirke, Landkreise, Kommunen – wurden auf diese Art verwaltet und regiert.

Von oben dazu angehalten, an einem Strang zu ziehen, knüpften die Würdenträger von Staat und Partei stets auch die Fäden je ihrer Hierarchie und griffen, mal unabsichtlich, mal gezielt, ins Fadenwerk des Amtskollegen ein. Auch wetteiferten sie um die Gunst der Regierten, köderten diese abwechselnd mit Versprechungen und mit Zuwendungen außer der Reihe. Mehr als ein Prestigeprojekt wurde auf diese Art verwirklicht, am Staatsplan vorbei. Die Untertanen ließen sich das gern gefallen und spielten die Strippenzieher, wo sie nur konnten, gegeneinander und zu ihrem Vorteil aus. Oft genug resultierte die doppelte Regierungsgewalt, die auf die Bürger niederfuhr, in einem Machtvakuum vor Ort, in heilloser Anarchie. Dann ergriffen die Stärksten und Gerissensten das Zepter.

Ob nun anarchisch oder despotisch oder beides zugleich: *bürokratisch* war diese Form der Herrschaft allenfalls an der Oberfläche, dort, wo Orden und Tressen die Blicke auf sich zogen, phantasievolle Titel und kafkaeske Amtsbezeichnungen die falschen Spuren legten.

Reminiszenzen an den guten, alten Bürokratismus überwinterten in der Wirtschaft, in den Betrieben sowie in betriebsmäßig organisierten Institutionen, in Schulen, Hochschulen, Universitäten, Theatern, Museen, in weiten Teilen des Rechtssystems. Hier galt das Prinzip der Einzelleitung, der formell ungeteilten Zuständigkeit und Verantwortung.

»Formell«, denn auch in diesen Einrichtungen nistete die Staatspartei, und wenn ein Parteisekretär eines Wirtschaftsunternehmens in essentiellen Fragen der Planerfüllung anderer Ansicht als sein Betriebsdirektor war, fand er jederzeit Wege, die Autorität des Einzelleiters anzugreifen. Gegebenenfalls zog er den für die jeweilige Einrichtung zuständigen Mitarbeiter der Staatssicherheit ins Vertrauen. Oder er verbündete sich mit dem leitenden Gewerkschaftsfunktionär und prangerte mit ihm gemeinsam Mängel in der »sozialistischen Menschenführung« an. Der »Primat der Politik« verschaffte sich durch Hintertüren oder jähe Bündniswechsel den verordneten Respekt.

Doppelte Befehlsstruktur, doppelte politische Buchführung, notorische Verletzung des Ressortprinzips, unscharfe Kompetenzen, überlappende Zuständigkeiten, verrätselte Karrierewege, Aufstieg mittels Nepotismus, Durchstecherei, Begünstigung, ungeduldiges Warten auf Fehltritte von Vorgesetzten bei gleichzeitiger Treuebekundung ihnen gegenüber, eilfertiges Lob des obersten Dienstherrn, seiner Weisheit, begleitet von ratlosem Achselzucken angesichts der jeweils jüngsten Beschlüsse – so stellte sich das staatssozialistische System der organisierten Verantwortungslosigkeit von innen dar.

Es vermittelte seinen Akteuren keinerlei Sicherheit, und das war gewollt. Jeder Funktionär, vom kleinsten Sachwalter bis zum Mitglied des Politbüros, sollte beständig im Zweifel über seine Wertschätzung gehalten werden und nicht zur Ruhe kommen. Jede Entscheidung glich einem ungedeckten Wechsel auf die eigene Zukunft, jede Kundgabe nach außen einem politischen Treuetest. Meinungen gewöhnlicher Bürger, gar kritische, ins Innere der Apparate weiterzuleiten konnte den Karrieretod bedeuten.

Am besten fuhr, wer zögerte, »Feindberührung«, so gut es ging, vermied und Taubheit vorschützte, wenn ein klares Wort an seine Ohren drang.

Der Bürger war der Störenfried per se, gleichgültig, in welcher seiner Eigenschaften er auftrat: als Antragsteller, als Nachfragender oder als Empfänger behördlicher Entscheidungen. Ein sprachlicher Geniestreich, wie nur Amtsstuben ihn ausbrüten können, hielt diesen potenziellen Provokateur von vornherein auf Abstand. Man redete den Eindringling, ob weiblich, ob männlich, kurzerhand als »Bürger« an, dann folgte der Familienname, »Herr« oder »Frau« entfiel: »Bürger Schmidt, Sie wünschen …?« Die Anrede zog eine unsichtbare Grenze, schüchterte ein und schreckte ab. Ein Polizist, mit dem Strafmandat in der Hand, kam ohne weitere Ausschmückung des Bürgerseins sogleich zur Sache: »Bürger, Sie haben die zulässige Geschwindigkeit überschritten!«

Bürger ohne weitere Eigenschaften, das war der alte Ehrentitel, auf seinen neuen Wesenskern zurechtgestutzt: Vorfall, Ausweisnummer, Wohnanschrift. Diesem Bürger schuldete man amtlicherseits weder Respekt, noch fühlte man sich ihm verantwortlich. Dem konnte man alles erzählen und durfte es zudem; das war die Lüge als Staatsdoktrin.

Dieser Bürger war ein jedermann. Und weil er so wie jeder, jede war, musste man ihn aus der Anonymität herausheben, markieren, sichtbar machen, unter Ausklammerung individueller Merkmale: »Bürger, kommen Sie doch einmal her …«

Hier, spätestens, endete die Freiheit der Anarchie, wurden Lippenbekenntnisse zur Ordnung unumgänglich. Deren Repräsentanten, die das Recht besaßen, Individuen so unverwandt als »Bürger« anzusprechen, agierten aus dem Dunkel, genossen den Schutz der administrativen Gehäuse und verspannen ihre Müdigkeit, ihre Winkelzüge und ihre unlauteren Motive mit just den Fäden, an denen sie hingen, zu einem undurchdringlichen Kokon. So erreichten sie ihr Ziel – gesichtslos und unangreifbar zu sein, von außen wie von innen.

Seine Getreuen derselben Sichtbarkeit zu unterwerfen wie die Masse der Normalbürger, hat *dieses* System der organisierten Verantwortungslosigkeit nie vermocht.

Den flüchtigen Mitarbeiter aus seinen Nischen aufzuscheuchen und schärfer zu markieren, als das selbst genuin bürokratischen Systemen je gelang, das war der jüngsten Ära des modernen Kapitalismus vorbehalten.

Sie verschmähte bürokratische Methoden keineswegs, bediente sich ihrer aber sparsamer als zuvor. Weisungsebenen und Informationskreisläufe, die die Umsetzung von Entscheidungen unnötig verzögerten, verschwanden aus dem Betriebsgeschehen. Die jeweils ausführenden Glieder der Weisungskette versendeten nun ihrerseits Informationen über die Effizienz des neuen Organisationsmodells. Verantwortung wurde, dem Beispiel der modernen Architektur folgend, dezentralisiert, nach außen und unten abgetragen. »Plane mit! Entscheide mit! Regiere mit!« – diese ideologische Leerformel aus staatssozialistischen Tagen gewann in den fortgeschrittenen Industriegesellschaften des Westens einige Plausibilität.

Die Verfügungsgewalt über den Gesamtprozess verblieb bei alledem im Zentrum; an dieser unternehmerischen »Kernkompetenz« wurde nirgends gerüttelt.

Das Zentrum zeigte sich höchst erfinderisch, die wachsenden Freiheitsgrade der Mitarbeiter in den Dienst der Unternehmen zu stellen.

»Flache Hierarchien« schufen besseren Durchblick auf die operativen Einheiten, auf die Teams, die einzelnen Arbeiter und Angestellten. Je mehr Handlungsspielraum diese besaßen, desto wichtiger wurde die Abgrenzung der Verantwortungsbereiche voneinander. Die Baupläne moderner Werkhallen und Büros wiesen jedem sein Spielfeld zu, auf dem er sich eigenverantwortlich und für alle sichtbar, möglichst in vollem Tageslicht, bewegen konnte. Sinnlose Gänge, überflüssige Bewegungen, vor sich hin dämmernde Personen gar stachen umgehend ins Auge der Kollegen, erst recht der Kontrolleure. Häuften sich solche Beobachtungen, gaben sie Anlass zur Revision des ganzen Ablaufschemas.

Berater kamen ins »Haus«, junge Leute zumeist, Absolventen der einschlägigen Kaderschmieden, und optimierten die Arrangements auf dem Papier. Sie legten ihre Expertisen vor und gingen. Daraus Konsequenzen zu ziehen, gegebenenfalls Entlassungen zu verfügen war Sache der Unternehmensleitung. Die wiederum berief sich bei ihren »schmerzlichen« Entscheidungen auf die vorgelegten Gutachten. Diese Arbeitsteilung entlastete beide, Consulter wie Manager, von moralischen Skrupeln. Sie schob die Verantwortung hin und her und ermöglichte »harte Schnitte« ohne klare Autorschaft und daher ohne eindeutigen Adressaten für Klagen und Beschwerden; organisierte Verantwortungslosigkeit nach dem Drehbuch des modernen Managements.

Ihre bewunderungswürdigsten Triumphe feierten die unternehmerischen Eliten dort, wo der kommunistische Staatsadel schmählich versagt hatte: auf dem Gebiet der inneren Eroberung des Personals.

Flache Hierarchien, gewerkschaftliche Mitbestimmung und begrenzte Mitsprache der Belegschaft sowie gelegentliches *reengeenering* zur Aufdeckung innerbetrieblicher »Reserven« – dieser Mix aus kybernetischen, sozialdemokratischen und neoliberalen Methoden der Motivierung bildete nur den Auftakt für eine bis dato unbekannte Anbindung des Mitarbeiters an »seine« Firma.

Den Rest an Trennung zwischen »mein« und »dein«, zwischen »wir« und »sie« aufzuheben oblag einer zusätzlichen In novation – der Durchkommerzialisierung sämtlicher Glieder der Wertschöpfungskette, der Firmentöchter, Abteilungen, Arbeitsgruppen sowie der einzelnen Mitarbeiter.

Die untergeordneten Organisationseinheiten wirtschaften heute vielfach auf eigene Rechnung. Ihr Geschick hängt an den Überschüssen, die die Bilanzen ausweisen. Soll und Ist werden täglich, stündlich auf den neuesten Stand gebracht; permanenter Leistungszählappell, hier kann sich niemand verstecken. Der Kontrollaufwand des Zentrums sinkt dramatisch, und zwar im selben Verhältnis, in dem die Selbstkontrollen der unteren und untersten Funktionsebenen an Gewicht gewinnen. Jeder, der Leih- und Hilfsarbeiter eingerechnet, agiert nun idealerweise so, als wäre er sein eigener Unternehmer. Das Individuum markiert sich gleichsam selbst als »Kostenstelle« und sinnt auf Einsparpotentiale.

So soll es sein, und deshalb realisieren mehr und mehr Mitarbeiter einen wachsenden Teil ihrer Einkünfte in Form außertariflicher Gratifikationen: als Bonuszahlungen, Aktien und Aktienoptionen, Provisionen. Diese Zuwendungen füttern das aufkeimende Unternehmerego, stärken den Korpsgeist und schwächen das Verantwortungsgefühl gegenüber Fremden, Außenseitern, Kunden. Die Bereitschaft, Risiken auf die Firmenumwelt abzuwälzen, steigt.

Die sozialmoralische Enthemmung wirkt sich besonders gravierend an den Schnittstellen, den Außenposten der Unternehmen aus, wo Publikumsverkehr den Arbeitstag bestimmt.

Ein leitender Angestellter der Öffentlichkeitsabteilung, mit Wertpapieren just des Unternehmens ausgestattet, für das er tätig ist, wird steigender Kurse zuliebe jeden Meineid auf die »florierenden Geschäfte« seiner Firma leisten. Ein Bankangestellter rät seinen Kunden zu höchstem finanziellem Wagnis, das er zugleich herunterspielt, weil er ansonsten Minuspunkte bei seinen Vorgesetzen sammelt und um seinen Posten fürchten muss. Im einen wie im anderen Fall werden die Risiken in die Umwelt ausgelagert, institutionellen Geschäftspartnern oder Kunden aufgeschwatzt. Verantwortung nach außen, Wahrheitspflicht, Bürgschaft für das eigene Produkt, diese einstigen Selbstverständlichkeiten verlieren in der neuen Landschaft ihren Kurswert.

Belohnt, ermutigt sieht sich, wer die wahren Gründe seiner Rede vor dem Adressaten wohlweislich verbirgt. Der »stillschweigende Vertrag« der Sprache – ein Köhlerglaube für naive Zeitgenossen, der »souveräne Kunde« eine flinke Redewendung für Propagandazwecke. Sichtbarkeit als Falle? Der kompetente Überredungskünstler vernebelt dem Publikum die Köpfe und sonnt sich in dem Licht, das im Inneren des Unternehmens dafür auf ihn fällt. »Licht aus, Spot an, hier kommt er, unser Mitarbeiter des Monats! Er hat den *homo consumens* an seiner verletzlichsten Stelle gepackt – seinem Glauben an uns!«

Was Unternehmensleitungen im Verein mit externen Beratern im Rahmen ihrer Firmen praktizierten – organisierte Verantwortungslosigkeit –, wird nun nach außen gekehrt. Dabei wirken an vorderster Stelle Akteure, die selbst die potenziellen Opfer dieser Praxis sind. Dass sie sich davon nicht aufhalten lassen, erlaubt nur einen Schluss: Der strukturelle Betrug des neoliberalen Systems hat tiefe Wurzeln im Habitus der Individuen geschlagen. Sie lügen und betrügen, weil sie ihr Wohnrecht im Lügengebäude höher schätzen als den Umgang mit ihresgleichen auf der Straße. Die Lüge aus Prinzip steigert sich zur Lüge aus Leidenschaft.

Der »mündige Bürger« ist diesen passionierten Falschspielern gleich zweifach ausgeliefert: ihrer nunmehr gefestigten Überzeugung, das Richtige zu tun, sowie dem überlegenen Wissen des Betriebs, dem diese »Mietlinge« zu Willen sind. Dass sie, vom (Selbst-)Betrug beseelt, getrieben, auch ihren eigenen Untergang befördern, kommt ihnen üblicherweise erst *post festum* in den Sinn.[26]

Wenn der Normalbürger, am Nasenband herumgeführt, die Unart annimmt, die man fälschlich Tugend heißt, und munter

mitspielt, mutmaßt, wettet, rät, in großer Zahl und über lange
Zeit, geht das System zum Endspiel über. An all seinen Glie-
dern trunken, vergnügungssüchtig, illusionsbereit,[27] verhilft
ihm nur der Kollaps zu erneuter Selbstbesinnung, vielleicht.

4. Grenzen des Systemvertrauens

Während diese Zeilen entstehen, ist der Ausverkauf der auf-
gestapelten Lügen in vollem Gange.

Selten vertraten die Worte »Kapitalismus« und »Krise« einander so selbstverständlich wie dieser Tage. Selten auch erscholl
der Ruf nach Rettung, nach Wiederherstellung des erschütter-
ten Vertrauens dermaßen flehentlich wie im Herbst des Jahres
2008. Kaum je in der jüngeren Geschichte übernahmen Wirt-
schaftkapitäne eilfertiger die Rolle von Bittstellern als derzeit;
spätes Eingeständnis, dass »Treu und guter Glaube« aus diesem
Teilsystem geflüchtet sind; von »Kernschmelze« war hier und
da die Rede.

Ausgerechnet der Staat, politisches Handeln, von den ökonomisch Mächtigen seit den frühen *roaring nineties* lauthals in
Verruf gebracht, sollen das Vertrauen erneuern. Eine Weltanschauung kriecht zu Kreuze, und das befremdet einigermaßen.

Waren es doch die politischen Eliten selbst, die dem schrankenlosen Bereicherungstrieb den Weg bereiteten, die mehr als
nur mithalfen, besonnenes Wirtschaften zu entmutigen, indem
sie die Spekulationslust anstachelten und auf jede erdenkliche
Weise prämierten.[28] In der größten Not bestellt man den Bock
zum Gärtner. Dass dieser sich neuerlich aufs Gärtnern versteht
oder auch nur Gefallen an wohlgeordneten Beeten findet, ist
einerseits wenig wahrscheinlich und andererseits dringend zu
hoffen. Denn eine Alternative dazu fehlt. Das Unkraut *muss*
gejätet werden, ansonsten erstickt der Wildwuchs jegliche Kultur.

Der Appell an die politische Sphäre artikuliert indirekt ein weiteres Eingeständnis, das auch für krisenfreie Zeiten gilt: Wirtschaft findet nicht nur in der Wirtschaft statt. Sie unterstellt, auch in ihrer Marktvariante, Vorleistungen politischer, rechtlicher, moralischer und geistiger Art. Diese Binsenweisheit gerät in ruhigen Abschnitten leicht in Vergessenheit. In stürmischen Perioden drängt sie sich der allgemeinen Wahrnehmung gebieterisch auf. Dann dämmert selbst den stursten Aposteln des »freien Marktes«, dass diese Formel einem Glaubensbekenntnis ähnlicher sieht als der Prämisse einer gut durchdachten Doktrin.

Funktional differenzierte Gesellschaften gewähren der Autonomie ihrer Teilsysteme weiten Spielraum.[29] Sie folgen einer eigenen Logik, entwickeln einen Code, den beherrschen muss, wer kompetent mitreden und mitwirken will. Der Code präferiert bestimmte Sprech- und Handlungsweisen, hört bei anderen gleichsam mit und wieder andere ignoriert er. Liebe beispielsweise hört zunächst auf Liebe, ungern auf Recht; schenkt sie der Macht Gehör, dann steht es schlecht um sie, geradezu elend, wenn sie sich von Geld bezirzen lässt.

Jedes System zeichnet sich durch eine »Amtssprache« aus, die jede(r) sprechen muss, um mit der eigenen Absicht durchzudringen, und entwickelt gleichzeitig Verständnis für große Dialekte; der Rest ist Rauschen. Systeme mit eher diffuser Funktionsspezifik (wie wiederum Liebe) leiten ihre Amtssprache vom Dialekt der Mehrheit ab, der Landessprache sozusagen; da reden viele mit, mit wohlgeübter Zunge. Je schärfer hingegen der funktionale Zuschnitt, desto mehr gleicht die Amtssprache einer Kunstsprache, die eigens erlernt werden will. Deren Durchlässigkeit für die großen Dialekte variiert von Teilsystem zu Teilsystem, wobei die Regel gilt: Landessprache vor Mundart.

Weshalb? Weil die Landessprache, der *Common Sense* die übergreifenden sozialen Verbindlichkeiten formulieren, weil man, um Systemen entweder vertrauen oder nicht mehr vertrauen zu können, aus dem Alltagsleben wissen muss, was Vertrauen eigentlich bedeutet.

Unsere Bereitschaft, Systemen Vertrauen zu schenken, hängt an zwei Bedingungen. Die Systeme müssen für jene Art von Vertrauen Verwendung haben, das sich in den Nah- und Mitwelten bildet. Sie müssen dieses quasi »natürliche« Vertrauen ferner zu einem »strukturellen« Vertrauen fortentwickeln, das der Eigenart und den Bedürfnissen der Fernwelt Rechnung trägt. In dieser verkehren die Menschen als Funktionsträger, zeitlich und räumlich oftmals voneinander getrennt, so dass sie es miteinander zu tun bekommen, ohne sich zu kennen.

Die soziale Verlässlichkeit sachlich vermittelter Abhängigkeiten muss den guten Willen ehren und zugleich Vorkehrungen treffen, die die böse Absicht in Schranken halten.

Menschen, die in ihrem spezifisch gesellschaftlichen Verkehr erfahren, dass Redlichkeit sich auszahlt, Lüge und Betrug dem Lügner und Betrüger übel bekommen, übler womöglich als dem Belogenen und Betrogenen, entwickeln Systemvertrauen. Die umgekehrte Erfahrung unterhöhlt es, unterspült den Boden, auf dem Sozialsysteme ruhen und den sie niemals ganz verlassen können.

Schon der Versuch ist strafbar und vernichtet, hartnäckig wiederholt, die Legitimation sozialen Großbetriebs. Anstand, Aufrichtigkeit als Willensphänomen sowie als Kunstprodukt bilden unentbehrliche Gleitmittel des Gesellschaftsprozesses.[30]

Zurück zur Wirtschaft, zur aktuellen Wirtschaftskrise. Das ökonomische System soll, muss gerettet werden; fragt sich erstens wie und zweitens zu wessen Bedingungen.

Um mit der zweiten Frage zu beginnen: Anfänglich schien das politische System willens, die Rettungsaktion an harte Bedingungen zu knüpfen. Staatliche Garantien und bares Geld für »notleidende Banken« und Betriebe bei gleichzeitiger Einmischung des Staates in die Geschäftspolitik bis hin zum Äußersten, der zeitweisen Verstaatlichung. Letzteres geschah tatsächlich gleich in einer Reihe von Ländern und verhieß eine Rettung zu den Bedingungen des Gemeinwesens.

Unterdessen häufen sich die Anzeichen für den gegenteiligen Weg, für die Rettung der Wirtschaft zu den Bedingungen der Wirtschaft: Bonuszahlungen an Vorstände und Manager direkt aus dem Rettungsfonds; Müllbanken, aus Steuermitteln finanziert, um Kapitalschrott zu entsorgen; »Berater«, die die werte Kundschaft unbeirrt zu hochriskanten Geldanlagen überreden; Abgesandte aus der Wirtschaft, vom Staat zum »Seitenwechsel« und im Besonderen dazu eingeladen, die neuen Verhaltensregeln eigenhändig zu verfassen.

Der Ausgang ist – vorläufig – offen, am wahrscheinlichsten erscheint der Mittelweg: die Rettung der Wirtschaft zu den Bedingungen eines politischen Systems, das *dieser* Wirtschaft äußerst wohlgesinnt ist. Aber selbst dieser moderate Rettungsmodus bedeutete einen flagranten Verstoß gegen die »reine Lehre« des absoluten Primats ökonomischer Interessen. Ganz ohne Einschränkung der Ellenbogenfreiheit dürfte die Kur indessen schwerlich anschlagen.

Die Gewinnerwartungen von Unternehmen, die bereit sind, sich retten zu lassen, dürften eine merkliche Dämpfung erfahren, die Gewinne selbst eine Zeitlang der Staatskasse zufließen. Hochgradig abenteuerliche, geradezu anstößige Geldvermehrungspraktiken samt der Finanz»produkte«, die sie erst ermöglichten, verschwinden vermutlich von der Bildfläche, für eine gewisse Schamfrist jedenfalls. Rating-Agenturen, die Firmen zugleich beraten und bewerten – das war einmal, hoffentlich.

Kunden- und Nutzerrechte besitzen gute Aussichten, aus dem Krach gestärkt hervorzugehen. Umkehr der Beweislast nach dem Handbuch der Aufrichtigkeit: Der Versender froher Konsumbotschaften hafte hinfort für seine allzu vornehme Verschwiegenheit.

Um auszuschließen, dass die Spieler, die großen wie die kleinen, mit blinden Karten spielen, als wären es lauter Trümpfe, wird man deren Spielwert künftig genauer ausweisen als in der Vergangenheit und einige Joker aus dem Spiel verbannen. Nach einer langen Periode wechselseitiger Täuschung und Ansteckung ist all das ein Gebot der Sozialhygiene wie des Selbstschutzes – ordnungspolitisch hingegen ein einziger Offenbarungseid.

Es wird sich kaum vermeiden lassen. Der Hybris bodenloser, schrankenloser Selbstbezüglichkeit (finanz)wirtschaftlichen Verkehrs folgt die Nemesis in Theorie und Praxis.

»Normalerweise« muss sich der Staat, sofern er in das Wirtschaftsleben eingreift, der dortigen Amtssprache bedienen und sein Handeln auf rein ökonomische Mittel und Anreize beschränken: Geldumlauf, Zinsen, Steuern usf.

Im Ausnahmezustand spricht er, sprechen seine Repräsentanten Tacheles; das verletzt die feinen Ohren der Finanzjongleure und ihrer neoliberalen Stichwortgeber unerhört.

Staatlich verfügte Gehaltsobergrenzen für das hilfsbedürftige Management, Entlassung diskreditierter Spitzenkräfte, Offenlegung der Bilanzen, Mitbestimmung der Politik bei der Festlegung von Unternehmenszielen – igitt, igitt.

Das Agreement zwischen Staat und Wirtschaft atmet den Geist des Nationalismus. Der Staat rettet Teile »seiner« Wirtschaft mit Bürgschaften und Kapital vor dem Zugriff ausländischer Fonds. Er betätigt derart die Handbremse der Globalisierung, mit der Zusicherung zwar, nächstens wieder Gas zu geben, aber es bleibt ein Sakrileg, unendlich peinlich.[31]

Auch die gehobene Semantik ist pikiert. Die soziologische Systemtheorie erklärt den gesellschaftlichen Normalzustand ebenso wortreich wie wortgewandt. Selbst für kritische Systemzustände mit den für sie charakteristischen Übertreibungen und Fehlfunktionen findet sie manch ausgefeiltes Wort[32]. Kollabierende

Systeme bezeichnen dagegen Leerstellen in ihrem Vokabular. Eine Wirtschaft, die sich (der Not gehorchend) in die Hand der Politik begibt, die bei uns allen um Vertrauen bettelt, liegt jenseits der Grenzen systemtheoretischer Aussagefähigkeit.[33]

Was aus deren Perspektive als »Anomalie« erscheint, beleuchtet in Wahrheit den Normalfall: Soziale Systeme können das Vertrauen, auf das sie angewiesen sind, allein aus sich heraus nicht generieren.[34]

Die Ausklammerung so »archaischer« menschlicher Eigenschaften wie Redlichkeit, Verbindlichkeit, Verlässlichkeit aus dem wirtschaftlichen Geschehen beruht auf einem Irrtum; die vielfach verkündete Abdankung des »subjektiven Faktors« war verfrüht. In seiner Abwesenheit tanzen die Puppen auf dem Tisch. Oder auf der Straße.

5. Aus dem Rahmen

Kurz vor Weihnachten des Jahres 2008 bot sich den Einwohnern und Besuchern Berlins ein merkwürdiges Schauspiel. Zehn Tage lang bespielte die belgische Aktionsgruppe *Royal de luxe* die Auslagen von Deutschlands renommiertestem Warenhaus, dem KaDeWe, mit seltsamen Gestalten, düsteren Szenen. Das Spektakel mit dem Titel »La Révolte des Mannequins« hatte seine Premiere im Februar 2008 in Nantes erlebt und war dann auf Wanderschaft gegangen; ein verstörendes Erlebnis, allerorten.

Viele Figurinen blicken unverwandt an den Passanten vorbei ins Weite des Stadtraums. Kein verführerisches Lächeln, das den Käufer in spe einfing, nur blödes Grinsen, keine einladenden Posen, die ihn ins Innere zogen, stattdessen Abwehrgesten, weit aufgerissene Münder, stummer Schrei. »Pack dich, Konsumidiot!«, das war die Botschaft, »hier lauert Ungemach.«

Wer dennoch innehielt, erfasste Obdachlose, in schäbige Decken eingehüllt, auf löcheriger Matratze schlafend; Säufer mit langen, zottigen Haaren, auf dem Boden lungernd; einen Untoten, der soeben seinem Grab entstieg; zwei Feuerwehrleute, ein Falltuch aufspannend, auf das eine Frau zustürzt; eine zerlumpte Person, gekrümmt in einem Einkaufswagen – ihrem mobilen Zuhause.

Manche Schaufensterscheiben erweckten den Eindruck, als sei von innen ein Loch in sie hineingetrieben. Tatsächlich klebten einige Figuren, offenbar zur Flucht entschlossen, mit ihrem ganzen Körper an der Scheibe.

Die Stärksten hatten den Weg ins Freie bereits angetreten: Dummys des Konsumversprechens in panischer Absetzbewegung wie bei einem Ausbruch aus dem Knast. An einer Stelle ragte ein Frauenbein bis zum Oberschenkel aus dem Glas. Ein weibliches Modell hatte sich wie durch ein Wunder mit ihrem ganzen Oberkörper durch das kompakte Glas gezwängt und befand sich in aussichtsreicherer Lage als ein männliches, das rücklings aus der Scheibe lugte; gleich würde es aufs Pflaster klatschen. Derweil schickte sich eine weitere Kleiderpuppe an, die Fassade zu erklimmen. Vier dem Anschein nach geübte Alpinisten waren dem Grauen vollständig entkommen und auf einen Gebäudevorsprung geflüchtet. Ein Paar befand sich auf dem Dach des Warenhauses und blickte in die Tiefe.

Aufstand der Warenästhetik, ironisch als Teil derselben inszeniert, so konnte man die Darbietung verstehen. Im Dezember 2008, inmitten einer kapitalen Weltwirtschaftskrise, lebte der subversive Gestus des Straßentheaters sichtlich auf. Das an sich bizarre Geschehen hinter, vor und über den Vitrinen wirkte beinahe realistisch, wie ein visueller Kommentar zur globalen Lage. Die künstlichen Kreaturen der Kauflust verließen den ihnen angewiesenen Rahmen und »sagten« dem Betrachter auf ihre Weise, was er täglich in den Medien vernahm: dass die ebenso künstlichen Geschöpfe der Finanzwelt auf den Nasen ihrer Schöpfer tanzten.

Unter den rebellischen Mannequins zeigten sich einige besonders aufmüpfig. Während sie dem Rahmen entstiegen, griffen sie nach den Umherstehenden, offensichtlich willens, sie bei der Hand oder am Kragen zu packen. Irgendjemand musste den Platz besetzen, den sie unbotmäßig räumten, das sagte ihnen ihr Instinkt, und da kamen die Gaffer gerade recht.

Dinge, die ich besitzen will, werden mir undurchsichtig, heißt es sinngemäß an einer Stelle bei Paul Valéry. Hier, in Berlin, wurden sie für einen Augenblick unheimlich, herrschsüchtig, bedrohlich, und das »passte« momentan ganz ausgezeichnet.

6. Regeln, Normen und die ausstehende Antwort auf die Frage nach dem Wozu

Der Krach ist der Lehrmeister des Neuen, auch neuer oder wiederentdeckter Tugenden. Anderes Signalsystem, andere Anreize, die das Vertrauen wiederherstellen – wie sollte es ohne Lernprozesse, ohne Schlussfolgerungen, die Menschen aus der Krise ziehen, jemals dazu kommen?

Eine naheliegende Konsequenz könnte in der Bereitschaft bestehen, Regeln, die der eigenen Selbstsucht Grenzen setzen, nicht nur widerwillig zu akzeptieren, sondern bewusst zu fordern. Wir alle versichern uns gegen das Risiko, krank zu werden, auch die Gesunden, sorgen für das Alter vor, auch die Jungen, beugen den Folgen eines möglichen Arbeitsplatzverlustes vor, auch die aktuell Beschäftigten. Allein auf sich gestellt, könnten die meisten diese Risiken nicht schultern.

Allein der *homo oeconomicus* räkelte sich lange im Allmachtsglauben und ging, ob Manager, ob Sparer, rücksichtslos aufs Ganze; ein Beweis dafür, dass dieser Gestalt des Sozialen von Hause aus die Sicherungen fehlen.

Die Folgen sozial entsicherten Wirtschaftens trägt das Individuum hinter der ökonomischen Charaktermaske, und mit dieser Erfahrung ausgerüstet, könnte es von sich aus auf Veränderungen drängen.

Vertrauensbildende Maßnahmen systemischer Natur, die das rohe Selbstinteresse zügeln, sind unverzichtbar;[35] ohne willentliche Unterstützung schweben sie im luftleeren Raum und umgekehrt.[36] Die überragende Lektion der zurückliegenden Monate liegt in der wieder aufgefrischten Erkenntnis, dass einem Markt, dem kein Ethos entspricht, dasselbe Schicksal blüht wie einer Demokratie ohne Demokraten: Er erstarrt zu einem leb- und geistlosen Gehäuse.[37]

Wissen um gesamtwirtschaftliche Zusammenhänge gehört heute zu den elementaren staatsbürgerlichen Tugenden, deren Pflege allzu lange und sträflich vernachlässigt wurde. Die Wirtschaftswissenschaft selbst beschränkte und beschränkt sich vielfach noch immer auf die Analyse und Vermittlung betriebswirtschaftlicher Gegebenheiten. Deren makroökonomische Einbettung bleibt dabei ebenso außer Betracht wie die kulturelle Grundierung und soziale Rahmung des wirtschaftlichen Lebensprozesses.

Unter diesen Einseitigkeiten und Versäumnissen leidet die Ausbildung des wissenschaftlichen Nachwuchses und insbesondere die Schulung künftiger wirtschaftlicher Führungskräfte.[38] Sie reifen in einer Atmosphäre heran, die die »Globalisierung« als Zuchtrute zur Anerziehung einer durchaus unbrüderlichen Gesinnung missbraucht und den sozialen Sinn zum Haupthindernis der Wertschöpfung erklärt. In diesem Geist verrichten sie ihr späteres Werk, lehrend oder praktizierend.

Dem Übel abzuhelfen, dafür dürfte eine Wiederaufrichtung der »Schulen der Aufrichtigkeit« aus dem siebzehnten und achtzehnten Jahrhundert wohl kaum das geeignete Mittel bieten. Aber eine neuerliche Wende in der Pädagogik, die sich auf das zurückbesinnt, was »Bildung« immer war und, recht begriffen, immer bleiben wird – Zusammenklang von Muskel, Nerv, Empfindung, Denken, Geist, Gewissen –, scheint von den Verhältnissen selbst angezeigt.[39]

»Ist die Finanzkrise eine Tugendkrise?«, fragt ein deutscher Ökonom[40] und antwortet standesgemäß und wie vermutet: nein.

Gewiss, große Banken und Wirtschaftsunternehmen, institutionelle Anleger, auch private, hätten angesichts spektakulärer Gewinnaussichten ihren kühlen Kopf verloren und ihr Glück mehr als nur herausgefordert, häufig auf Kosten anderer und zuletzt zum eigenen Schaden. Es sei »erstaunlich, wie viel ökonomische Kompetenz zusammen, im Schwarm, mögliche Effekte im volkswirtschaftlichen System zu ignorieren in der Lage ist«.

Falsch wäre es indes, diese Folgenblindheit amoralischem Verhalten anzulasten, Untugenden wie der Gier. Verantwortlich für das Manko an Verantwortungsgefühl sei vielmehr eine Kultur maßloser »Glückserwartungen«, die den Verstand der Akteure betäubt, ihre Bedenken zerstreut habe. Unter dem Eindruck dieses »mentalen Modells« habe das Gewissen aufgehört zu schlagen. Was bei anderer »kultureller Grundierung« als moralisch verwerflich, anstößig gegolten hätte, galt jetzt als richtig, als erstrebenswert. Gewinnmaximierung war der Schlachtruf der Epoche; wer da nicht mitzog, handelte geradezu »fahrlässig«.

Sich darüber im Nachhinein zu mokieren verrate wenig Wirklichkeitssinn: »Deshalb sind Appelle an ›Demut‹, ›Anstand‹ oder generell ›Moral‹ zwar Erinnerungsposten, sie erinnern an ideale Verhaltensmodalitäten. Sie treffen aber nicht den Kern gelebter Geschäftskulturen.«

Und worin besteht dieser Kern? Nun, wiederum in Kultur, in Rechtskultur, in Regeln, die der Staat der Wirtschaft vorschreibt. »Praktisch reagieren die von der Finanzmisere getroffenen Staaten mit neuen Regeln, nicht mit der Aufforderung, tugendhaft zu werden. Regeln sind informelle Institutionen, die die wechselseitigen Handlungserwartungen konventionalisieren. Das lässt sich nicht in Moral übersetzen … Regeln sollen neues Verhalten herstellen.«

Regeln und Recht – ja, Normen und Moral – nein; »neues Verhalten« entsteht von oben, auf dem Verordnungsweg, nicht aus der Mitte der Gesellschaft, das ist die Auskunft. Sie ist so einseitig, dass man sie getrost falsch nennen darf, zumindest irreführend.

Staat und Religion, Recht und Moral voneinander gesondert zu haben gehört zu den großen Errungenschaften der (europäischen) Moderne; die bittere Lektion des Dreißigjährigen Krieges stand dieser Scheidung Pate.[41]

Deshalb wird niemand, der sich den Blick für die Realitäten bewahrt hat, auf die Idee verfallen, gesellschaftliche Institutionen könnten vom Recht allein leben, oder glauben, ihre Lebensfähigkeit hinge einzig an moralischen Überzeugungen. Beides ist nötig. Wird *eine* Säule morsch, wanken die Gebäude und stürzen früher oder später ein. Derselbe Zusammenhang zeigt sich, wenn es gilt, neue Institutionen zu gründen oder überlieferte zu verjüngen.

Vom Staat verfügte Regeln zur globalen Einhegung (finanz)-wirtschaftlichen Handelns laufen leer, wenn das sozialmoralische Klima der Gesellschaft sie nicht trägt. Und umgekehrt: Moralische Empörung über frivole Gewinnsucht, die keinen rechtlichen Nachhall findet, kein Regelwerk, das auch dann für »Ordnung« sorgt, wenn die Erregung verklingt, wärmt das Gemüt, lässt die Gemüter jedoch alsbald kalt.

Der abstrakte Kapitalismus eroberte die Welt nicht im Handstreich; es dauerte Jahrzehnte, bis er scheinbar fest im Sattel saß. Seine Protagonisten in Politik und Wirtschaft eröffneten den Feldzug mit punktuellen Regelverstößen und warteten auf Reaktionen, auf Protest und Widerstand aus der Mitte der Gesellschaft. Regte sich keine oder nur schwache Gegenwehr, rückten sie den Regeln selbst zu Leibe, die sie durchlöcherten, abschafften, durch neue ersetzten, je nachdem. Löste auch das keinen Sturm der Entrüstung aus oder blies er sich müde, war die letzte Bastion gefallen, ein neues »menta-

les Modell« kreiert, eine »Kultur« des schrankenlosen Gewinn-
wachstums.

Wer Regeln bricht, muss rechtliche Sanktionen gewärtigen.
Bleiben sie aus, drohen dem »Sünder« noch immer moralische
Sanktionen als Antwort auf den Normverstoß: sozialer Ach-
tungsverlust, öffentliche Beschämung. Das Schweigen des
Rechtsstaats vermögen sie nicht zu kompensieren. Als allge-
meiner Weckruf des Gewissens erfüllen sie dagegen ihren
Zweck. Kräht kein Hahn, dann brechen die Dämme.

Viele Unternehmer widerstanden der Verlockung und keines-
falls nur mangels Masse oder passender Gelegenheit zum
Raubzug. Fabrikanten und Dienstleister der alten kontinen-
taleuropäischen Schule, hielten sie aus Überzeugung und zumeist erfolgreich Abstand von der munteren Jagdgesellschaft.
Sie gehen nun moralisch gestärkt aus der Krise hervor, und dasselbe gilt für das »mentale Modell«, dem *sie* sich verpflichtet
fühlten.

Diesem wieder allgemeine Anerkennung zu verschaffen im
globalen Maßstab, dazu sind transnationale Regelungen und
Kontrollen unverzichtbar, jedoch nicht hinreichend. Hier
stößt auch die aus dem Alltagsleben geschöpfte Moral an ihre
Grenzen. Konservativer, das heißt bedächtiger und skrupulö-
ser als das »mentale Modell« des kosmopolitischen Kapitalver-
kehrs, stimmt sie mit diesem doch insofern überein, als auch
sie streng innerweltlich, pragmatisch, »eudämonistisch« ausgerichtet ist. Der Grundsatz »Das größte Glück der größten
Zahl« ist beiden eingeschrieben, das Individuum soll hier wie
da auf seine Kosten kommen; wie genau und was zum Glück
dazugehört, da gehen beide auseinander.

Die moralische Alltagsperspektive erwächst aus der elementaren Erfahrung mitmenschlicher Abhängigkeiten. Wir alle
kommen hilfs- und schutzbedürftig auf die Welt und verknüpfen, erwachsen geworden, unser Schicksal mit zahllosen anderen Individuen. Einzelne Moralgebäude entstehen und ver-

gehen, bieten Raum für Kontroversen, für oftmals erbitterten Streit, in dem die Achtung oder Missachtung ganzer Menschengruppen auf dem Spiel steht. Die Anerkennung der sozialen Natur menschlicher Individuen bleibt davon unberührt. Wer das bestreitet, leugnet das Apriori jedweder Moral. Die kleinste Einheit der Gesellschaft bilden stets *Menschen*, nicht der Mensch.

Das Gefühl der Verbundenheit mit anderen als seinesgleichen kann sich auf Nahestehende beschränken oder weiter ausgreifen, sämtliche Blutsverwandte, alle Mitglieder einer Ethnie, Nation, Glaubensgemeinschaft oder alle Erdenbürger einbeziehen.

Je umfassender der Kreis der Gleichen, desto schwieriger gestaltet sich die Verstetigung des Gemeinsinns. Persönliche Zuwendung zu anderen findet ihre Gründe vor der eigenen Haustür, Anteilnahme am Geschick Fernstehender bequemt sich notgedrungen den weitläufigen Kanälen von Steuern, Abgaben und Spenden an. Das klingt berechnend, und das ist es auch.

»Fernethik« in Form geschäftsmäßiger Solidarität ist kein globaler Wiedergänger der Nächstenliebe, sondern eine Veranstaltung aus eigenem Grund und Antrieb, gewohnheitsmäßige Anerkennung nationaler, planetarer »Interdependenzen«. Dabei nüchtert das moralische Gefühl im selben Maß aus, in dem es sich an »alle« adressiert.

Es auf dieser Ebene zu begeistern, bedürfte es einer postreligiösen Vorstellung vom menschheitlichen »Auftrag« individuellen Handelns, speziell des Wirtschaftens und seiner nächsten Frucht, des Reichtums. Ohne ein solches »Weltwollen« keine moralische Ertüchtigung, kein globaler Teamgeist: »We'll keep on fighting till the end.«

Darüber verfügen wir nicht, und solange dieser Nihilismus währt, bleibt der sozialmoralisch gezügelte Individualismus der einzige Verbündete des Grenzen setzenden Rechts. Zu schwache

Koalitionäre wohl, um eine »Wiederkehr des Gleichen« – Erholung, Auftrieb, Arroganz und Absturz – zu verhindern.[42]

Es gab eine Zeit, da verstanden sich die Bürger als Glieder einer großen, grenzüberschreitenden moralischen Versicherungsgemeinschaft. Sie fühlten sich, Bekannte wie Unbekannte, füreinander verantwortlich und verpflichtet, einander Beistand zu leisten. Ihren Bund zu besiegeln, entwickelten sie einen eigenen Code, Merk- und Erkennungszeichen, die nur der redliche Bürger wahrzunehmen und zu deuten verstand. In doppelter Fronstellung zum Klerus und zur Aristokratie einerseits, zum bindungslosen Bourgeois andererseits, konstituierten sich die Bürgerlichen als »Gemeinde der Aufrichtigen«, als Menschen *sans phrase*.

Dem Bündnis beizutreten war jedem möglich, sofern er darauf verzichtete, aus Macht- bzw. Geldbesitz Vorrechte abzuleiten. Hier zählten nur individuelle Potenzen, Eigenschaften, Fähigkeiten sowie die utopische Hoffnung, die soziale Welt ließe sich nach rein menschlichen Maßen einrichten.

Was einmal war, kehrt so nicht wieder. In modifizierter Gestalt mag es dagegen eine Zukunft haben. Die Vergangenheit einfach *ad acta* zu legen ist eine Maxime, der nur Zeitgenossen in kurzen Hosen Folge leisten können.

Sehen wir uns also etwas genauer in der Geschichte um.

Dabei geht der Weg tief hinab bis ins frühe sechzehnte Jahrhundert, und mehr als einmal wirbelt der Staub der Archive auf. Er sinkt, Newton sei Dank, alsbald zu Boden und gibt den Blick frei auf unsterbliche Ideen, brillante Einfälle, aber auch auf tiefschwarze Phantasien und verschrobenen Humor.

Das Theater der Aufrichtigkeit
Hommage an Michel Foucault

Philosophisches Geleit: Gorgias

Der Zweifel an der Brauchbarkeit der menschlichen Sprache für Verständigungszwecke ist alt. Auch innerhalb der europäischen Denktradition reicht er weit zurück. Ausgangs des fünften vorchristlichen Jahrhunderts zieht Gorgias ein erstes Resümee.

Angenommen, es gäbe ein Seiendes (das es nicht gibt) und dieses Seiende wäre erkennbar (was es nicht ist), so ließe sich diese Erkenntnis den Mitmenschen gleichwohl nicht adäquat vermitteln. Denn erstens erlischt im Wort die lebendige Vorstellung der Dinge. Wie »könnte das [Ding] dem deutlich werden, der es gehört, aber nicht gesehen hat? Denn gerade wie das Auge nicht die Töne wahrnimmt, so hört auch das Gehör keine Farben, sondern Töne. Und es spricht der Sprechende [Worte], aber keine Farbe und überhaupt kein Ding. Wovon jemand nun [überhaupt] keine Vorstellung hat, wie könnte er das von einem anderen vermittels eines Wortes oder irgendeines Zeichens, das doch von dem Dinge selber verschieden ist, geistig aufnehmen?«[43]

Wären die Vorstellungen im Wort mitteilbar, so bedeuteten sie zweitens für den Sprecher und den Hörer nicht dasselbe. »Denn es ist doch nicht möglich, daß dasselbe [Ding] zugleich in mehreren Personen, die voneinander getrennt sind, vorhanden ist! Denn dann wäre ja das Eine zwei! Wenn es aber auch in mehreren Personen vorhanden und dasselbe wäre, so spricht doch nichts dagegen, daß es ihnen nicht gleich erscheint, wenn sie nicht in jeder Hinsicht gleich sind und in demselben [Körper]. Denn wenn es so wäre, dann wäre es eine einzige, aber nicht zwei Personen!«

Die Worte sind nicht die Dinge und repräsentieren sie auch nicht. Zumindest nicht so, dass auch nur zwei Menschen dasselbe darunter verstünden. Falls doch, dann handelte es sich gar nicht um verschiedene Personen, sondern nur um eine einzige. In diesem Fall wäre das Verständnis gesichert, die Kommunikation hingegen entbehrlich.

Bemerkenswert an diesen Äußerungen ist, dass sie von einem Meister der Rhetorik stammen. Aber vielleicht war es gerade die rhetorische Praxis, die Gorgias an der Sachdienlichkeit der Worte zweifeln ließ.

Viele Bedingungen mussten zusammentreffen, ehe man die Unmöglichkeit, im Wort das Seiende unmittelbar auszusagen, als Tragödie statt als Eigenart der sprachlichen Kommunikation begriff.

Zeigen und Schweigen

1. Verhexter Verstand oder der »Missbrauch der Worte«

Die menschliche Vernunft der Sprache auszuliefern, dem gesprochenen Wort, weigerte sich die Philosophie noch lange nach ihrer Frühblüte in der griechischen Antike. Die Sprache war das Bleigewicht des Geistes, das galt noch für Descartes, den Begründer der neuzeitlichen Philosophie. Die Vernunft wurzelte in einem Satz angeborener Ideen, die dem Menschen vor jeder Kommunikation mit auf die Welt gegeben waren. Mit der Sprache kam der Körper ins Spiel, Stimme, Ausdruck, Mundart. All das gehörte zu den *res extensa*, den ausgedehnten Dingen, trat zur Welt der geistigen Dinge, den *res cogitans*, nur äußerlich hinzu, als Tribut an die Unvollkommenheit des Menschen, sein »zufälliges« Wesen. Was bewies diese Zufälligkeit schlagender als die Tatsache, dass dieselben Ideen in den verschiedenen natürlichen Sprachen auf höchst verschiedene Weise »tönten«? Innere Notwendigkeit beanspruchte allein der Denkprozess; in der Kommunikation geriet der Gedanke unweigerlich in die Fänge der Willkür.

Die gegenreformatorische Erkenntnis- und Sprachtheorie knüpfte an diese Ansicht an. Wie Descartes betonten vor allem die Jansenisten von Port-Royal die Präexistenz der Ideen vor aller sprachlichen Verwirklichung. Sie identifizierten, damit nicht genug, das reine Denken mit der göttlichen Schöpfung, Sprache und Kommunikation mit bloßem Menschenwerk und warnten vor Vermischungen. Wer die Idee Gottes an das armselige Gestammel seiner Lämmer binde, beraube sie ihrer Würde.[44]

Die Menschen, unfähig, die Wahrheit als solche zu erfassen, vermengten Geist und Sprache, so dass sie »oft mehr die Wörter als die Dinge betrachten. Das ist eine der gewöhnlichen Ursachen für die Verwirrung unserer Gedanken und unserer

Sprache«, erklärten die Logiker von Port-Royal.[45] Cordemoy, zu diesem Kreis gehörend, sann in seinem *Discours physique* über eine Form der Verständigung nach, die der Gottesgabe reinen Denkens angemessen sei und ohne weitere Hilfsmittel auskäme. Alle Verwirrung entstünde aus der Vereinigung von Körper und Seele, aus dem Zwang, unkörperlichen Gedanken Zeichenkörper zuordnen zu müssen.[46]

Sofern *imaginatio* und *eloquentia*, bildhaftes Denken also und rhetorisches Vermögen, verteidigt wurden, geschah es aus demselben Grund, der die sprachliche Kommunikation unter Generalverdacht stellte. Die gewöhnlichen Gläubigen, hieß es, seien ins Irdische und Sinnliche viel zu sehr verstrickt, um das Absolute, schlechthin Unbedingte erfassen zu können. Gerade ihre sinnliche Reizbarkeit ließ sich jedoch für höhere Zwecke nutzen, wenn man es verstand, die menschliche Begehrlichkeit durch eine packende und bildkräftige Sprache von ihren niedrigen Antrieben zu reinigen und auf Gott zu lenken.[47]

Dieser Aufwertung von Sinn und Sinnlichkeit ungeachtet befestigte sich der Argwohn gegen die sprachliche Kommunikation auch innerhalb der sensualistischen Philosophie. John Lockes Einsicht, dass die Worte nicht die Dinge unmittelbar bezeichneten, sondern die Idee der Dinge, war an sich ebenso originell wie wegweisend, ein Vorgriff auf die moderne Semiotik, und nährte dennoch die Skepsis gegenüber der Zuverlässigkeit der Sprache als Mittel der Orientierung in der Welt.

Ausgenommen die sogenannten »einfachen Ideen«, die in enger Tuchfühlung zu den realen Gegebenheiten stünden, löse sich der menschliche Geist mehr und mehr vom sinnlich Überprüfbaren. Alle »komplexen Ideen« (»Mensch«, »Kultur«, »Gesellschaft«) würden anhand pragmatischer Kriterien gebildet, die die je besonderen Gewohnheiten und Erfahrungen einzelner Menschengruppen widerspiegelten und eben nicht die Sache selbst. Je umfassender, abstrakter die Vorstellungen, desto geringer ihre Bodenhaftung. Ursprünglich auf Basis der Empfindungen, der *sensations*, gebildet, verwandeln sich die Ideen in luftige Konstrukte, die ihrerseits durch Konstrukte, durch willkürliche Sprachzeichen, verkörpert werden. David Hume vollendet diesen Gedanken, indem er den Sonderstatus der Ideen verneint und sie zu bezeichneten Zeichen erklärt, mittels deren Welt entworfen wird – nach Maßgabe dessen, was jeweils als üblich, als selbstverständlich gilt.

Für Locke war die Vorstellung einer unabschließbaren kommunikativen Praxis höchst beunruhigend. »Kommentare erzeugen Kommentare; Erläuterungen bieten Stoff für neue Erläuterungen … Diese von Menschen geschaffenen Ideen werden in infinitum vervielfältigt, weil die Menschen noch immer dieselbe Kraft dazu besitzen … Wenn die Ausdrücke einer Definition immer wieder durch die einer anderen definiert werden müssten, wo sollten wir schließlich aufhören?«[48]

Gleich Locke hält auch Condillac in seiner *Logik* am Dogma der Verfälschung des Denkens durch die Sprache fest. Das Wort rückt irgendeine Empfindung oder komplexe Vorstellung ins Reich der Arten und Gattungen ein. Das ist die Leistung der Sprache; sie klassifiziert die sichtbare Welt, ermöglicht abstraktes Denken. In dieser Leistung liegt aber auch eine Gefahr. Mittels Sprache wird das Ausgangsmaterial der Empfindung einer symbolischen Ordnung einverleibt, die sich dem Sprechenden als Ordnung der Dinge selbst aufdrängt. Als bestünde die Natur aus Klassifikationen statt aus lauter Einzeldingen![49]

Die Einbildungskraft vollendet diese Täuschung. Sie »macht mit den Sinnen, was sie will«, und kombiniert die sprachlichen Abstraktionen zu Chimären dank »der Fähigkeit, sich die nicht vorhandenen Gegenstände so auszumalen, als wenn sie vorhanden wären«. Sie »übertreibt und täuscht«, schöpft, indem sie blindlings Wort an Wort reiht, lauter Hirngespinste: »Kopf aus Glas«.[50]

Die Sprache verhext den Verstand.

Man darf den Worten nicht trauen, weil sie den wahren Ursprung der Ideen als Abkömmlinge der Empfindungen verdunkeln. Die abstrakte Idee »Mensch« ist eine arme Vorstellung, die übrig bleibt, wenn das vielen Einzelmenschen Gemeinsame abgesondert und einseitig hervorgehoben wird. Die Lautfolge /Mensch/ ordnet dieses Spaltprodukt der Vorstellung jedoch automatisch, also unbewusst der Realität zu, so als existiere die Abstraktion in Wirklichkeit statt einzig im sprachlich organisierten Geist.

Es ist die aller Sprache anhaftende Verweisungsfunktion auf die »Welt da draußen«, die das Denken irritiert, sobald es sich auf dieses Medium einlässt. Nur ein rastlos aufmerksames Sprachbewusstsein gebietet dem natürlichen Hang zum Missbrauch der Worte halbwegs Einhalt. »Wir werden uns jedoch nur dann der Wörter zu bedienen wissen, wenn wir in ihnen nicht Wesenheiten (essences) suchen, die wir nicht in sie haben hineinlegen können, sondern lediglich das, was wir in sie hineingelegt haben, nämlich die Beziehungen der Dinge zu uns und die Beziehungen der Dinge zueinander.«[51]

Das Wort, die Sprache werden zur Falle des Gedankens, weil sie Wesenheiten dort vortäuschen, wo sie gar nicht existieren, außerhalb der Sprache, im Himmel oder auf der Erde, und die Menschen dazu verleiten, dem Imaginären Glauben zu schenken.[52]

Sorgenvolle Minen, sobald die Rede auf die Sprache kommt, in beiden philosophischen Lagern.

Die Rationalisten beklagen, dass die Sprache die eherne Logik der Vernunft in die Vielfalt natürlicher Sprachen aufspaltet und mit nicht zur Sache gehörigen Übersetzungsproblemen belastet. Die Sensualisten misstrauen der Sprache, weil sie die Quelle allen Wissens, die sinnliche Erfahrung, verrätselt und ihre Abstraktionen auf schwer kontrollierbare Weise auf die wirkliche Welt projiziert.

Im Unterschied zu ihren rationalistischen Kontrahenten hatten die sensualistischen Philosophen von Locke bis Condillac den unauflöslichen Zusammenhang von Denken und Sprechen bald beiläufig, bald systematisch erfasst und mit der Vorstellung eines idealen Denkens gebrochen, das der Sprache entraten könnte. Dieser Anschauung gemäß verwandelte sich die Sprache aus einem randständigen, im Grunde lästigen Begleitumstand des Denkens in ein Werkzeug seiner Verwirklichung, was die Sorge um mögliche Defekte dieses unumgehbaren Mechanismus einstweilen nur verstärkte.

Eine Protokollsprache, strikt am Leitfaden dessen entworfen, »was der Fall ist«, Tatsachen und Sachverhalten eng auf der Spur – das wäre ein Wegweiser durch die Labyrinthe der Sprache.[53]

2. Der Schulmeister im »freien Hörsaal der Natur«: sprachlos

Die der philosophischen Wiedererweckung zeitgleiche Erneuerung des Erziehungswesens im Gefolge der Reformation vertraute anfänglich ganz der Sprache. Wohl wusste man auch hier um den Konflikt zwischen den *verba* und den *res*. Dass er gemildert und letztlich zugunsten der *verba* entschieden wurde, lag daran, dass die *res*, namentlich bei Luther und seinen Glaubensbrüdern, selbst als Text verstanden wurden. »Ich nenne Erkenntnis der Sache nichts anderes als die Erkenntnis und das Verständnis des Neuen Testaments.«[54] Die von den *verba* ausgehende Gefahr beschränkte sich auf die »falschen Texte«, auf die Flut der Kommentare, auf die Auslegung des Textes der Texte durch angemaßte Autoritäten. Altgriechisch und Hebräisch verstanden sich als Lehrstoff daher von selbst.

Eine Abkehr von der lateinischen Sprache, die »jetzt ... bei allen überhandgenommen hat«[55], verhindert der humanistische Flügel der Reformation. Wie schon Erasmus in *de ratione studii* von 1512 verfocht Melanchthon, nun aber ganz auf die Erziehungspraxis orientiert, den Vorrang der Worte vor den Dingen. In seiner Wittenberger Antrittsvorlesung (1518) identifizierte er die Erkenntnis der Welt mit der Liebe »zu den schönen Wissenschaften, das heißt zum Griechischen und Lateinischen«[56].

Rangierte bei ihm Sprachkenntnis ganz allgemein vor Weltkenntnis, so unterschied Luther in Bezug auf die Sprache zwischen Schrift- und Lautsprache und gab der Schrift den Vorzug. »Die Sprachen sind die Scheiden, darin das Messer des Geistes steckt.« Dass die Apostel das Neue Testament »in die griechische Sprache faßten und anbanden«, sei geschehen, um »dasselbe sicher und gewiß zu verwahrten wie in einer heiligen Truhe. ... Wenn es allein dem Gedächtnis und der mündlichen Überlieferung anvertraut worden wäre, wie manche wilde, wüste Unordnung und Gemenge, so mancherlei Gesinnungen, Meinungen und Lehren, würden sich erheben in der Christenheit.«[57]

Gegenüber dem Ritter avanciert der Schreiber zur eigentlich heroischen Figur der Weltgeschichte: »Es ist wahr. Mir wäre es schwer, im Harnisch zu reiten. Aber ich wollte auch wiederum gern den Reiter sehen, der mir einen ganzen Tag stillsitzen und in ein Buch sehen wollte, wenn er schon nichts sorgen, dichten, denken und lesen sollte. Frage einen Kanzleischreiber, Prediger und Redner, was Schreiben und Reden für Arbeit sei. ... Drei Finger tun's (sagt man von den Schreibern). Aber das ganze Leben und die ganze Seele arbeiten daran.«[58]

Die Einteilung sowohl des Wissensstoffes als auch der Zöglinge in »Haufen« gehorchte demselben Prinzip sprachfixierter Gliederung des gesamten pädagogischen Universums: Lesenlernen – Grammatik – Dialektik und Rhetorik.[59] Calvins Gesetz für die sieben Klassen der Genfer Akademie artikulierte diesen Grundsatz ebenso wie die von den Erziehungsanstalten der Jesuiten wohlbekannte Forderung an die Schüler, ihre unterrichtsbezogene wie alltagssprachliche Konversation in lateinischer Sprache abzuhalten.[60] Zwar existierten auch andere Vorstellungen, vor allem im Umkreis der Unterweisung in den Muttersprachschulen.[61] Otto Brunfels' *Lehrart nach Rudolf*

Agricola sprach sich neben der Einbeziehung von Geographie, Medizin und Geschichte in den Unterricht vehement für den Vorrang der natürlichen Sprache vor dem Latein aus. Dem gedankenlosen Memorieren kirchlicher wie weltlicher Texte sollte so begegnet werden.[62] Bis zur systematischen Durchführung solcher Überlegungen bei Komenský verging noch ein Jahrhundert.[63]

Aber auch dann bedurfte es noch zweier Voraussetzungen, um eine umfassende Wende des Erziehungswesens einzuleiten: der klaren Unterscheidung zwischen Kindheit und Reife sowie einer daran anschließenden methodischen Grundlegung der Pädagogik, ihrer Fortbildung zur Erziehungswissenschaft.

Beide Voraussetzungen waren erfüllt, als Pestalozzi Ende des achtzehnten Jahrhunderts sein Programm einer »organisch-genetischen« Pädagogik entwarf und bald darauf der Öffentlichkeit unterbreitete. Kind und Kindheit, bislang Inbegriffe des noch unfertigen Menschen, galten nun als eigenständige Realitäten, die für sich standen und aus sich heraus begriffen werden wollten. Nach der neuen Lehrmeinung, die philosophisch auf Rousseau zurückging, bildete das Kind auf jeder seiner Entwicklungsstufen eine Werdeeinheit mit je spezifischen Grenzen und Potenzen. Jene zu respektieren und diese zu entfalten, dem eigengesetzlichen Entwicklungsgang des Menschen Folge leistend, war Aufgabe einer Pädagogik, die »die Erziehung zu einer Wissenschaft zu erheben« beabsichtigte. Sich darüber hinwegzusetzen bedeutete eine Vergewaltigung der menschlichen Natur.[64] Der aufgeklärte Pädagoge nahm die ihm anvertrauten Kinder wie ein Mentor bei der Hand. »Behandelt sie wie eures Gleichen, damit sie es wirklich werden, und wenn sie sich noch nicht zu euch zu erheben vermögen, so laßt euch ohne Scham, ohne Bedenken zu ihnen herab.«[65]

Die (schrift)sprachliche, grammtikzentrierte Gliederung des Lernprozesses wurde revidiert, ein »Naturverhältnis, in welchem Realkenntnisse gegen Buchstabenkenntnisse stehen müssen«[66], postuliert. Es ging dieser Reform der Reform nicht allein um die Vorrangstellung der natürlichen, lebendigen Sprache gegenüber der »toten«, um den Primat der Lautsprache gegenüber der Schrift. Auch nicht nur darum, allem Sprechen und Schreiben eine Elementarisierung der Lautsprache in Schallkomplexe vorangehen zu lassen oder um die mühsamen Versuche, den Übergang vom Lautbild zum graphischen Zeichen didaktisch genau in jener Phase zu platzieren, in der das Kind reif genug dafür war.

Kulturell tiefer gelagert war das Ideal einer entsprachlichten, rein gestisch-demonstrativen Unterweisung, die sichern sollte, dass das Kind, ehe es sich dem Rieseln der Worte überließ, deutliche, weil anschauliche Begriffe von den Dingen erwarb und im Gedächtnis speicherte. Die Sprache verbarg die Welt hinter einem Schleier von Symbolen, trieb ein Wissen hervor, das einem Gerücht näher kam als überprüfbaren Kenntnissen.

Zahllose Darstellungen seit der Mitte des achtzehnten Jahrhunderts variieren ein und dasselbe Sujet: den Pädagogen im »freien Hörsaal der Natur«[67], der, vor sich seine Zöglinge, mit ausgestrecktem Arm auf eine Szene weist, stumm. In der Fluchtlinie seines demonstrativen Gebarens das allzu Bekannte: eine Stadt, Zugtiere beim Pflügen, ein Markttag. An der Aussage, auf die die Geste hinauswill, ist kein Zweifel: Das ist eine Stadt, das ist das Pflügen, das ist ein Markttag! Gerade die Vertrautheit aller mit dem wortlos Bezeichneten sichert der pädagogischen Geste ihre paradigmatische Bedeutung. Besser, weil einprägsamer, als zu *sagen*, worum es sich bei dem und jenem handelt, ist es, zu *zeigen* und zu *sehen*.

Die eindeutige Beziehung zwischen Geste und Objekt garantiert, dass das kindliche Gemüt Begriffe bildet, ohne diese sogleich mit Worten zu verknüpfen, deren willkürliche Natur nur allzu offenkundig war. Ganz zu schweigen von den Schriftzeichen, die, Willkür in Potenz, die Beziehung des Denkens zum Gedachten vollständig aller Nähe und Präsenz beraubten.

Unter den Sprachzeichen wahrten einzig die Onomatopoetika, lautmalende Zeichenfolgen mit Nachahmungscharakter – /Miau/ für »Katze« –, den Zusammenhang von Abbild und Abgebildetem. Schon der Konvention gehorchend, bildeten sie noch sinnliche Brücken zur Welt, und aufgrund dieser Eigenschaft erfreuten sie sich bei allen Reformern großer Beliebtheit.

Das Bestreben, den Sprachgebrauch, insbesondere den schriftgebundenen, in die Grenzen des anschaulich Demonstrierbaren zu zwingen, führte dazu, die Schriftatome, die Buchstaben, als graphische Epigramme der Natur selbst zu stilisieren: als einen sich zum /A/ krümmenden Aal zum Beispiel oder, in vollendeter Rückführung von Schriftzeichen auf Lauteinheiten, den entsprechenden Graphemen ein Tier zuzuordnen, dessen charakteristischer Ruf in jenen Laut auslief, für den der Buchstabe stand; das /Ä/ für die Krähe.[68]

So ließ sich die Sprache, all ihrer Tücken zum Trotz, an die pädagogische Urszene, die stumme Geste des Erziehers, anschließen. Durch das Schriftzeichen hindurch blickt das Kind auf dessen Vorbild in der Natur und erwirbt Sprachkompetenz, noch ehe es Worte ausspricht oder aufschreibt.

Dass Kinder bereits sprachen, wenn sie erstmals die Schule betraten, war ärgerlich genug, aber unabänderlich. Die Pädagogen taten, was sie konnten, um dies mitgebrachte Geschwätz durch den einzigen Lehrmeister, der ihm gewachsen war, zu zügeln – durch die Sprache der Natur.

So gab es nicht nur ein vorsprachliches Wissen von der Welt, sondern auch von der Sprache; ein Wissen, das die Geste des Pädagogen hervortrieb, die die Schüler dorthin verwies, wo die Dinge ungekünstelt und für sich selber sprachen, wo sie sich vor aller menschlichen Willkür zu ihrem Wesenskern versammelten: Das ist eine Stadt, das ist ein Mensch, das ist mein Körper.

»Der *Körper* oder der *Leib* des Menschen geht von den Fußsohlen an bis an den Scheitel hinauf, und von dem Scheitel an bis an die Spitzen der Finger an beiden Händen.

Der oberste Teil des Körpers, der *Kopf* oder das Haupt, steht auf dem Hals.

Der *Scheitel* liegt oben auf dem Kopf.

Das *Angesicht* liegt vorne am Kopf …«[69]

Auch die Erfahrung von sich ist dem Modell eines demonstrativen Aktes nachgebildet. Alles schon auf- und angenommene Wissen ist verdächtig, wert, gelöscht und am Leitfaden sinnlicher Gewissheit neu geschöpft zu werden.

Dasselbe gilt vom Können, selbst von den elementarsten Handlungen, vom Gehen, Sitzen, Stehen. Es wäre ein Fehler vorauszusetzen, dass das Kind diese Handlungen auf ihm gemäße Art beherrscht und ausübt. Statt seiner Natur zu folgen, äfft es die Erwachsenen nach, wobei es mit besonderer Vorliebe deren Unarten kopiert. »Es gibt einige, die ahmen beim langsamen Schreiten den Gang der Schauspieler nach und wandeln, als ob sie in einem Festzug etwas einhertragen. Sooft sie einen Schritt tun, scheinen sie es auf gewisse Weise zu vollbringen. Davor hüte dich wie vor einer Seuche. Gehe auch nicht zu schnell, außer es hat die Ursache, es droht jemandem eine Gefahr beziehungsweise es waltet eine bestimmte Notwendigkeit. Schreite aber auch nicht zu langsam.«[70]

So wird das Gehen zum Problem.

Das Misstrauen richtet sich auf jede Lebensäußerung, die sich anschickt, etwas auszudrücken, wofür der richtige Begriff noch fehlt. Der ärgste Widersacher kindgemäßen Lernens war und blieb die Sprache. Wie die rationalistischen Philosophen träumten die Reformpädagogen der zweiten Generation von unumstößlichen Wahrheiten, die sich ohne jede sprachliche Vermittlung in die kindliche Seele einpflanzen ließen. Mit den Sensualisten teilten sie die Wertschätzung sinnlicher Erfahrung und induktiven Wissenserwerbs, was ihre Skepsis den Kapriolen der Sprache gegenüber nur verschärfte. Was die neuzeitliche Philosophie an Argumenten gegen die Sprache zusammengetragen hatte, fiel bei ihnen auf fruchtbaren Boden, wurde zur Prämisse eines neuen pädagogischen Kanons.

Sprache und Schrift lenkten das Denken vom Wesen der Dinge ab und sabotierten die Verständigung der Menschen über sich und die Welt. Kind und Kindheit repräsentierten Unschuld und Wahrhaftigkeit des menschlichen Daseins, und sollten Täuschung, Künstelei und Verstellung an Boden verlieren, war hier anzusetzen. Die *verba* hatten als Leitfaden zur Formung des neuen Menschen gründlich ausgedient. Die sprachlose Erzählung der Dinge beherrschte die Szene. Und der lange Arm der Pädagogen. Weißt du was, so schweig und zeige.

»In welcher Sprache hast du lügen gelernt?« – Die Frage so zu stellen, radikal, und was die Verlässlichkeit der Sprache anging, hoffnungslos, fehlte noch ein wichtiges Glied in der historischen Kette: ein kulturelles Feindbild.

3. Der Bündelungseffekt der höfischen Konversation

Mochte der Sprachgebrauch für Erkenntnis- wie für Mitteilungszwecke aus unterschiedlichen Gründen als bedrohlich erscheinen, durchgehend paradox war er deshalb nicht. Es blieb möglich, zu sprechen; unverzichtbar war es ohnedies. Nur galt es, aufmerksam zu sein, um es der Sprache nicht zu erlauben, nur mehr sich selbst zu meinen, Chimären zu produzieren. Soweit es ging, konnte man an die Stelle der Sprachlaute und Schriftzeichen die reine bezeichnende Geste setzen und auf dem gesicherten Fundament der »natürlichen« Kenntnis von den Dingen nach und nach die Laut- und Schriftbilder auftragen.

Um von der Sprach*kritik* zur Sprach*phobie* zu gelangen, bedurfte es der Reibung an einer Kommunikationsweise, die alle Einwände und Besorgnisse bündelte, die man seit langem und in verschiedenen Feldern formuliert hatte. In der höfisch-aristokratischen Konversation fand sich der nötige Widerpart nebst seiner Bloßstellung.

Politisch entmachtete Adlige wie der Herzog von Saint-Si-mon oder der Herzog von La Rochefoucauld hatten gemein-sam mit bürgerlichen Erziehern der aristokratischen Elite, wie etwa La Bruyère, das Gesetz der höfischen Konversation ent-schleiert.

Nicht um Erkenntnis ging es dieser Art von Austausch, nicht um Verständigung; Sprache war hier rein instrumentell der In-trige, der je eigenen Karriere unterworfen. Unumstrittener Re-gent auf diesem Terrain war die Eigenliebe. Diese »vereint alle Gegensätze: sie ist gebieterisch und fügsam, aufrichtig und falsch, barmherzig und grausam, zaghaft und verwegen«. Sie lebt »überall und von allem, und sie lebt von nichts und findet sich in die Dinge und findet sich mit deren Mangel ab, sie glei-tet sogar in die Partei der Leute hinüber, die ihr den Krieg er-klärt haben, sie schleicht sich in ihre Absichten hinein, und, was wunderbar ist, sie haßt mit ihnen sich selbst, zettelt Ver-schwörungen an zu ihrem Untergang und arbeitet an ihrem Sturz«[71].

Selten trifft man Leute, »die im Gespräch verständig und an-genehm erscheinen«, weil »es fast niemanden gibt, der nicht mehr an das dächte, was er sagen will, als daran, auf das, was man ihm sagt, treffend zu antworten«[72]. Kaum einer vermag die Mitte zu halten »zwischen einer gewissen Bequemlichkeit im Sprechen oder einer Zerstreutheit, die uns vom Gegenstand des Gesprächs weitab führt und dumme Fragen stellen und schiefe Antworten geben läßt, und einer zudringlichen Auf-merksamkeit, mit der man auf jedes Wort achtet, das jeman-dem entschlüpft, um es aufzugreifen, damit herumzuspielen, eine geheime Bedeutung darin zu entdecken, die die anderen nicht bemerken, und Feinheiten dahinter zu suchen, bloß um mit seinem eigenen Scharfsinn zu prunken«[73].

Der Hof gleicht einem Gebäude aus Marmor: »das heißt, er ist aus harten, aber glattgeschliffenen Menschen gebildet«; der Höfling ist »Herr seiner Bewegungen, seiner Blicke, seiner Mienen; er ist undurchdringlich, unergründlich; er weiß schlimmem Tun einen angenehmen Schein zu geben«; die »ganze ausgeklügelte Kunst des Verhaltens beruht auf einem einzigen Laster, der Falschheit«.[74]

Hatten Philosophen und Pädagogen in erster Linie jene Dienste beargwöhnt, die die Sprache dem Denken leistet, ihre kognitive Funktion, so geraten im Erfahrungskreis der höfischen Konversation die kommunikativen Sprachfunktionen ins Zwielicht. Wer, Höfling unter Höflingen, kommuniziert, folgt unlauteren Motiven, und wer solche Motive hegt, kommuniziert nicht um der Kommunikation halber. Wer spricht, lügt, weil er die Sprache in der Sprache umgeht und den Willen zur Verständigung nur vortäuscht. Und wer zuhört mit der »Miene der Aufmerksamkeit«, verrät mit seinen Augen, wie sich »sein Geist von dem, was man sagt, entfernt und ungeduldig dem zuwendet«, was er selber sagen will.[75]

»Die Sprache ist dem Menschen gegeben, um seine Gedanken zu verbergen«, lautet eine Charles Maurice de Talleyrand zugeschriebene Äußerung aus späterer Zeit. Napoleon I., in dessen Diensten er damals stand, hieß ihn dafür einen »Dreckhaufen in Seidenstrümpfen«.

Einer kommunikativen Praxis unter dem Diktat der Eigenliebe oder der gezielten Verdunkelung ließ sich mit akribischer Sprachkritik allein nicht beikommen. Was nottat, war ein kultureller Gegenentwurf, der der Verlogenheit auf ganzer Front den Krieg erklärte und der Wahrhaftigkeit zum Durchbruch verhalf. Die soziale Emanzipation des dritten Standes hob mit der symbolischen Vernichtung der Kultur des Gegners an. Das positive Ziel dieses Kulturkampfes war denkbar anspruchsvoll. Nicht nur das denkende und sprechende Individuum – der Mensch im Ganzen sollte wieder »in der Wahrheit« leben. Ihn danach streben zu lassen, vermochte nur ein hohes Ideal; ein Ideal, das die Mühe, mit der Vergangenheit zu brechen, lohnte und den Abstand zur alten Welt ebenso schroff wie glanzvoll markierte.

Ideale mit solcher Spannkraft und Spannweite heißen Uto-
pien. Genau dafür, für die Utopie eines wahrhaftigen sozialen
Austauschs, frei von Hintersinn und Egozentrik, stritten die
Protagonisten des Kulturkampfs. Und *zer*stritten sich, nachdem sie ihr Werk von allen Seiten besehen und begutachtet hatten.

Aufrichtigkeit im Grundriss

1. Versteckspiele

Diderot war nicht der Erste, der sich unterfing, der Utopie Gestalt zu geben. Die höfische Konversation hatten andere Aufklärer vor ihm gegeißelt und mit der Vorstellung eines sozialen Austauschs konfrontiert, der ohne List und Tücke auskam. Aber wie stets, wenn er sich eines neuen Themas annahm, setzte er gleich im ersten Anlauf Maßstäbe. Diesmal in Form eines Dramas, das er im Jahr 1757 publizierte: *Der natürliche Sohn oder die Proben der Tugend. Ein Schauspiel in fünf Aufzügen. Nebst der wahren Geschichte des Stücks.*

Wie mit dem *Hausvater*, der ein Jahr darauf erschien und größeren Zuspruch fand, wollte Diderot ein Exempel auf der Bühne statuieren. Das mehrheitlich bürgerliche Publikum in den größeren Städten sollte endlich auch im Theater zu sich selber finden. Statt sich an ebenso seichten wie vulgären Darbietungen zu ergötzen oder, zur Abwechslung, der Aufführung höfischer Privat- und Staatsaktionen beizuwohnen, sollte es sich mit Gegenständen befassen, die dem bürgerlichen Alltag selbst entstammten. An die Stelle einer Dramaturgie, die bald auf Übertölpelung, bald auf Überraschungseffekte setzte, Verstand und Urteilskraft lähmte, setzte er Stückbaupläne, die den Zuschauer von vornherein mit dem Gang der Handlung vertraut machten, so dass er in neun von zehn Fällen genauer Bescheid wusste als die vor ihm agierenden Schauspieler.[76]

Lessing hat davon gelernt, Brecht und Hitchcock nicht minder, aber darum geht es hier nicht.

Der *Natürliche Sohn* exponiert, wie sonst kaum ein Text aus dieser Zeit, die Utopie wahrhaftigen Menschseins in all ihren Facetten. Die Fabel des Stückes ist einfach genug.

Dorval, der Held des Dramas, erlebt, wie sich Rosalia, die designierte Gattin seines Freundes Clairville, in dessen Haus er wohnt, in ihn verliebt und dass er ihre Liebe erwidert. Der Konflikt zwischen dem Gebot der Freundschaft und den Reizen der Liebe zu Rosalia führt Dorval in eine sich immerfort steigernde Handlungsohnmacht. Da erlöst ihn Theresia, die Vierte im Bunde, durch ihre außerordentliche Tugendschönheit von der Gefahr, in der er lebt. Geläutert, besitzt er die Kraft, Rosalia und Clairville wieder zusammenzuführen. Am Ende entdecken Dorval und Rosalia, dass sie Geschwister und nur um Haaresbreite einer inzestuösen Beziehung entgangen sind.

Die Stückhandlung entwickelt sich entlang der Schwierigkeit, wahrhaftig zu sein und zu bleiben, wenn man die Geliebte seines Freundes liebt. Das führt ins Zentrum der Problematik wahrhaftiger Lebensführung, ist aber nicht der springende Punkt.

Was Diderots Stück aus der zeitgenössischen literarisch-philosophischen Produktion heraushebt, modellhaft erscheinen lässt, ist seine Form, seine Grundidee.

Diderot konzipiert seinen Text ganz bewusst als Nicht-Text; es gibt weder einen Autor noch einen Adressaten. Zwar reiht sich wie bei anderen Stücken Szene an Szene, wird ein dramatischer Knoten erst geknüpft, dann aufgelöst; erfunden, erdichtet ist – vorgeblich – keine einzige Sequenz. Das »Leben« selbst hat dieses Stück geschrieben, dahinter steht keine öffentliche Absicht. An eine Aufführung vor einem Publikum ist nicht gedacht; mehr als das: Fremde würden nur stören und das Spiel verhindern. Um seiner Wahrhaftigkeit willen darf *dieses* Theater kein Theater machen. Spiel ohne Spieler und Zuschauer, Kommunikation unter Ausschluss der Rezipienten: paradoxer hätte sich die Utopie nicht präsentieren können.

Wie inszeniert Diderot diese Wirkung und vor allem: Worauf genau will er hinaus?

Die Antwort auf die erste Frage erteilt ein raffinierter Kunstgriff. Diderot bettet die Stückhandlung in eine Rahmenhandlung ein, in eine Reihe von Unterredungen zwischen Dorval, der Hauptperson, und ihrem Schöpfer, Diderot. Dabei stellt sich heraus, dass Dorval »wirklich« lebt (auf dem Lande), dass Diderot Bekanntschaft mit ihm schloss und erfuhr, dass jener ein Stück verfasst hat, das vollständig auf Begebenheiten beruht, die sich tatsächlich in dessen Familie ereigneten und die er, Dorval, auf Wunsch seines Vaters, aufzeichnete.

Des Weiteren habe Dorvals Vater darauf gedrungen, dieses Stück einmal im Jahr im Kreise der Betroffenen aufzuführen. Dorval erinnert sich in Gegenwart Diderots an die Worte seines Vaters: »Ja, mein Sohn. Wir brauchten dazu keine Bühne aufzubauen; wir wollten bloß das Andenken einer uns rührenden Begebenheit erhalten und sie so vorstellen, wie sie sich wirklich zugetragen hat. – Wir wollten sie jährlich in diesem Hause, in diesem Saale erneuern. Was wir damals gesagt haben, wollten wir wieder sagen. Deine Kinder täten ein Gleiches, und deiner Kinder Kinder, und deren Nachkommen.«[77]

Als Diderot, neugierig geworden, fragt, ob er der kurz bevorstehenden Premiere beiwohnen dürfe, antwortet sein Geschöpf Dorval: »Der Inhalt des Stückes ist Ihnen bekannt; und Sie können sich leicht einbilden, daß verschiedene Auftritte darin vorkommen, bei welchem die Gegenwart eines Fremden in Verlegenheit setzen könnte.« Trotz dieser Bedenken willigt Dorval schließlich ein und lanciert Diderot auf einen Platz im äußersten Winkel des Saales, wo dieser »ohne gesehen zu werden, das, was nun folgt, hören und sehen konnte«.[78]

In wenigen Sätzen gibt sich die Utopie einer neuen, unverstellten Kommunikationsweise restlos zu erkennen. Sie verbündet sich mit der Paradoxie, weil sie ihr Ziel, Aufrichtigkeit unter allen Umständen zu garantieren, nur so erreichen kann.

Wie nun vollzieht sich die *Konstruktion von Aufrichtigkeit* im Einzelnen?

Indem, erstens, Texte entstehen, die keine gewöhnlichen Texte sind, da ihnen bei aller inneren Ordnung zwei entscheidende Eigenschaften fehlen: der Autor (das »wirkliche Leben« tritt an seine Stelle) sowie der Adressat (öffentliche Wahrnehmung, Zweck zugleich und Erfüllung jedes ›normalen‹ Textes, verfälscht die Absicht und den Sinn des Aufgeschriebenen).

Auf diese Weise wird, zweitens, sichergestellt, dass die Aussagen, die zu formulieren auch Diderots »Spieler« nicht umhinkönnen, keinen Urheber besitzen. In der Tat gibt es einen Nicht-Text nur, wenn es gelingt, die Aussage in der Aussage zu umgehen. Eine gewöhnliche Aussage ist die Differenz des Ausgesagten zum Nicht-Ausgesagten, zum anderen des Ausgesagten zum *so* und nicht anders Ausgesagten.

Am Ursprung aufrichtiger Kommunikation steht das Problem, *etwas auszusagen, ohne die Aussage zu tätigen.*

Weshalb?

Weil das Prinzip der Aufrichtigkeit gegen eine Kommunikationsweise polemisiert, die auf dem Widerspruch zwischen Verständigung (Mitteilung) und Motivation (Interesse) beruht. Wer im Umkreis der höfischen Gesellschaft zu sprechen anhebt, signalisiert Verständigungsbereitschaft, dementiert dieselbe jedoch bereits mit dem ersten Wort, das von der Selbstliebe diktiert ist. Das Versprechen der Sprache, jeder Sprache, wird durch den egomanischen Sprecher zurückgenommen. Was die Sprache an sich verheißt (»ich rede, um mich mit dir zu verständigen«), wird im Mund des Höflings schal, gemein (»ich rede, um dich an die Wand zu drücken«). Motive sind immer verdächtig und zu »hinterfragen« (»hast du das wirklich so gemeint?«), aber hier, in der höfischen Gesellschaft, sind sie verdorben bis ins Rückenmark.

In radikaler Opposition dazu generalisieren die bürgerlichen Wortführer des Kulturkampfs den Motivverdacht und entwerfen das Modell einer Kommunikationsweise, das nur solchen Aussagen Wahrhaftigkeit zuschreibt, für die sich alle pragmatischen Motive gezielt ausschließen lassen.

Aufrichtige Kommunikation gibt es nur mehr unter der Voraussetzung, dass der Sprechende oder Schreibende keinerlei Absichten hinsichtlich des Hörenden oder Lesenden hegt, ihn weder auf seine Seite ziehen noch zu Handlungen bewegen noch beeindrucken will.

Aufrichtige Kommunikation eigenen Erlebens impliziert, dass man die Art und Weise, in der andere die eigene Äußerung aufnehmen, nicht strategisch in die Kommunikation einplant. Wer spricht oder schreibt, muss sich ohne jeden Rückhalt offenbaren und Sorge dafür tragen, dass er die anderen mit keiner Miene und zu keinem Zeitpunkt manipuliert.

Die Existenz eines Gegenübers, an sich Ausgangs- wie Zielpunkt der Kommunikation, spielt nun die gegenteilige Rolle, beginnt die Kommunikation zu unterwandern und zu entwerten, weil permanent die Möglichkeit besteht, dass man das, was man sagt, nur um des eigenen Vorteils willen sagt, effektvoll, effektheischend. Die Aussage läuft Gefahr, an ihrer ureigenen Bestimmung zu scheitern. Der Mund, der sich gerade geöffnet hatte, schließt sich. Die Gemeinde der Aufrichtigen konstituiert sich als Gemeinschaft der Schweigenden.

Philipp Moritz, der Autor des *Anton Reiser*, hat die dem Aufrichtigkeitsgebot innewohnende Tendenz zur Ausdruckshemmung an sich selbst beobachtet und kundgegeben: »Es ist, als wenn mich etwas gewaltsam zurückzöge, wenn ich Freundschaftsgefühle in Worte ergießen will; ich fürchte, zu wenig zu sagen und doch vielleicht dem Freund mehr zu sagen zu scheinen, als ich empfand. Will ich's doch, so erkaltet mit den Worten die Empfindung. Eine verworrene Empfindung von Schaam unterdrückt den Ausbruch von Gefühlen fürs Gute, *wo ein Zeuge dabei ist*, und diese Schaam schwächt auch so lange die Empfindung selbst.«[79]

Nie habe er als Erwachsener in Gegenwart anderer geweint. »Kaum war ich allein, so ergoß sich das volle Herz in einen Strom von Thränen.«

Nichts ist künstlicher, konstruierter als die pure Aufrichtigkeit, nichts anfälliger für Paradoxien, die den Zweck der Übung, sich geradlinig zu begegnen, konterkarieren.

Dem Verstummen der Aufrichtigkeit bei radikalem Motivverdacht vorzubeugen, vermag einzig die einsame und unwillkürliche Aussage; das ist die dritte Maßregel des Konstruktionsprogramms.

Eine Vielfalt literarischer Formen ordnet sich hier ein und unter: das Tagebuch, die Autobiographie, der »sentimentale« Briefroman (in der Nachfolge Richardsons), seelische Bekenntnisse, die sich ungezügelt Bahn brechen und nach Stil nicht fragen. All das wurde wiederholt und im geschichtlichen Zusammenhang erforscht.[80] Weniger Aufmerksamkeit wurde der Frage zuteil, wie die Aufrichtigkeit dem Schweigen entrinnt und das Öffentlichkeitsverbot umgeht.

2. Boten, Vermittler

Auch hierüber gibt ein Text von Diderot näheren Bescheid, die »Gespräche mit d'Alembert« von 1769. Erneut steht nicht der Inhalt im Vordergrund, nicht Diderots naturgeschichtliche Ansichten, so kühn sie zu ihrer Zeit waren, und auch nicht die verstörend tabufreie Sexualmoral des dritten Gesprächs. Entscheidend war die Art und Weise, in der d'Alembert seine Provokationen kundgab: im Fieberschlaf. An seinem Bett wachte das Fräulein von Lespinasse. Dem hinzugerufenen Arzt des Hauses, Bordeu, berichtet sie die Worte des Kranken, vor allem, *wie* er sprach: »… es sah ganz nach Fieberwahn aus … Mir erschien dies so *verrückt*, daß ich beschloß, ihn nachts *nicht allein zu lassen*. Da ich aber nicht wusste, was ich tun sollte, rückte ich einen kleinen Tisch ans Fußende seines Bettes und *fing an, alles aufzuschreiben*, was ich von seinen Phantasien erfassen konnte.«[81]

Was dem Fräulein wirr vorkommt, ist dem Arzt nur zu verständlich. Je mehr die Strukturen der sprachlichen Äußerung zerfallen, selbst die Syntax versagt und nur mehr einzelne Worte hervorquellen, desto gehaltvoller und kostbarer wird deren Bedeutung. Auf dem Höhepunkt der Krisis versagt die rationale Planung der Sprache gänzlich. D'Alembert verströmt seine revolutionären Hypothesen über die Naturgeschichte mehr, als dass er sie auf ihm zurechenbare Weise äußerte: »Er schien einen Krampf zu haben. Sein Mund hatte sich halb geöffnet, sein Atem war beschleunigt; er stieß einen tiefen Seufzer aus und dann einen schwächeren, aber noch tieferen. Dann drehte er den Kopf auf dem Kissen um und schlief ein … Nach einer Weile sah ich ein feines Lächeln um seine Lippen spielen. Er sagte ganz leise …«[82]

Das Kunststück, etwas auszusagen, ohne etwas zu wollen und bewusst zu meinen, war vollbracht.

Indem Diderot das Sprachrohr seiner eigenen Überzeugungen in einen Fieberschlaf versetzte, wies er einerseits alle Schuld und Verantwortung für das im Wahn Gesagte und Notierte von sich und schickte seine Kontrahenten, die nur darauf warteten, ihn neuerlich vor den Richter zu zerren, ins Leere.

Andererseits und getrennt von dieser Klugheit, schuf er mit diesen Gesprächen ein weiteres Muster des Aufrichtigkeitsdiskurses. Das durch die Krankheit verursache Delirium fungierte als Echtheitssiegel, das Personal am Bett des Kranken beurkundete, was dieser von sich gab, und überantwortete die Notate treuhänderisch Diderot, der sich seinerseits bescheiden als Herausgeber in Szene setzte.

Wieder einmal hatte das »Leben« selbst gesprochen. Und wieder gab es keinen Adressaten seiner Botschaft, zumindest keinen intendierten. Botschaften versenden ohne Intention, mit getrübtem Bewusstsein: Das ist Aufrichtigkeit in Reinkultur. Wo sie den Diskurs regiert, erstirbt die Kommunikation entweder ganz, im Schweigen, oder schrumpft, wo das nicht angeht, zum Monolog zusammen.

Das Selbstgespräch als einziger Garant sachlich zuverlässiger Mitteilungen – so hatte das schon Gorgias gesehen und die Paradoxie mit dem Zusatz abgespeist, dass die Wahrheit einsam sei, nicht mitteilbar. Für Diderot und seine Weggefährten dagegen gibt es kaum etwas, was der Mitteilung würdiger wäre als die Bekenntnisse einer einsamen Seele. Nur auf der Nullstufe der Kommunikation entspringt der Zaubertrank der Wahrheit. Nur wer hier zu schöpfen versteht, ist öffentlich vertrauenswürdig, Sprachrohr der Verkündigung.

Der Aufrichtigkeitsdiskurs ist auf solche Mittler schier versessen. Wie anders könnten Nicht-Texte, gesprochene wie geschriebene, ihre utopische Kraft in der Öffentlichkeit entfalten als vermöge der rastlosen Sammelleidenschaft verlässlicher Augen- und Ohrenzeugen. Es schlägt die Stunde der heimlichen Beobachter, die sehen und hören, ohne selbst gesehen und gehört zu werden; der Wächter an den Betten der Kranken und halb Verrückten, die noch die fragwürdigsten Bekundungen einer zerrütteten Phantasie für die Mit- und Nachwelt aufbewahren; der fiktiven Herausgeber, die wie zufällig in den Besitz der brieflichen Ergüsse Liebender gelangen und sie der Öffentlichkeit zuleiten, gerade weil darin nicht ihre Bestimmung lag.[83]

Rousseau führt diese Technik zur Perfektion.

Seiner *Neuen Heloise* stellt er ein Gespräch des Herausgebers der Briefsammlung (Rousseaus selbst) mit einem fiktiven Verleger voran. Beide erörtern, ob die intimen Zwiegespräche zwischen Julie und Saint-Preux überhaupt einen Anspruch auf Veröffentlichung besitzen. Der ablehnenden Haltung des Buchhändlers, der den Stil der Briefe als schwülstig und konfus empfindet, als eine einzige Zumutung für den Leser, entgegnet Rousseau: »Was reden Sie von Briefen, von Briefstil? Als ob das in Frage kommen könnte, wenn man an solche schreibt, die man von Herzen liebt! Da schreibt man keine Briefe mehr, sondern Hymnen.«

Nur in der gewöhnlichen Welt »lernt man mit überzeugender Kraft reden«. Wenn dagegen Liebende im Wirrsal der Gefühle phantasieren, dann »weniger, um andere von dem Vorhandensein derselben zu überzeugen, als sich durch die Aussprache Erleichterung zu verschaffen«. Bei ihnen gibt sich »die Stärke des Gefühls gerade in der Schwäche der Sprache kund«. Ihre »Beredtsamkeit tritt in ihrer Verworrenheit zutage; sie beweist desto mehr, je weniger sie sich auf Folgerungen einlässt«.[84]

An einen umfänglichen Leserkreis, da pflichtet der Herausgeber seinem Verleger bei, sei bei einem Buch wie diesem nicht zu denken; »es paßt nur für sehr wenige Leser«[85]. Das Werk erkennt den Leser. Wer es versteht, reiht sich allein dadurch in die neue kulturelle Elite ein.

Hatte Diderot die Aufrichtigkeit von Äußerungen an das Versagen der Sprache gebunden, so verknüpft Rousseau Echtheit mit sprachlicher Überproduktion. Das Ergebnis ist dasselbe. In beiden Fällen sind die Sprechenden beziehungsweise Schreibenden nicht Herren ihrer selbst. Von Krankheit befallen oder von der Emotion fortgerissen, entgleiten ihnen die Worte. Sie verfolgen keine Absicht, keinen Plan, sprudeln aus dem Affekt.

Man kann aufrichtig sprechen, indem man viel zu wenig oder viel zu viel sagt. Viel zu wenig, so dass die sprachliche Ordnung kollabiert, der Sprecher ins Schweigen oder, halb komatös, in Gestammel fällt. Viel zu viel, so dass die Sprache die Regeln überwuchert und der Sprecher fern aller Stilistik frei zu fabulieren anhebt. Beide Zustände, der hilflos-unbewusste wie der kopflos-überspannte, passen zur Aufrichtigkeit, legen deren Forderungen und Regeln auf komplementäre Weise aus.

3. Die Schule der Aufrichtigkeit

Die ausgeklügelten Paradoxien aufrichtiger Kommunikation prägen den literarisch-philosophischen Diskurs ab etwa der Mitte des achtzehnten Jahrhunderts. Sie gestalten, damit nicht

zufrieden, fast das gesamte Feld des Aussagbaren um. Gleichgültig, was man sagt und worüber man spricht – von einer gewissen Zeit an muss das auf eine Art geschehen, die Aufrichtigkeit signalisiert.

Unter allen Sujets, die diese Attitüde unterstützten, ragt der
Brief heraus. Der Brief war die literarische Gattung per se und
dermaßen beliebt, »daß außer dem Roman noch alles Mögliche
und sogar das Unmögliche in Briefform gekleidet wurde. Es
gab satirische Briefe von Rabener, Claudius, Lichtenberg und
Jean Paul. Es gab eine Unmenge von belehrenden Briefen von
Bodmer, Breitinger, Schiller ›Über die ästhetische Erziehung
des Menschen‹, theologische und religiöse Briefe von Haller,
Bahrdt, La Roche, Goethe, Herder, Lavater, Jacobi, philosophische Briefe von Schiller, Weiße, Herder, historische und staats-
rechtliche, kosmopolitische, naturwissenschaftliche Briefe,
›Chemische Briefe an ein Frauenzimmer‹ von Hochheimer, me-
dizinische, forstwissenschaftliche Briefe, ›Briefe zur Beförde-
rung der Humanität‹ von Herder, ›Briefe über Freundschaft‹
von Sulzer, über Moral, ›Briefe eines Biedermannes an einen
Biedermann‹, Reisebriefe en masse, Briefe über das ›Blatterbel-
zen‹ von Hensler und ›Briefe bei Gelegenheit des Eisbruchs
und der Überschwemmung von Köln‹.«[86]

Die Maßgaben der Aufrichtigkeit stifteten formelle Wahlver-
wandtschaften zwischen den unterschiedlichsten Diskursen,
nötigten ihnen gemeinsame Ausdrucksmittel auf und schufen
des Weiteren eine höchst buntscheckige Diskursgemeinschaft.

Der PÄDAGOGISCHE DISKURS fügte sich scheinbar ohne jedes
Widerstreben in sie ein, ging die Aufrichtigkeit bei ihm doch
gleichsam in die Schule. Die hatte sie angesichts des gründlich
verzogenen Menschengeschlechts, Kind und Kindheit bildeten
da keine Ausnahme, auch bitter nötig. Zwar galt die Kindheit
grundsätzlich als Vorbild des echten, unverdorbenen Lebens,
jedoch: »Erst müssen die Kinder wieder Kinder werden, wenn

die Menschen wieder Menschen werden sollen. Nur dann erst wird man ihnen wieder zurufen können: Werdet wie die Kinder!«[87]

Man liebt die Kinder, »die guten unschuldigen Geschöpfe«, und fragt im selben Atemzug: »Wo sind Kinder? – In den meisten sogenannten guten und großen Häusern finde ich keine.«[88] Die übertriebene Hingabe an das Kind verdirbt nur dessen Natur. »Statt den Kindern in den Gesellschaften der Erwachsenen als wirklichen Kindern, das heißt, als unbedeutenden Geschöpfen zu begegnen …, sieht man sie gemeiniglich, sobald sie in eine Versammlung treten, die Blicke, die Aufmerksamkeit und die Unterhaltung der ganzen Gesellschaft auf sich ziehen …«[89]

Das Leben an sich ist ohne Halt und Richtung und »tritt oft in ein und demselben Augenblick in sich widersprechenden Äußerungen und Anforderungen dem Menschen entgegen und verfährt mit ihm wie der Sturmwind mit dem Schilfrohr«[90].

Nüchtern besehen, das heißt mit dem alltäglichen Blick des Schulmeisters auf seine Mündel, ist der Mensch von Natur aus nichts, ein »unbestimmter Keim«, ein »gänzlich ohnmächtiges, nach allen Beziehungen hin unfreies Wesen«. »Wer entwickelt diesen unbestimmten Keim? Die Erziehung. Wer pflegt ihn, wenn er aufschießt, wer begießt die lechzende Pflanze, daß sie nicht vor der Zeit verdorre? Die Erziehung. Wer jätet das Unkraut neben ihr aus und schneidet die wilden Auswüchse weg? Die Erziehung.«[91]

Diese letzten, aus späterer Zeit genommenen Ermahnungen lassen kaum noch etwas von der einstigen Naturemphase ahnen. Dass die menschlichen Naturanlagen, sollen sie zum Guten ausschlagen, der Disziplinierung wohl bedürfen, war allerdings seit je die feste Meinung selbst der »Schwärmer« unter den Reformpädagogen. Sie attestierten der Kindheit eine natürliche Affinität zur Aufrichtigkeit; diesen Bund zu besiegeln, sei strenge Aufsicht vonnöten:

»Weil die *Aufrichtigkeit* mit zur schönen Kindheit gehöret, weil die *Falschheit* den Charakter der Menschen durch und durch verdirbt, weil die Lüge an sich die häßlichste Form des Bösen ist: so soll der Kodex der Kinderbildung eigentlich *nur* die zwei Gesetze enthalten:

Das erste: *Sei gehorsam!*

Das zweite, dem ersten gleich: *Sei offen, aufrichtig, lüge nicht!*

Das zweite Gesetz soll aber nicht nur dem ersten gleich gehalten, sondern auch die Strafe des Ungehorsams, nur unter der einen Bedingung der siegenden Aufrichtigkeit, wenn nämlich der Fehlende seinen Fehler selbst bekennt, und, ohne Verkleinerung, in seiner unverhüllten Wahrheit, ausspricht, nachgelassen werden können. In diesem Fall wäre die Aufrichtigkeit das höchste Gesetz aller sittlichen Entwicklung des zarten Alters.«[92]

Leben und Natur verbürgten die Aufrichtigkeit und gefährdeten sie zugleich, weil das natürliche Begehrungsvermögen das Kind zu jedem Mittel greifen ließ, um an das Ziel seiner sinnlichen Wünsche zu gelangen. Auch zur Lüge. Welcher Anstrengungen es bedurfte, um diese Neigung einzukreisen und zu besiegen, demonstrierte das Schicksal Kätchens; ein Paradefall der Reformpädagogik, zugleich ein Sündenfall der Utopie.

Wieder einmal hatte sich das Mädchen von der Hausarbeit entfernt, um sich mit einem Buch in einen Winkel des Anwesens zurückzuziehen. Der Mutter gegenüber hatte sie ihren Auftrag als erledigt ausgegeben. Indessen bemerkte die »achtsame Mutter« ein »gewisses besonderes, nicht ganz aufrichtiges Benehmen an Kätchen« und zog es in ein ernstes Gespräch. Auf seine Verfehlung angesprochen, wurden die Augen des Mädchens »ungehorsam und schweiften willkürlich hin und her«.

Schon früher beim Lügen ertappt, war ihm von der Mutter auferlegt worden, »ein weißes Band in den Haaren zu tragen. ›Weiß‹, setzte sie hinzu, ist, wie man zuweilen dafür hält, die

Farbe der Unschuld und Reinheit. Du wirst wohl tun, dich, so oft du in den Spiegel siehst, bei deinem Stirnband der Reinheit und Wahrheit zu erinnern, welche in deinen Gedanken und Reden herrschen soll.«

Gefruchtet hatte es nicht. Der nunmehr hinzugezogene Vater drängt auf ein umfassendes Geständnis. »Wie? Du konntest es über das Herz bringen, auch nur das geringste zu tun, wovon du uns nichts sagen wolltest? ... Laß uns, laß deine Geschwister in deinem Herzen lesen, wie du darin liest. Du bist so verdorben noch nicht, daß du dich schlechterdings schämen müßtest, zu gestehen, was du getan hast. Nur verberge dir selbst nichts, und sage nichts mehr anderes, als du es weißt. Auch bei der alltäglichsten Kleinigkeit, auch im Scherz erlaube dir nicht, anderes zu sagen, als die Sache ist.«

Kätchen tat, wie ihm geheißen, und bekannte sich zu seinen Verfehlung. Das weiße Band war gleichwohl verwirkt. »Du hast deine Seele mit einer Lüge befleckt. Du hast dich aber doch auch gebessert. Du hast mir deine Fehler so treu gestanden ... Dies ist mir auch wieder ein Beweis deiner Aufrichtigkeit und Wahrhaftigkeit. Hier ist ein anderes Band für deinen Kopfputz. Es ist etwas schlechter als das vorige.«

Dennoch wiederholte sich das Laster. Abermals kam die Sache heraus. Vor den Vater zitiert, vermochte Kätchen vor Weinen und Wehmut nicht zu antworten. Der gestrenge Hausvorstand befahl dem »niederträchtigen Mädchen«, Trauer anzulegen. »Die Bänder, welche du heute anlegst, müssen schwarz sein.« Es folgte mehr der Strafe. »Um dich desto aufmerksamer auf dich zu machen, sollst du jeden Abend vor dem Schlafengehen zu mir auf meine Stube kommen, und in ein Buch, das ich eigens dazu zurechtmachen will, einschreiben, entweder: heute habe ich gelogen, oder: heute habe ich nicht gelogen ... Damit ich aber auch etwas tue, was dir des Tags über behilflich sein kann, daß du des Abends eher etwas Gutes einschreiben kannst, als etwas Schlimmes, so verbiete ich dir, von heute Abend an, wo du das schwarze Band aus deinen Haaren ablegen wirst, wieder ein Band in den Haaren zu tragen. Ich tue dies Verbot auf unbestimmte Zeit, bis mich dein Abendregister überzeugen wird, daß dir ernsthaftes Betragen und Wahrhaftigkeit so zur Gewohnheit geworden ist, daß meinem Urteil nach kein Rückfall mehr zu befürchten ist.«[93]

Wenn die Philosophen und Literaten der Aufrichtigkeit huldigten, begeisterten sie sich für deren Paradoxien und trieben sie auf die Spitze. Die Pädagogen fanden daran wenig Geschmack, und besonders die Praktiker unternahmen alles, um geistigen Verstiegenheiten den Riegel vorzuschieben. Die taugten für die Studierstube und für gelehrte Zirkel, nicht jedoch fürs Schulhaus. Das ABC der Utopie stimmte die reine Utopie auf die Gebrechen des menschlichen Charakters ab. Dem gespreizten, von Rangzeichen überfluteten höfischen Körper trat nicht der züchtig-nackte Leib des Menschen gegenüber, der »Affektation« nicht die unverfälschte »Natur«, wie auf Chodowieckis berühmtem Kupferstich. Die Natur vor sich selbst zu schützen, griff der pädagogische Diskurs zu einer ausschweifenden »Symbolik sittlicher Zustände«, zu Abendregistern, Haarbändern, zu Orden der Tugend und des Fleißes.

Aber passte das zur Aufrichtigkeit? Entsprach das ihrem Wesen, ihrem Erscheinungsbild, das durch schmucklose Grazie bestach?

4. Alltag der Utopie

Dergleichen Fragen verstörten die Pädagogen wenig.

Ihrer Profession gemäß begriffen sie Aufrichtigkeit weniger als Zustand denn als Prozess. Heranwachsende Menschen zu aufrichtigen Wesen heranzubilden erforderte neben guten Worten vor allem aufmerksame Blicke und einen starken Arm;

einen Arm, der zum Zeigen und, wenn nötig, auch zum Strafen aus der Schulter fuhr.

Analog zur zeitgleichen Reform des Gefängniswesens und der Hospitäler entfernte sich auch die Reorganisation des Erziehungswesens von den »humanistischen Idealen«, die sie ursprünglich inspirierten, je weiter sie voranschritt, desto markanter.

Wie jede Praxis, so war auch diese einseitiger zugleich und klüger als die Theorie, auf der sie aufbaute, und legte den Finger auf deren wunde Punkte.

Die großen Aufklärer, einzig ihren Ideen verpflichtet, hatten Aufrichtigkeit als eine Utopie täuschungsfreier Kommunikation entworfen, sich dabei aber so gut wie ausschließlich an den »Sender« gehalten. Wer anderen etwas mitteilte, durfte, wollte er aufrichtig zu Werke gehen, nichts für sich behalten und musste diesen anderen folglich einen unverstellten Blick in sein Inneres gewähren. Die Seele des aufrichtigen Individuums war lesbar wie die Seiten eines aufgeschlagenen Buches. Sich ungeschützt äußern, die eigenen Schwächen nicht verstecken, sondern offenbaren, und zwar rückhaltlos – das war das genaue Gegenteil zur strategischen Kommunikationsweise der Höflinge, der Ehrenpunkt des neuen Verhaltensmodells.[94]

Die ganze Last für das Gelingen »echter« menschlicher Begegnungen trug, wer sich mitteilte, das Wort oder die Feder ergriff. Er bzw. sie hatte Sorge dafür zu tragen, dass die Mitteilung ebenso rein und durchsichtig war wie die Quelle eines Gebirgsbaches. Noch die geheimsten seelischen Regungen, die die Botschaft verunreinigen konnten, waren mit zu kommunizieren.

Um das Schweigen brechen zu können, das jederzeit drohte, konstituierte sich die Gemeinde der Aufrichtigen als eine Gemeinschaft von »Geständnistieren«[95]: Gestehe, was dich im Inneren bewegt, und du verpflichtest mich, ein Gleiches zu tun, knüpfst ein soziales Band, das nie zerreißt.

Die Pädagogen, gehalten, solche Menschen hervorzubringen, und insofern der ganzen Gesellschaft verpflichtet, übersetzten die Utopie notgedrungen in ihre Wirklichkeit. Hier trafen Lehrer auf Schüler, Alter, Erfahrung, Kompetenz auf, wenn es gut kam, Strebsamkeit. Im Unterschied zur Kommunikation unter Erwachsenen sah die Erziehung zur Aufrichtigkeit keinen gleichberechtigten Rollentausch vor. Der Schüler durchlief einen Aufrichtigkeitstest nach dem anderen, der Lehrer verfertigte die Zeugnisse. Durch kein noch so intimes Geständnis konnte ein Kind seine Lehrer oder seine Eltern zur Gegenseitigkeit verpflichten. Es blieb, solange es die Schule der Aufrichtigkeit besuchte, was es vom ersten Tag an war: ein unfertiges, anfechtbares, der Täuschung verdächtiges Wesen.

»Herrschaftsfreie Kommunikation« – dies Ideal unserer Tage übersetzten die Aufklärer mit »täuschungsfreie Kommunikation« und meinten, dazu genüge es, die Reinheit des »Senders« jedweder Botschaft sicherzustellen. Das alltägliche Training zur Aufrichtigkeit in der pädagogischen Praxis offenbarte den blinden Fleck im Auge der Philosophen. Über jedem Individuum, das sich einem anderen mitteilte, auch dem erwachsenen, schwebte der Täuschungsverdacht. Ihn auszuräumen, genügte die gute Absicht nicht. Den »Sender« von Täuschungsabsicht freisprechen, vermochte allein der »Empfänger«.

Wie die Aufrichtigkeit für Kinder je reife Menschen hervorbringen könnte, wahrheitsliebend, dabei zugleich auf Selbstschutz bedacht, blieb ein Rätsel. Allein den Schulmeistern überlassen, mündete die Utopie aufrichtiger Kommunikation in Selbstanklagen, Schuldgefühle und gelegentliche Gnadenakte.

Dieses kummervolle Finale zumindest für Erwachsene zu verhindern, beraubte man, wie gesehen, den »Sender« seines Bewusstseins, seines Willens, wodurch jegliches Motiv entschwand. In dieser Lage konnte, ja musste ihm ein jeder Glauben schenken. Das aufrichtige Subjekt, auf das es abgesehen war, geriet so indes zum Mängelwesen. Geistesabwesend, wil-

lenlos, bald bettlägerig, bald zähneklappernd Geständnisse auf-
sagend, spottete es der Vernunft.

Wie sollte ein dermaßen mattes, hinfälliges Geschöpf den
Höfling herausfordern?

Die auf Aufrichtigkeit eingeschworene Kommunikation spottete zugleich der Sprache.

Greifen »gewöhnliche« Menschen zur Sprache, dann sprechen sie über die Welt, von sich und zu anderen. Der aufrichtige Mensch äußert sich im Idealfall ausschließlich über
Sachverhalte in der Welt oder Vorgänge in seinem Inneren.
Um nicht den Anschein zu erwecken, andere von irgendetwas
überzeugen, zu irgendetwas überreden zu wollen, was nicht
»zur Sache« gehört, verzichtet er auf jede Ansprache, auf jeden Ausdruck seiner selbst. »Im Allgemeinen muß jedes seiner Worte im eigentlichen Sinn verstanden werden, und er redet ja auch nur, um sich verständlich zu machen.«[96] Von den
drei ineinander verwobenen Dimensionen der menschlichen
Sprache – Darstellung, Appell, Ausdruck[97] – realisiert er nur
die erste; die beiden anderen verschluckt er tunlichst. Im Bann
der Angst, der Täuschung bezichtigt, der Lüge überführt zu
werden, reduziert er die Kommunikation auf Information, auf
Lageberichte.

An diesem sprachlichen Kümmerling gemessen, beherrschte
der Höfling, rein sachlich ein Täuscher und ein Blender, die
Sprache meisterlich.

Aufrichtigkeit in der Entfaltung

1. Der bedürftige Mensch

Von Philosophen, Literaten, Pädagogen eigensinnig, mitunter gegensätzlich ausgelegt, hielt sich das Aufrichtigkeitsthema beharrlich in der Diskussion. Es bot verlockende Anknüpfungspunkte für gewagte Spekulationen und umriss, mal kühn, mal bieder, ein bürgerliches Projekt: die Emanzipation des dritten Standes von kultureller Vorherrschaft. Das vor allem begründete seine Anziehungskraft, sorgte für eine stetige Ausweitung der Diskursgemeinschaft, für überraschende Allianzen. Unter dem Banner der Aufrichtigkeit begruben die kühlsten Rechner und die zartesten Seelen ihre Streitigkeiten und gingen ein Stück des Wegs gemeinsam.

Wortführer des ÖKONOMISCHEN DISKURSES fielen, unversehens die einen, gezielt die anderen, in den Aufrichtigkeitskanon ein. Sie unterschieden deutlicher als zuvor zwischen »natürlichen« und »künstlichen« Prozessen und begriffen die Wirtschaft als einen komplexen »Organismus«, der Willkürakte nicht vertrug. Ein verständiger Gesetzgeber, klug beraten, verkündete und vollstreckte die Gesetze der Natur, der physischen wie der sozialen.[98]

So wie der »weise« Pädagoge das Kind ansah, als eine autonome Einheit, die aus sich selbst heraus verstanden und nur behutsam gelenkt werden wollte, so blickte der »wahre« Ökonom auf sein Objekt und pries, gleich jenem, das »Leben« als unübertrefflichen Ratgeber in allen menschlichen Belangen.

Das »Leben«, wohlgemerkt, und nicht den Markt.

Anders als der Marktliberale späterer Jahrzehnte steht der liberale Ökonom der Aufklärungsepoche noch inmitten einer sozialen und kulturellen Auseinandersetzung. Um sie für sich zu entscheiden, muss er das »Volk« auf seine Seite ziehen. Jeder, auch der geringste unter den Bürgern, besitzt einen unabhandelbaren Anspruch auf ein eigenes, materiell auskömmliches Dasein. Um sich eine Existenz schaffen zu können, ist doppelte persönliche Freiheit vonnöten – Freiheit von staatlicher Willkür, aber auch von existenzieller Not.

»Die Natur hat nur zwei große Ziele: die Erhaltung des Individuums und die Fortpflanzung der Gattung. Wenn es aber wahr ist, daß alles danach strebt, zu leben oder Leben zu schenken … , so müssen wir wohl zugeben, daß jede Institution, die uns von diesem Ziel zu entfernen sucht, nicht gut ist und der Ordnung der Natur widerspricht.«[99]

Wahrer Reichtum besteht aus dem Menschen und der Erde. »Wertvoll ist der Mensch durch die Anzahl. Je größer an Zahl eine Gesellschaft ist, desto mächtiger ist sie im Frieden und desto mehr ist sie in Kriegszeiten zu fürchten. Ein Herrscher soll sich also um die Vermehrung seiner Untertanen ernstlich kümmern.«[100]

Und um deren Wohlergehen – soweit er dieses, ohne den Gewerbefleiß zu hemmen, zu fördern vermag. »Arm darf in einem gutregierten Staat nur sein, wer in der Not geboren oder durch Zufall in Not geraten ist.«[101] Findet, wer seiner Armut durch Arbeit abzuhelfen jede Mühe zeigt, dennoch keinen Ausweg aus der Not, untersteht er der Fürsorge des Gemeinwesens.

Öffentliche Sicherung der materiellen Existenz ist der »Garant für die Bindung der Bürger an den Staat«. »Das größte Unrecht geschah bereits, wenn man Arme zu beschützen und Reiche im Zaum zu halten hat. Nur auf die Mitte erstreckt sich die ganze Macht der Gesetze; sie sind gleich ohnmächtig gegenüber den Schätzen des Reichen und dem Elend der Armen; ersterer vereitelt sie, letzterer entzieht sich ihnen, der eine zerreißt den Vorhang, der andere geht mitten durch.«[102]

Die ökonomische Prosa flicht in das zarte Band der Aufrichtigkeit reißfeste Knoten ein, die sie aus der annähernden Gleichheit der Lebensbedingungen und Lebensweisen fertigt.

Nichts hintertreibt dieses Werk gründlicher, verhöhnt es hochfahrender als der *Luxus*. »Wenn das Geld im Staate zu reichlich werden wird, wird sich verschwenderischer Aufwand einstellen und er wird in Verfall geraten.«[103] Ergründe die menschliche Natur, und du wirst wissen, was notwendig, was überflüssig ist! »Man hat behauptet, daß man erst dann an Manufakturen denken dürfe, wenn man kein unbebautes Land mehr habe, und man hat damit etwas Wahres gesagt.«[104] Unter allen Formen des Reichtums »werden nur die Gaben der Erde immer wieder reproduziert, weil die ersten Bedürfnisse immer die gleichen sind«[105].

Die Produktion von Luxusgütern suggeriert den Menschen »mehr Gewinn und weniger Mühe …, als sie bei der Landarbeit finden. Wer wird also mühsame Ackerfurchen ziehen? … So haben diese Manufakturen und dieser Handel die Menschen in die Städte gelockt und ihnen den Anschein einer großen Bevölkerungsdichte gegeben; aber gehen Sie auf das Land, so finden sie es ausgestorben und der Dürre ausgeliefert.«[106] Ein ganzes Volk, der Landarbeit entzogen, bleibt unbeschäftigt. Verwandelt man diese Unglücklichen in Tagelöhner, hören sie auf, »Patrioten zu sein; denn wer nichts besitzt, hat kein Vaterland; er trägt seine Arbeitskraft und seinen Fleiß überall hin und läßt sich dort nieder, wo er seinen Lebensunterhalt findet. So ist man schließlich ohne Handel, ohne Reichtum und ohne Bevölkerung, weil man die wahre Ursache, die sie hervorbringt, nicht erkannt und vernachlässigt hat.«[107]

Der Luxus ist das ökonomische Übel schlechthin. Die schamlose Prachtentfaltung unverdienten Reichtums beleidigt die Armen, verspottet ihr Elend, tötet den gesunden Ehrgeiz, untergräbt den Gemeinsinn und weiht die Gemeinwesen, die seiner nicht Herr werden, dem Untergang.

Dieselbe diabolische Rolle, die die Lüge in den Lehrbüchern der aufrichtigen Konversation spielt, spielt der Luxus in den Kompendien der wahren Ökonomie. Beide nagen am Lebensnerv, jene, indem sie die Sprache schändet, dieser, indem er die Arbeit entehrt.

Den Kampf mit diesem hintertriebenen Gegner mit ihren Mitteln aufnehmend, vereidigt die wahre Ökonomie den wirtschaftlichen Kreislauf auf die Notwendigkeit, »daß Alle leben«[108], und entwickelt ihre Werttheorie aus diesem ihr heiligen Grundsatz.

Es ist »der durchschnittliche Tagesbedarf eines erwachsenen Mannes und nicht seine Tagesarbeit der gemeinsame Wertmesser und dieser scheint so regelmäßig und stetig zu sein wie der Wert von Feinsilber«[109]. Einer Volkswirtschaftslehre mit sozialem Tiefgang stellt sich die Aufgabe, »die Menge an Boden festzustellen, deren Ertrag an Nahrung jeglicher Art, an Kleidung und an lebensnotwendigen Dingen ein Mensch in einem Jahr verbrauchen kann«[110].

Weiß man das, kennt man den wahren Wert der Dinge und kann sie miteinander vergleichen. »Auf dieselbe Weise läßt sich auch ein Ausgleich finden zwischen schwerer Arbeit und Annehmlichkeit, Interesse, Freunden, Beredtsamkeit, Ansehen, Macht, Autorität usw. Ich fand es nicht unangebracht, all dies als von derselben Art wie den Ausgleich zwischen Grund und Boden und der Arbeit zu benennen ...«[111] Der gesellschaftliche Reichtum, nach menschlichen Maßen geschätzt, ist »nichts anderes als die Nahrungsmittel, die Bequemlichkeiten und die Annehmlichkeiten des Lebens«[112].

Alle Dinge repräsentieren eine bestimmte Quantität von Nahrung, direkt oder indirekt. Um Reichtum zu erzeugen, muss man arbeiten. Um aber arbeiten und sich fortpflanzen zu können, muss man essen. Das Essen, die Befriedigung der elementaren menschlichen Bedürfnisse, regieren die Wertverhältnisse. »Der Maßstab des relativen Wertes der Dinge gegeneinander, wäre die Zeit, binnen welcher man von ihnen leben könnte.« Und was bestimmt die Wertsubstanz, den absoluten Wert?

Hier stößt man »auf die bloße Möglichkeit des Lebens, die bloße Ernährung, auf etwas, das nach der allgemeinen Annahme der Nation, jeder zum Leben haben solle oder müsse«.

Das ist »ohne Zweifel das Brot. Dieses oder, da mit demselben schon eine Fabrikation vorgegangen ist, das Produkt, woraus es verfertigt wird, Roggen, Weizen und dgl. mehr hätte nun Wert schlechthin, und nach ihm würde aller andere Wert geschätzt«.[113]

Als diese Gedanken in der Öffentlichkeit umliefen, war die ökonomische Klassik längst geboren und mit Adam Smith' *Wealth of Nations* zu ihrem ersten Höhepunkt gelangt. Für den Philosophen kein Grund, die Waffen zu strecken, umso weniger, als er die Werttheorie des großen Schotten für verfehlt hielt, zumindest für »nicht ausreichend«. Ihr zufolge bemaß sich der Wert der Dinge nach der Arbeit, die in ihnen steckte – sofern sie einen Käufer fanden.

Die entscheidende Frage war dadurch nicht beantwortet, ja nicht einmal gestellt: War die Arbeit sinnvoll verausgabt worden, so, dass sie in Produkte, in Waren mündete, die das Leben aller gewährleisteten, jene ausdrücklich mitbedacht, die den Reichtum schufen? »Wenn irgend jemand zwecklose Mühe anwendete, würde sich dann das Menschengeschlecht für verbunden halten, ihm dieselbe auch zweckmäßig zu vergelten?«[114]

Gekoppelte Diskurse, im Negativen wie im Positiven. Der Luxus griff die Lüge auf, übersetzte sie ins ökonomische Vokabular. Das Brot, jenes besonders, das der hart und ehrlich Arbeitende wortlos mit seinesgleichen brach, referierte die Tränen, die der aufrichtige Mensch still in seiner Kammer vergoss, allenfalls im eng vertrauten Freundeskreis.

Die »wahre« Ökonomie verlor den Kampf um intellektuelle Vorherrschaft, die Marktliberalen gewannen ihn. Die siegreiche Fraktion lehnte die Vorstellung einer nach sozialen Gesichtspunkten gelenkten Wirtschaft rigoros ab, und zwar von Anbeginn. Beide Gruppen lebten in gegeneinander abgeschotteten geistigen Welten. Sie stritten weniger miteinander um diese oder jene Argumente als vielmehr um die Wahrheit selbst.

Die Arbeitswerttheoretiker, ihre Sieges sicher, verunglimpften die »Lebenswerttheorie« ihrer Kontrahenten als betrübliche Verirrung des menschlichen Geistes, die eine nähere Würdigung weder verlohnte noch überhaupt erlaubte.

Wie konnten Menschen im Vollbesitz ihres Verstandes nur auf die verrückte Idee verfallen, Arbeiten und Genüsse vom »bloßen Leben« aus zu ordnen, was auf die Forderung hinauslief, die Gelüste der Wohlhabenden erst dann zu stillen, wenn die Grundbedürfnisse des Volks befriedigt waren![115] So trat man die Wurzel des menschlichen Ehrgeizes, des Leistungswillens mit Füßen! Beide lebten vom Vorstellungsvermögen, und selbst der kümmerlichsten Existenz war Arbeit Hoffnung. Freie Bahn also der unternehmerischen Tatkraft, dem Egoismus, selbst der Gier! Nur wenn man diese frei gewähren ließ, sprudelten die Quellen des gesellschaftlichen Reichtums, von dem alsbald alle, auch die kleinen Leute, kosten konnten.[116] Wenn schon eine Ökonomie der zwei Geschwindigkeiten, dann eine, die die Phantasie beflügelte, statt dem Notwendigkeitsgeschmack zu opfern.

Die spätere Kritik des Marktliberalismus griff Grundgedanken der »wahren« Ökonomen auf und stellte sie zugleich in einen anderen Kontext. Die Wirtschaft (wieder) in die Gesellschaft einzubetten, befürwortete man entweder eine robuste Wirtschaftslenkung, einen Gesamtplan auf Basis umfassender Verstaatlichung, oder indirekte Regulierungen, die am Geldumlauf und an der Besteuerung ansetzten.[117]

Das Gesamtvorhaben der »wahren« Ökonomie geriet ohnehin in Vergessenheit. Es gerechter zu beurteilen anhand seiner eigenen Intentionen, verlangt, wie hier geschehen, die Wiederherstellung des kulturellen Rahmens, in den es sich, als Diskurs unter gleichsinnigen Diskursen, einfügte.

2. Der empfindsame Mensch

Zu dieser von heute aus gesehen seltsamen Diskursgemeinschaft gehörte an hervorragender Stelle die EMPFINDSAME KONVERSATION. Sie formte und etablierte sich im Zuge der Abgrenzung wirklicher, *echter Empfindung* von bloß gespielter, *geheuchelter Empfindelei*.

Den unmittelbaren Anlass dieser Unterscheidung bildete die demonstrative Gefühlsseligkeit, in die eine ganze Generation von Richardson-, Sterne- und Goethe-Lesern nun auch in ihren alltäglichen Verhaltensweisen zu verfallen drohte. Tadelnswerter, ärgerlicher als der Höfling war der bürgerliche Renegat, der die Tiefe eines empfindsamen Gemüts nur vortäuschte und seine universelle Erregbarkeit bei jeder Gelegenheit durch überflüssige Umarmungen und Tränenausbrüche zu beweisen suchte.

Üblicherweise liefen dergleichen Geschmacklosigkeiten nicht ab, ohne dass, die allzeit wunde Seele gnadenlos zu martern, noch eine rührende Episode aus dem *Jungen Werther* oder, das Maß vollzumachen, dem *Siegwart* zum Besten gegeben wurde. Dann war kein Halten mehr. Dann versetzte man sich Zug um Zug gemeinschaftlich in eine Stimmung, die alle Riegel, die das Gefühl verwahrten, brach, woraufhin dieses unerlaubten Ausgang nahm.

Eine solche Szene verewigte Johann Heinrich Voß im Jahr 1773 in einem Brief an Ernestine Boje – im durchaus fragwürdigen Selbstbewusstsein wahrer Empfindungsfähigkeit.

»Der 12. September wird mir auch noch oft Tränen kosten. Es ward der Trennungstag von den Grafen Stolberg und ihrem vortrefflichen Hofmeister Clauswitz. Der Nachmittag und Abend waren noch so ziemlich heiter, bisweilen etwas stiller als gewöhnlich; einigen sah man geheime Tränen des Herzens an … Ich wurde genötigt, auf dem Klavier zu spielen. Vielleicht verschaffte die Musik den Anderen einige Linderung, mir selbst, der jeden schmelzenden Affect ganz annehmen mußte, um ihn wieder auszudrücken, schlug sie nur tiefere Wunden. Es war schon Mitternacht, als die Stolberge kamen. Aber die schrecklichen drei Stunden, die wir noch in der Nacht zusammen waren, wer kann sie beschreiben! Jeder wollte den Anderen aufheitern, und daraus entstand eine solche Mischung von Trauer und verstellter Freude, die dem Unsinn nahe kam. Wie hatten Punsch machen lassen, denn die Nacht war kalt. Jetzt wollten wir durch Gesang die Traurigkeit zerstreuen; wir wählten Millers Abschiedslied. Hier war nun alle Verstellung vergebens; die Tränen strömten und die Stimmen blieben nach und nach aus … Wir fragten zehnmal gefragte Dinge, wir schwuren uns ewige Freundschaft, umarmten uns, gaben Aufträge an Klopstock. Jetzt schlug es drei. Nun wollten wir den Schmerz nicht länger verhalten, wir suchten uns wehmütiger zu machen und sangen von neuem das Abschiedslied und sangen's mit Mühe zu Ende. Es ward ein lautes Weinen. Nach einer fürchterlichen Stille stand Clauswitz auf: nun meine Kinder, es ist Zeit! – Ich flog auf ihn zu, und weiß nicht mehr, was ich tat. Miller riß den Grafen ans Fenster, und zeigte ihm einen Stern. – Ich kann nicht mehr, mein liebes Ernestinchen; die Tränen kommen von Neuem.«[118]

Der »wahrhaft Empfindsame dagegen ermannet sich, bekämpft seine Gefühle, drängt in dem Innersten seines Herzens sie zusammen, schweigt und hat für den gemeinen Beobachter ganz das Aussehen eines Kalten«[119]. »Ein wahrhaft glücklicher Mensch spricht und lacht wenig; er verschließt sein Glück gleichsam in seinem Herzen.«[120] Der Kundige allein weiß, was geschieht, zu deuten und schließt auf ein empfängliches zugleich und plastisches Gemüt.

Jede Lebensäußerung, die sich der Differenz aufrichtig/unaufrichtig unterstellt, taumelt in die Falle des wechselseitigen Ausschlusses von Aussage (Ausdruck) und Glaubwürdigkeit. Ihr zu entkommen verlangt viel Phantasie, ihr auszuweichen, erreicht kein noch so raffinierter Trick. Auch das Schweigen wird vom Motivverdacht umstellt und eingefangen. Wer schweigt statt spricht, hat sich dafür entschieden und tätigt eine Aussage wie jede(r) andere.

Die heimlich vergossene Träne erwartet dieselbe Prozedur: zum Offenbarungseid gezwungen und ihrer eigentlichen Absicht überführt. Indes der Trauernde »in der Meinung steht, er leiste dem geliebten Gegenstande noch die letzte Pflicht, so weiß er nicht, daß die Natur ihn dazu zwingt, daß durch seine Tränen die Vorstellung an den vermißten Gegenstand in ihm nach und nach verloren geht, und daß er selbst wieder in den Gemütszustand gesetzt wird, welcher zur Erfüllung seiner Pflichten als Mensch und Weltbürger am zuträglichsten ist«[121].

Wer vom Schmerz zerrissen am Grab eines geliebten Menschen steht und weint, weint sich – Träne für Träne – trocken und in seine Lebenstauglichkeit zurück. Wo die reine Spontaneität der menschlichen Natur am Werk schien, lässt in Wahrheit der Egoismus seine Puppen tanzen.

Besser, man stopfte dem ganzen Gejammer und Gezeter von vornherein den Mund, gleich in der Wiege. Zu diesem Zweck hatten gewitzte Pädagogen eine Tränenglocke erfunden, von der sie sich nichts weniger erhofften als immerwährende Ruhe auf Erden. »Diese Glocke besteht aus einem gewissen Metall, dessen Erschütterung sehr gut für die Tränenkrankheit ist. Die Kinder müssen aber so lange läuten, als sie in gewissen Umständen weinen. Wenn das Übel aber, nachdem es aufgehört hat, wieder anfängt, so muß die Kur einige Minuten und immer länger gebraucht werden. Sie müssen aber selbst läuten, sonst hilft es nicht viel. Sollte aber die Tränenkrankheit sie so schwach am Verstande machen, daß sie es nicht wollen, so muß entweder etwas Schmerzhaftes folgen, oder sie müssen doch wenigstens die Hand an der Glocke halten, so kann man ihnen läuten helfen.«[122]

In der Erfahrung, dass alles, was scheint, sich kundgibt, regt und lärmt, von Übel ist, verdächtig, das Nichtscheinen aber die ausgeklügeltste Art des Scheinens und der Unaufrichtigkeit, rundet sich die Bewegung der aufrichtigen Kommunikation zum Kreis. Sprich, kleide dich, geh auf die Straße, besuche ein Geschäft, erwirb einen Gegenstand, nicht aus dem Luxussortiment, und du bist gefangen, erkannt als einer, der sich für die Welt zurechtmacht, der Absichten verfolgt, vermutlich unlautere, und sie in Worte kleidet, mit Gesten ausstaffiert, die diesen Eindruck untermauern.

Die Aufrichtigkeit gleicht manchmal einem Beichtstuhl ohne Priester, setzt, wo sie sich zu solcher Strenge aufschwingt, das Werk der religiösen Gewissensprüfung mit ihren Mitteln fort. Verlässlich als Bürger unter Bürgern umzugehen, wer wollte das von sich aus allzeit garantieren?

Da man der Aufrichtigkeit weder vollauf genügen noch sie gefahrlos ignorieren kann, muss man sich im bürgerlichen Verkehr notgedrungen auf einen Mittelweg verständigen, auf Kompromisse. Aufrichtigkeit sozial »hinreichend« zu praktizieren erfordert, die Merkmale glaubwürdig vorzuführen, durch die sie sich auszeichnet: zurückgezogenes Leben, Transparenz ohne Geheimnis, Aufgeschlossenheit nach außen mit einem Pfropfen auf dem inneren Begehren.

Der den Aufrichtigkeitsdiskurs beherrschende Tenor ist minimalistisch. Die Sprache ist dazu da, gesprochen zu werden, und zwar zur Sache; der Rest, der bleibt, ist Schweigen – und Sünde, wenn er sich nach außen wagt und spreizt.

Wie in den *sentimental novels*, den amourösen Unterhaltungsromanen dieser Zeit. Pflanzstätten der Empfindelei, trieben sie Unzucht mit dem Erhabensten, mit der Liebe. Die »wahre Liebe« zeigt sich »im wirklichen Leben in unendlich mannigfaltigeren Graden und Abstufungen, welche alle darin übereinkommen, daß sie nicht können, ja daß sie nicht sollen dargestellt werden. Selbst der niedrigste Grad wahrer Liebe ist allzu heilig, als dass ein Dritter etwas davon fühlen soll. Daher hört auch die Romanenliebe mit der Heirat auf; denn in dieser Verbindung ist die höchste Stufe, welche liebende Herzen erklimmen können.«[123]

Der arme Wieland, beinahe der Einzige unter den Deutschen, der in diesem Genre Herausragendes leistete und dafür von seinen Landsleuten erst entrüstet abgelehnt und dann totgeschwiegen wurde!

Der öffentliche Mensch, sein Inneres nach außen kehrend, ist der falsche Mensch, so denkt man auch sonst im Europa dieser Jahre und hält dafür, »daß das ganze Unglück des Menschen daher kommt, daß er sich nicht ruhig in seinem Zimmer zu halten weiß«. »Man mache die Probe; man lasse einen König allein, ohne irgend welche Befriedigung der Sinne, ohne irgend eine Sorge im Geiste, ohne Gesellschaft ganz nach Muße an sich denken, und man wird sehen, daß ein König, der sich sieht, ein Mensch ist voller Elend, der es ganz wie ein anderer empfindet.«[124] Vornehm geboren oder bürgerlich, das bleibt sich, ist man nur vermögend, gleich, gleich ärgerlich: »Immer in Unruhe, immer in Bewegung, immer in seinem Wagen unterwegs, ist der Reiche wie ein Eichhörnchen, das sich die Langeweile vertreibt, indem es seinen Käfig herumrollt. Um glücklich zu sein, ist der reiche Müßiggänger gezwungen, darauf zu warten, bis die Natur in ihm irgendein Bedürfnis erneuert.«[125]

Der Aufrichtige verachtet den Müßiggang, wendet sich von diesem sowie vom öffentlichen Treiben ab und geht in sich. Wenn er sich äußert, dann »nicht durch Worte, sondern durch Taten, und zwar durch stille, alles Aufsehen vermeidende Taten, wo möglich, im Verborgenen«[126].

Hinter den Kulissen der Öffentlichkeit leben und dort sein Werk verrichten, still, redlich, ohne auf Ruhm zu schielen, auf den Beifall der Welt, das ist der neue Mensch, vom dem das Bürgertum träumte, ehe es die soziale Welt für sich gewann.

3. Politik im vorpolitischen Raum

Die Geistesgeschichte folgt dem Rhythmus von Vereinheit-
lichung und Differenzierung. Phasen, in denen das Ziel, alles
aus *einem* Grund zu begreifen, nahe scheint, wechseln mit In-
tervallen, die dem komplementären Bedürfnis, die Dinge genau und für sich zu betrachten, Nahrung geben. Die Sehnsucht
der ersten Philosophen nach dem Ur-Einen, der Atomismus
von Demokrit, Giordano Brunos pantheistische Prinzipien-
lehre oder das Ringen heutiger Naturwissenschaftler um die
Weltformel verkörpern das unstillbare Bedürfnis nach Einheit
und Synthese. In mal stärkerer, mal schwächerer Spannung
dazu steht die Herausbildung von Fächern, von disziplinären
Methodiken und Fakultäten und sorgt im Verein mit der Pro-
fessionalisierung des Wissenserwerbs für Streit und Vielfalt auf
dem Gebiet des Geistigen.

Spannt man den hier betrachteten Zeitraum auf dieses grobe
Raster, dann übertrumpft, vielleicht zum letzten Mal in der
neueren Geschichte, der Wille zur Synthese die Fliehkräfte des
Geistes.

Zwar kann in der zweiten Hälfte des achtzehnten Jahrhunderts von einem homogenen Weltbild keine Rede sein. Kirchen-
streit und Religionskritik bewirkten die Erosion des theologi-
schen Deutungsmonopols; die Laien nutzten die neue Freiheit,
gründeten Sekten oder lösten sich vom strengen Glauben. Aufklärung und insbesondere die moderne experimentelle Natur-
wissenschaft nährten den Skeptizismus in Bezug auf absolute
Wahrheiten und erweiterten den geistigen Handlungsspielraum.

Neben der exakten Wissenschaft behauptete sich, nunmehr
ins zweite Glied verwiesen, die sammelnde und klassifizierende
Naturforschung und durchforstete das »Reich der Arten«. Die
klassische Gelehrsamkeit, Rhetorik, Logik, Ethik, Erkenntnis-
theorie, pochte auf ihren Führungsanspruch bei der Auslegung
des Seins. Literaten, Künstler, Pamphletisten, Essayisten kom-

plettierten die geistige Landschaft und bereicherten sie um neue Genres und nie erprobte Darstellungsverfahren.

Was diese disparate Gemeinde zusammenführte und für einige Jahrzehnte auch zusammenband, war im Wesentlichen zweierlei: das Gefühl eines epochalen Umbruchs sowie der vorberufliche Charakter der weitaus meisten intellektuellen Tätigkeiten. Revolutionäres Vorgefühl und geistiger Synkretismus bahnten der Synthese den Weg.

Wer war Diderot? Ein Philosoph von Rang, unzweifelhaft, Kopf, zudem, der Enzyklopädisten. Und weiterhin? Kunstkritiker, Erzähler, Dramatiker, Theoretiker des Dramas wie der Schauspielkunst, Autor einschlägiger Aufsätze über Ökonomie, Politik, Moral, Bevölkerungsentwicklung, einflussreicher Verfechter einer weltlichen Naturgeschichte; dies alles und weit mehr in Personalunion und ohne in einer dieser Beschäftigungen aufzugehen. Indes er sich gedanklich vervielfältigt, bleibt er stets der Nämliche. Kann es angesichts dieser Berufung ohne festen Beruf verwundern, wenn der »Ökonom« mit dem »Philosophen« in ungetrübter Eintracht lebt, wenn der »Politologe« den »Dramatiker« bestätigt, der »Demograph« den »Romancier« oder wenn der Verfasser erotischer *Kleinode* unversehens den »Evolutionstheoretiker« herauskehrt?

Wohl verlieh der gewöhnliche Sprachgebrauch geistige Titel, noch uns geläufig, doch schloss das weder zwingend eine abgeschlossene Ausbildung ein noch aus, dass der Betreffende sich öffentlich über Gegenstände verbreitete, auf die er formell keinen Anspruch besaß. Wen scherte das, wenn die Beiträge gehaltvoll waren, anregend und interessant. Dass man jenen Philosophen hieß, diesen Ökonomen, Privatgelehrten einen Dritten, war mehr der Bequemlichkeit geschuldet als der Sache selbst, die auf mehr als einen Namen hörte oder zeitbedingten Vorlieben für bestimmte Themen gehorchte.

Adam Smith, für uns der Nationalökonom *par excellence*, stand bei seinen Zeitgenossen als Moraltheoretiker in mindestens ebenso hohem Ansehen wie als Volkswirtschaftler. Ein Jahrhundert zuvor wäre er dank seiner *Theory of Moral Sentiments* womöglich Philosoph »geworden«, vorrangig als solcher in die Geschichte eingegangen. Man wurde damals auf dieselbe Weise Philosoph, Botaniker oder Moralist, die einem bis heute zu einem Dasein als Schriftsteller verhilft: indem man sich in Gegenstände vertiefte, mit Materialien befasste, die diese Bezeichnung nach allgemeiner Ansicht rechtfertigten.

In unseren Tagen hat sich die Selbstanzeige als »Künstler« in einem Maße ausgebreitet, dass sich der Eindruck aufdrängt, sie erlöse aus der Verlegenheit, konkrete Auskunft über das eigene Tun zu geben.

Aber wie dem auch sei. Bis weit ins achtzehnte Jahrhundert hinein steht der Autor über den Fächern, die er, gleich den Genres, je nach Belieben oder Auftrag wechselt, heute der Traktat, morgen die Novelle und übermorgen die Adresse an die Menschheit, nur einer Instanz verpflichtet: seiner selbst als *Person*. Die steht, Geist und Wille auf sich vereinend, über dem Autor, der nur eine ihrer Rollen spielt, und fungiert als unumschränkter Diskursregent.

Nur sind dieser Regenten, dieser Meisterdenker, Meisterkönner, viele, jeder für sich imstande, Diskurse auf je besondere Art zu einer je besonderen Partitur zu kombinieren. Zu viele sich souverän dünkende Personen, zu wenig dienstbereites Personal, um eine stimmkräftige Diskursgemeinschaft zu begründen. Was könnte helfen?

Bündnisse, die verpflichten, Projekte, die faszinieren. Mit dem ersten hatte es keine Not. Selten stand die europäische Geisteselite in intensiverem Austausch als in den Jahrzehnten, die der Französischen Revolution unmittelbar vorausgingen. Sprachgrenzen bildeten kein Hindernis. Man war polyglott, Französisch beherrschte ohnehin ein jeder. Räumliche Distanzen schrumpften infolge gut ausgebauter Verkehrswege und schnellerer Verkehrsmittel mehr und mehr zusammen. Eilkutschen, »fliegende Maschinen« tituliert, kamen in Gebrauch, und bereits in den 1780er Jahren erreichte ein Brief, der in London aufgegeben wurde, seinen Empfänger in Dublin binnen dreier Tage.

Einander zu schreiben war in der Ära des Briefromans eine Selbstverständlichkeit und eine Lust. Stilistisch brillant, suchten die wechselseitigen Korrespondenzen an Häufigkeit und Umfang ihresgleichen. Um einiger persönlicher Worte willen durchquerte man, durch die verbesserten Infrastrukturen zusätzlich ermutigt, den halben Kontinent. Man übersetzte einander, im metaphorischen wie im direkten Sinn des Wortes, und übertrug – jeder sein eigener Übersetzer, auch dies eine Berufung ohne Beruf – die Werke der anderen in die eigene Landessprache.

Ein Austausch, der abfärbte auf Themen, Stile, Ambitionen.

Das bürgerliche Drama betrat als deutsch-französisches Gemeinschaftswerk die Bühne, das Autorenverzeichnis von Diderots *Enzyklopädie* glich einem *Who is Who* des Bildungsadels dieser Zeit; annähernd so verhielt es sich mit allem, was geistig irgend von Belang war. Innerhalb der einzelnen Nationen entwickelten sich Zeitungen und Journale, Kaffeehäuser, Salons und Debattierklubs bis hinab in die Provinz zu Stützpunkten des intellektuellen Lebens, das selten reger und zugleich kosmopolitischer pulsierte als in jenen Jahren.

Die Diskursregenten verstanden und verbanden sich, im Großen und im Kleinen, wie Postbeamte. Sie bezwangen ihre Eitelkeit, übten, freiwillig und mit sichtlichem Vergnügen, Souveränitätsverzicht.

Dass Egoismen, Zank und Eifersüchteleien, die fraglos existierten (Voltaire schalt Rousseau einen »armseligen Lumpen«), das Einheitsstreben so gut wie unbehelligt ließen, dazu leistete die Staatsgewalt ihren eigenen, ungewollten Beitrag. Mit Ausnahme Englands verfolgte sie das freigeistige Treiben mit Zensur und überzog jene, die sich stur und unbelehrbar zeigten, mit Strafprozessen; den allzu Aufmüpfigen winkte das Gefängnis.

Dagegen versicherte am besten Anonymität. Im Verborgenen leben und wirken, namenlos, bar jeder öffentlichen Absicht – diese Devise des Aufrichtigkeitsdiskurses widerspiegelt getreulich die näheren Zeitumstände. Die Gemeinde der Aufrichtigen bestand aus lauter gebrannten Kindern, und wenn sie literarische Versteckspiele veranstalteten, dann sprachen sie von dieser Erfahrung. *Der Spaß war bitterernst.* »Verwisch die Spuren«; die wiederkehrende Zeile aus Brechts *Lesebuch für Städtebewohner* formulierte die Überlebensmaxime kritischer Geister nur allzu präzise.[127] Der allgegenwärtige Verfolgungsdruck zügelte die Geltungssucht des Autors und schloss die Person, in deren Dienst er stand, für ihresgleichen auf.

Das Projekt Aufrichtigkeit kam als mentaler Zwitter auf die Welt: weltoffen und zugleich verschlossen, heiter und doch voller Sorgen, angriffslustig, dabei jederzeit auf Rückzug eingestellt.

Als ein Zwitter mit Ambitionen. Im Schneckenhaus herangewachsen, auf »kontrollierte Offensive« eingestellt, drängte der Aufrichtigkeitsdiskurs im Stadium seiner vollen Entfaltung in die Welt, weg von der Etappe, hin zur Front. Sein ideales Exzerzierfeld war die Mitte zwischen den Extremen. Hier lief er, als Politik in kulturellem Gewand, zur Höchstform auf.

Rein politische Losungen – »Meinungsfreiheit«, »Menschenrechte«, »Menschenwürde« – weckten den Ehrgeiz der Gesinnungspolizei; die tränenreiche Umarmung zweier Liebender, von Intriganten in den Tod getrieben, in einem Schauspiel oder im Roman schläferte den Schnüffler ein. Die Utopie eines reinen, unverstellten mitmenschlichen Austauschs enthielt das politische Programm der Aufklärung im Keim und beschützte es vor fremder Arglist wie vor eigenem Übermut.

Gerade indem der geistige Aufstand sich verpuppte, verletzlich zeigte, angreifbar, gewann er Unangreifbarkeit. Die eigene Schwäche im Gefühl gewachsener Stärke zelebrieren, öffentlich und zugleich insgeheim, das war ein kalkuliertes Paradoxon, das allein seiner geistigen Frische wegen faszinierte.

Aufrichtigkeitsdiskurse bereiteten die Bühne für die politische Agenda des dritten Standes. Als Politik im vorpolitischen Raum ermöglichten sie eine vergleichsweise gefahrlose Einübung bürgerlicher Selbstverständlichkeiten. Sie rüsteten das Bürgertum mit jenen Kenn- und Fahnenworten aus, deren es in der historischen Wartezeit, der Zeit der Anwartschaft, bedurfte. Zu ihren letzten Absichten befragt, antwortet die Aufrichtigkeit ganz unbescheiden: Testlauf, Training, Vorschau denkwürdiger Taten.

4. Ein Geflecht aus Diskursen

Um diese Absichten dereinst zu verwirklichen, konnte das Bündnis gar nicht umfassend genug sein, lieber nahm man Unstimmigkeiten, Reibungen in Kauf, als potenzielle Weggenossen abzuschrecken. Wer nur von fern und vage zu verstehen gab, dass mit ihm, mit ihr zu rechnen sei, wurde in die Gemeinde der Aufrichtigen aufgenommen. Um dazuzugehören, genügte es, eine x-beliebige Abhandlung in Briefform einzukleiden, mochte ihr Inhalt noch so spröde sein. Ein Adliger, der weinte, bekannte sich allein durch diese Geste zum Stand der »wahren« Menschen.

Was man an Mitstreitern, an Mitläufern gewann, büßte man an klarer Übereinkunft ein. Um sich auf ein *Paradigma* zu verständigen oder auch nur eine homogene *Diskursformation* zu bilden, mangelte es der »aufrichtigen« Gemeinschaft entschieden an formaler Organisation. Der Platz des einen großen Vordenkers, der seine Jünger um sich schart, blieb ebenso leer wie der des Zuchtmeisters, der die Front abschreitet und bei Bedarf begradigt. Dazu waren die Temperamente und Charaktere zu verschieden.

Was unter ihrer Regie entstand, war eine äußerst mannigfaltige Diskursgemeinschaft, ein *Diskursgeflecht*.

An Paradigmen oder Diskursformationen gemessen, beweisen Diskursgeflechte wenig Ordnungssinn. Sie markieren ihre Außengrenzen nur ungefähr, unterscheiden eher lax und vorläufig zwischen *Insidern* und *Outsidern*. Statt sich um ein Zentrum zu gruppieren, um eine Reihe wohldefinierter Axiome, besiedeln sie das kulturelle Feld wie Moos einen Waldboden, bald kompakte Areale bildend, bald kleine Inseln, bald ins Weite sich verlierend.

Anders als natürliche Geflechte, die, wie zerstreut auch immer vorfindbar, zu *einer* Art gehören, entziehen sich diskursive Geflechte einer eindeutigen Klassifikation. Tritt man wie ein Botaniker mit einer Merkmalsliste an sie heran, gerät man leicht ins Grübeln. Kaum ein Diskurs versammelt, für sich genommen, alle Eigenschaften, die seine Zugehörigkeit zu gerade dieser diskursiven Gruppe zweifelsfrei belegen; keine zwei Diskurse, die fließend ineinander übergehen. Nur im Durchgang durch das weit verzweigte Geflecht enthüllt sich dessen Eigenart.

Gleich einem Würfelspiel, dessen Regeln zugleich mit den Würfeln fallen, oder einem Code, der, kaum geschrieben, neu verschlüsselt wird, modifiziert jeder neu in Augenschein genommene Diskurs die Klassifikationskriterien.

Gerade noch war man gewiss, dass Aufrichtigkeit geschlossene Lippen impliziert, schon drängen sich Texte auf, die eine lose Zunge führen. Man mag schweigen oder schwadronieren, seiner Sinne mächtig oder ihrer beraubt sein, erhitzt oder kalt im Gemüt: Das alles kann Aufrichtigkeit anzeigen oder eben nicht. Der kulturelle Boden, auf dem diese Gemütsverfassung gedeiht, ist weitläufig und unübersichtlich, obschon nicht überall gleich fruchtbar. An manchen Stellen sprießt sie kräftiger, an manchen spärlicher, so dass nur ein geübtes Auge den Zusammenhang erkennt.

Paradoxerweise verbirgt sich die Aufrichtigkeit dort am geschicktesten, wo sie am üppigsten gedeiht. Sie gibt sich formlos, trieblos, ärmlich, nackt und schämt sich in den Boden, wenn jemand ihre wahren Namen nennt: Kulturpflanze, Zivilisationsgewächs. Kultur ist Lüge, Zivilisation Verderbnis. Als Anwalt der Unmittelbarkeit sucht sie den Menschen vor seiner Wirklichkeit, seinem gesellschaftlichen Dasein, zu bewahren.

Sobald Menschen sich vergesellschaften und ihre sozialen Beziehungen umwegig gestalten, sobald sie also Bücher schreiben, gar das Begehren anstachelnde Romane,[128] Konventionen folgen, Waren tauschen, Geld verleihen, stürzen sie in die Fänge des Betrugs. Die wahre menschliche Begegnung vollzieht sich diesseits der Kultur und ihrer Mittel, auf der Grundlage reiner Empfindungen, ungefilterter Erfahrungen, wertfreier Wertschätzung. Um ihretwillen mussten dem Wissen von der Welt und von sich selbst ganz neue Quellen und Verbreitungswege erschlossen werden.

Das geschah. Die reine hinweisende Geste trat an die Stelle der Laute; die Onomatopoetika fingierten die Schrift als Sprache der Natur; komplexere Zeichengebilde, Texte und Diskurse, empfahlen sich als Auskünfte des Herzens, und hinter den ökonomischen Wertzeichen lauerte, gebieterisch auf Anerkennung pochend, die bloße Möglichkeit des Lebens.

So wie den Kommunikationsmedien erging es den Gehäusen der Zivilisation; auch sie gehörten, wenn nicht abgeschafft, so doch gründlich renoviert. Die sprach- und grammatiklastigen Institutionen des Bildungswesens verhöhnten den natürlichen Entwicklungsgang des Menschen, vermittelten totes Wissen statt Kenntnisse aus erster Hand. Die Bewertung der Reichtümer am Markt war blind für die kreatürlichen Bedürfnisse,

Abb. 1: Der tugendhafte Bürger: ungekünstelt, gibt er sich doch keine Blöße. Daniel Chodowiecki, Afectation und Natur

Abb. 2: Zeigen und sehen: eine Unterweisung ohne Worte
Aus: [C.C. André:] Kleine Wanderungen auch größere Reisen der weiblichen Zöglinge zu Schnepfenthal. Leipzig 1788.

Abb. 4: Form und Wesen. Pädagogische Meditationen über das »R«
Aus: H. Fechner: Grundriß der Geschichte der wichtigsten Leselehrarten. Berlin 1900.

Abb. 3: Wider die Buchstabengelehrsamkeit
Aus: Vier seltene Schriften des 16. Jahrhunderts. Hg. von H. Fechner. Berlin 1882.

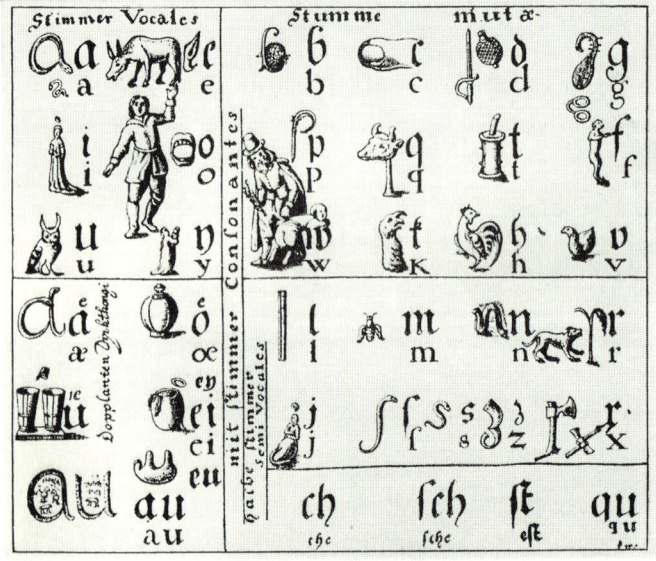

Abb. 5. Ein Zahn, der »au« macht: Gegenstände gaben Laut
Aus: H. Fechner: Grundriß der Geschichte der wichtigsten Leselehrarten. Berlin 1900.

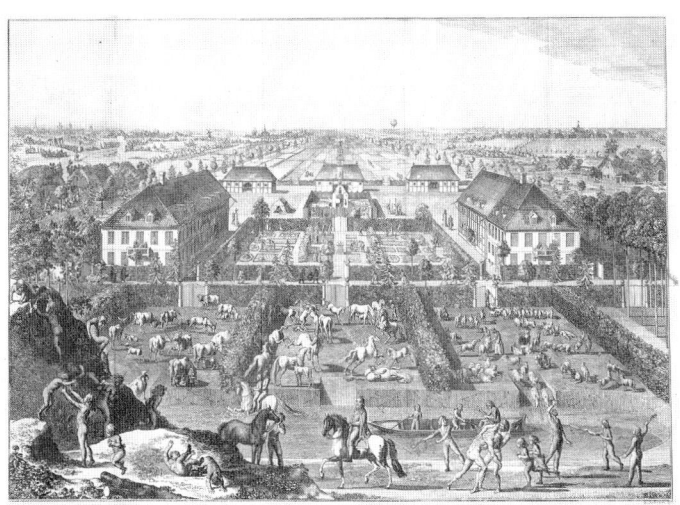

Abb. 6: Leben ohne Korsett
Aus: F.H. Ziegenhagen: Lehre vom richtigen Verhältniß zu den Schöpfungswerken. O.O. [Braunschweig] 1799.

Abb. 7: Begreifendes Wissen: »Das ist das Pflügen.«
Francois André Vincent: La Leçon de Labourage

Abb. 8–10: Bildungsstätten der Aufrichtigkeit
Tugendtempel, Lehrkabinett, Gebetssaal
Aus: Kupfersammlung zu J. B. Basedows Elementarwerke. Berlin und
Dessau 1774. Tafel XLVIII.

Abb. 11: Aufrecht in der Landschaft, dank Arbeit
Aus: Kupfersammlung zu J. B. Basedows Elementarwerke. Berlin und
Dessau 1774. Tafel XL XXXI.

DANS LA GLACE; tableau de TOULMOUCHE. (A.D.) 1870

Abb. 12: Das Double als Verführer
Auguste Toulmouche: In the mirror

Abb. 13: Das Leben der anderen …
Willem Amberg: Die Neugierige

Abb. 14: Einsam, in sich versunken, im fremden Haus
Richard Redgrave: The Governess

Abb. 15: Sichtbar, einzigartig, über den Tod hinaus

Abb. 16: Walter Ulbricht: Hand aufs Herz, Faust in der Tasche

Abb. 17: Andrea Ypsilanti: Gleich öffnet sich die Falltür

Abb. 18: Josef Ackermann als Remake vom »Citizen Kane«

Abb. 19: Zeitgemäße Erläuterung des Buchstaben
»H«: Hände wie Handschellen

Abb. 20–25: La Révolte des Mannequins

opferte dieselben bedenkenlos dem Luxus und der Gier. Zeremoniell und Etikette, Nimbus und Prestige knebelten das gesellige Leben, verwandelten den öffentlichen Austausch in eine endlose Tortur.

Aufrührerischer Geist auch in den Künsten. Starre, lebensfremde Regeln verhinderten, dass der ganz normale Bürger, erst recht der Außenseiter und Rebell mit ihren alltäglichen Besorgnissen, ihren Klagen und Frechheiten zu Wort kamen und Gestalt annahmen. Fort, daher, mit den drei Einheiten, mit der gestelzten Rede und der steifen Attitüde, zurück zu Shakespeare und Cervantes und die Umgangssprache, auch die unverschämte, an die Rampe!

Die Stände der bürgerlichen Gesellschaft, das Gewimmel und Gewirr der Straße besaßen ein Recht auf öffentliche Wahrnehmung.[129] Zum Teufel mit der ganzen von Aristoteles sich rechtens oder fälschlicherweise herleitenden akademischen Ästhetik!

Unterhalb all dieser verkehrten und verkehrenden Vorschriften und Regelungen sprach das Leben selbst, und es war nötig, seine Bekundungen dort wahrzunehmen und nicht innerhalb der entstellten Formen, in die es sich flüchtete, wenn man es zu Erklärungen und Versicherungen zwang, die es von sich aus nie gegeben hätte.

Unmittelbarkeit, direkte Aktion, unter Ausklammerung aller gesellschaftlichen Vermittlungen – so will es der tonangebende Diskurs der Aufrichtigkeit. »Die Gesellschaft verdirbt die Menschen und verschlechtert sie.«[130] Taugt die Utopie allein für Eremiten?

»Aufrichtige« Soziologie

1. Die Anmut der Armut

Das Aufrichtigkeitsstreben wandte sich, wie dargetan, gegen die höfische Welt, attackierte deren Kommunikationsweise, die »viel Lärm um nichts« schlug, und predigte Wasser statt Wein: einfache Menschen, schlichte Sitten und Gebräuche, schmucklose Umgangsformen, Ehrlichkeit als höchste bürgerliche Tugend. Alles, was dieser Einfachheit zuwiderlief, was die Menschen voneinander trennte, voreinander auszeichnete, Machtgefälle, Rangordnungen, konnte da nur stören. Die Gesellschaft mit ihren Interessenkollisionen, ihrem Marktgeschrei war der Störenfried schlechthin, und daher verdammte man sie, kaum dass man sie ins Licht gezogen hatte.

Die ersten tastenden Schritte, die die Soziologie damals unternahm, waren ein einziger Abgesang auf ihren Gegenstand. Kein Elend, kein Missstand, kein Unglück, die nicht auf die Gesellschaft als Urheber verwiesen.

Verbrechen, Krankheiten, Selbstmorde, die ganze Abschlaffung und Degeneration der Gattung wurden ihr zur Last gelegt. Man kennt die Standardwerke dieser Ära hinlänglich. Unter den Philosophen ragt Rousseaus *Diskurs über die Wissenschaften und Künste* hervor, unter den Ökonomen Cantillon mit seiner *Abhandlung über die Natur des Handels im allgemeinen*; Pädagogen wie Pestalozzi, Campe, Basedow kritisieren ein lebensfremdes Erziehungswesen, das die Heranwachsenden verzärtelte; Ärzte wie Tissot erklären das »Milieu« zum Urheber angeblich grassierender Geisteskrankheiten; Architekten und Städteplaner sahen in den rasch wachsenden Städten die Ursache für die Ausbreitung von Kriminalität und Seuchen; zu Beginn der 1780er Jahre zog Mercier mit seinem zwölfbändigen *Tableau de Paris* die Summe dieser Sozialphobie.

In ihrem Bann bürdete man der Gesellschaft als solcher die Verantwortung für alle nur denkbaren Übel auf. Folgerichtig

lobte man Entbehrung und Askese und feierte die Anmut der
Armut. Der Arme galt als Günstling des Schicksals. Er wurde
niemals krank. Und erkrankte er doch, genas er ebenso schnell.
Er ertrug Kälte und Hunger. Für ein geringes Entgelt nahm er
jede Anstrengung auf sich. Mit wenigem zufrieden, war er der
geborene Feind des Luxus und der Verweichlichung. Man
musste ihm nicht helfen, sondern ihm nacheifern. Alle sollten
so werden, wie er schon war.

Der kranke Arme war beklagenswert, fiel aber nicht besonders auf. Krank, zivilisationsgeschädigt war schließlich ein jeder. Hier obwalteten nur graduelle Unterschiede, die allesamt
auf eine Lösung drängten, auf die Auflösung der Gesellschaft
in ihre Bestandteile, in kleine und kleinste Verbände, die sich
selbst genügten.

Immerfort besorgt, sich sozial anzustecken, meidet der aufrichtige Mensch die große Welt und weist, aus Klugheit unge-
sellig, dem Soziologen unverwandt die Tür. Die Aufrichtigkeit
trägt, so scheint es, keine Signatur, kein Monogramm, die er entziffern könnte.

2. Symmetrie der Willen

Aufrichtig sein verlangte, das eigene seelische Erleben ungeachtet der Konsequenzen zu kommunizieren, die die Mitteilung
beim Empfänger auslösen mochte. Sich dem anderen vorbehalt-
los zu offenbaren, sich seinem Urteil, seinem Willen auszuliefern, das sah nach Unterwerfung aus. Hier klaffte eine Lücke
im Diskurs.

Sie zu schließen, entwarf man das Modell einer wechselseitigen Willensübertragung. Ihr Vorbild waren die Nahwelten
(klein)bürgerlicher Intimität: Freundschaft, Liebe, die zarten
Bande der Ehe, familiäre Bindungen. In diesen Heimstätten
der schönen Sittlichkeit konnte die Utopie sozial vor Anker
gehen, Keimzellen der neuen Gesellschaft gründen, ohne den
Teufel an die Wand zu malen.

Symmetrie der Offenbarung – das Urheberrecht daran gebührt Rousseau. Seine *Neue Heloise*, ein Briefroman natürlich, paradoxieverliebt auf kaum mehr zu steigernde Weise, stach alle konkurrierenden Entwürfe aus. Der Versuch, die sich anbahnende und zunächst auch (sexuell) erfüllende Liebe zwischen Julie und ihrem Lehrer St. Preux schematisch nachzuzeichnen, enthüllt die köstliche Raffinesse seines Arrangements.

Zu Beginn der *Amour fou* bekennt St. Preux seine Liebe zu Julie als seine Unfähigkeit, hinfort für sich und seine Tugend einzustehen. Er bitte Julie, ihn aus dem Hause ihres Vaters zu entfernen, wo er als ihr Lehrer tätig ist. Die Angebetete verweigert die Erfüllung dieses Wunsches. Ihrerseits in St. Preux verliebt, erklärt sie sich für gänzlich außerstande, ihm zu widerstehen, und appelliert an seine Willensstärke. Er allein könne ihre Unschuld vor seiner Leidenschaft beschützen. Flehentlich als Schutzherr angerufen, nimmt St. Preux, ganz Über-Ich, Julie als ein ihm »anvertrautes Gut« in seine Obhut, wo sie seiner eigenen Begierde sicher ist. Umsonst. Nichts erregt Julie heftiger als die Selbstbeherrschung ihres Mentors. Der daraufhin hinzugezogenen Freundin Clara sagt sie: »Unser Lehrer ist nicht nur ein sehr befähigter, sondern auch ein tugendhafter Mann, und deshalb doppelt gefährlich.«[131] Sie muss sich selber vor ihm hüten, die Vertaute soll ihr dabei helfen.

St. Preux, aus seiner Schutzfunktion entlassen, kündigt, da die Geliebte sich scheinbar mühelos zu zügeln weiß, sein Tugendversprechen. Er zeigt sich – paradoxerweise – darüber enttäuscht, dass Julie sein Bemühen, sie vor sich zu schützen, nicht honoriert, indem sie ihm erlaubt, sie zu besitzen. Die Konstellation kehrt an ihren Ausgangspunkt zurück. St. Preux, weder aufgefordert noch willens, über sich zu wachen, legt die Entscheidung über den Fortgang der Beziehung neuerlich in Julies Hände: »Ich sage es Ihnen im vollen Ernste: rechnen Sie auf sich oder stoßen Sie mich von sich, d. h. nehmen sie mir das Leben.«[132]

Jetzt übernimmt Julie die Schutzfunktion für den Verzweifelten, dies umso entschiedener, als sie St. Preux' Leistung achtet, jedoch unsicher ist, ob dessen Tugend nicht die List maskierte, sie restlos zu bezwingen. Auf Julies Anerbieten: »Ich wünschte, daß Sie einzusehen vermöchten, von wie großer Richtigkeit es für uns Beide ist, daß sie mir die Sorge für unser gemeinsames Schicksal überlassen«, erwidert jener: »Von diesem Augenblick an lege ich für immerdar die Herrschaft über meinen Willen in Ihre Hände.«[133]

Durch diesen abschließenden heroischen Verzicht gewinnt St. Preux, was er von Anbeginn begehrte, Julies körperliche Hingabe, die »letzte Gunst«. Die »gefährlichste ihrer Verführungskünste«, hatte Julie, ihre Schwachstelle entblößend, zuvor gestanden, »besteht eben darin, dass Sie keine einzige anwenden«.[134]

Nur die Tugend vermag die Tugend zu versuchen; in Bezug auf sich selbst wird sie entscheidungsunsicher, verführbar. Schon von daher drängte sich die Einbindung von Sexualität und Liebe in Ehe als Mittel zur Entparadoxierung auf. Die Ausschließlichkeit des Partnerbezugs im Rücken, konnte die aufrichtige Kommunikation eigenen seelischen Erlebens gefahrlos vonstattengehen.[135]

Die Preisgabe des eigenen Willens gewinnt den fremden Willen, erschließt ihn, Zug um Zug. Jedes Bekenntnis legt sich dem anderen als Verpflichtung, sich ebenfalls zu offenbaren, auf; das dadurch angestachelte Begehren ist eheförmig beruhigt. Einander durchsichtig bis auf den Grund, vom Kampf erlöst, befreunden sich die Seelen und schwingen im selben Takt. Kein Seelenwinkel, der verborgen bliebe, keine ungestümen Emotionen, die das Auge trübten; glückliche Seelenruhe. »Wenn die süßesten Gefühle rechtmäßig geworden, sind sie mit keiner Gefahr mehr verbunden; sobald sie nicht mehr unterdrückt zu werden brauchen, wird man sie nicht mehr zu fürchten haben.«[136]

So wird der Innenraum bürgerlicher Privatheit und Intimität zum »unverletzlichen Asyl des Vertauens, der Freundschaft und der Ungezwungenheit«[137].

Zweifellos eigneten der bürgerlichen Kleinfamilie viele der löblichen Eigenschaften, die die Fiktion ihr zuschrieb. Das »eingezogene Leben« im Bürgerhaus bot Schutz vor aufdringlichen Blicken und ungebetenen Besuchern und ermöglichte eine bis dato unerreichte Individualisierung der Hausgenossen, der erwachsenen wie der jungen.[138] Das literarische Porträt übertrieb, was es im Leben vorfand, Bürgerstolz und Bürgersitten,[139] und statuierte ein hohes soziales Ideal. So, wie anständige Bürger sich verhielten, sollten alle Menschen miteinander Umgang pflegen: redlich, gelassen, zwanglos, frei von Hinterlist, von Gleich zu Gleich, auf kurzen, geraden Wegen.

Man kann diesem Ideal gesellschaftliche Blindheit attestieren. Es sprach den Menschen ausschließlich als Gemeinschaftswesen an und verordnete ihm gebieterisch Präsenzpflicht im sozialen Austausch. Als Mitglied einer »großen Familie« hatte er jederzeit sein bares Angesicht zu zeigen. Flucht in die Anonymität war Hochverrat an den Familienwerten.

Und doch geboten, sofern man ein gesellschaftliches Leben führte, kesse Reden hielt, gewagte Bücher schrieb, die besser keinen Autor kannten. Und obendrein beliebt, denn nichts reizt mehr zum Widerspruch als normative Ideale.

Wie wir aus zahlreichen historischen Untersuchungen wissen, verstand sich der Bürger des achtzehnten Jahrhunderts meisterlich auf Rollenspiele, auf Maskeraden. Er tauchte in den großen Städten bald unter, bald als ein anderer wieder auf, im Kaffeehaus, im Theater, auf der Straße, und scherte sich dabei keinen Deut um Aufrichtigkeitsgebote.[140]

Sie kümmerten ihn dort, wo sie am Platze waren, im Kreis der Nächsten und Gleichen.

Sich ganz zu geben, einer dem anderen, offenherzig, arglos, ist ein Genuss der ganz besonderen Art, dem Masken- oder Glücksspiel an Reiz wie an Gewinnaussichten ebenbürtig. Hier siegt, wer sein wahres Antlitz, seine Absichten gekonnt beschirmt, gewandter, cleverer als andere handelt; dort triumphiert, wer alles von sich preisgibt und eine(n) findet, der beziehungsweise die zum selben Risiko bereit ist: Alles oder nichts!

Aufrichtigkeit in dieser Radikalität verstanden, praktiziert als Kommunikation von Schwäche ohne Rückversicherung, zeigt den Menschen in seiner ganzen Wagemutigkeit. Die Direktheit ist ein Privileg des *Homo sapiens*, desselben Beifalls würdig wie die Verwandlungskunst und anspruchsvoll wie diese.

Der Adel des Menschen, für manche indirekten Verkehrsformen vorbehalten, der Anspielung, dem Doppeldeutig-Gleichnishaften, enthüllt sich gleich erhaben und vollkommen, wenn er sich, bar aller Formen und Mittel, rein als solcher zeigt: waffenlos, angreifbar, verwundbar.[141] Worin anders könnte dieser Mut zur Schwäche gründen als in der Erfahrung, so angenommen und bestätigt worden zu sein.

Wer seine Schwäche frei von Sanktionen kommuniziert, erfährt seine Grenzen, ohne in sie verwiesen zu werden, und entwickelt ein Ich, das den Narzissmus überwindet, aber nicht verzwergt.

Dieses Ideal kann nicht verwelken, solange Menschen das Wort Vertrauen sinnhaft buchstabieren können.

Um abschießend noch etwas über die stumme Geste des Pädagogen nachzutragen: Diese erschöpft sich nicht in schnöder Unterweisung. Die einzigen Lebewesen, die Artgenossen gestisch, mimisch etwas zeigen, nur um den Eindruck des Gesehenen zu teilen, sind Menschen, wir.

3. Verteidigung der bürgerlichen Gesellschaft

Ob die Aufrichtigkeit zur Gemeinschaft gehört wie ein Familienoberhaupt zum ordentlichen Hausstand oder ob sie und, falls ja, in welchem Grade, doch gesellschaftsfähig ist – der Alltagsverstand sieht da nur Spitzfindigkeiten. Ihn interessiert der Zweck der Sache, und der ist mehr als offensichtlich. Aufrichtigkeit ist Dienst am Mitbürger, unverzichtbar in einer Welt voll Hinterhalt und Tücke:

»Aufrichtigkeit ist eine Tugend, nach welcher wir unserm Nächsten alles, wodurch sein Nutzen befördert, oder sein Schaden abgewendet werden kann, frey heraus sagen. Nicht überall ist es eine Aufrichtigkeit, wenn wir unsere Meinung anderen Leuten sehen lassen, sondern wenn es nicht mit einem vernünftigen Entzwecke geschiehet, wird es Einfalt genannt. Es gehöret dahero zu der wahrhaftigen Aufrichtigkeit 1.) daß wir schuldig sind, dem Nächsten dasjenige, was wir wissen, zu sagen, 2.) daß wir nicht etwan uns selbst, indem wir eines andern Nutzen suchen, in Schaden setzen, 3.) daß wir versichert sind, es werde auch unsere Aufrichtigkeit nicht übel angewendet werden. Bey wem also diese Tugenden mit einem guten Verstande verknüpft sind, derselbe kann viel gutes ausrichten, indem er anderen zu helfen den Willen hat, und durch den Verstand denselben zu vollbringen fähig ist. Redlichkeit und Treuherzigkeit sind von der Aufrichtigkeit gleichgültige Wörter.«[142]
Jeder einzelne Satz lädt dazu ein, das bisher Gesagte teils zu rekapitulieren, teils zu vertiefen.

Aufrichtigkeit ist eine Tugend, nach welcher wir unserm Nächsten alles, wodurch sein Nutzen befördert, oder sein Schaden abgewendet werden kann, frey heraus sagen.
Die Symmetrie von Pflicht und Willen wird gebrochen. Die ganze Last aufrichtiger menschlicher Begegnung trägt, wie im pädagogischen Diskurs, der »Sender«. Nur richtet sich diese

Lektion vorzüglich an die erwachsene Bürgerschaft. Wer etwas weiß, was anderen nutzen oder schaden kann, der soll nicht nur, der muss es ihnen sagen. Beherzigt er die Forderung, darf er im Fall des Falles auf die Offenheit der Nachbarn zählen. So versichert sich die bürgerliche Gesellschaft gegen das zersetzende Gift von Kabalen und verhindert, dass Höflinge oder korrumpierte Existenzen aus den eigenen Reihen die Gutgläubigkeit einfacher Bürger missbrauchen.

Nicht überall ist es eine Aufrichtigkeit, wenn wir unsere Meinung anderen Leuten sehen lassen, sondern wenn es nicht mit einem vernünftigen Entzwecke geschiehet, wird es Einfalt genannt.

Der wackere Bürger schätzt die Aufrichtigkeit aus unmittelbar praktischen Erwägungen, rückt in den Vordergrund, was sublimere Gemüter schamhaft übergehen: ihren sozialen Gebrauchswert. Von der Zweckdienlichkeit aufrichtigen Gebarens ganz in Beschlag genommen, zertritt er das feine Spitzenwerk des philosophisch-literarischen Diskurses, ohne es recht zu bemerken. Das Spiel der Paradoxien beschäftigt ihn so wenig wie die Spiegelung zweier Seelen, die sich bis auf ihren Grund entdecken. Wer sich anderen mit der alleinigen Absicht, sein Innerstes hervorzukehren, offenbart, gilt als Tölpel oder als Tyrann. Im ersten Fall riskiert er, ausgenutzt zu werden, und führt die Tugend ad absurdum, im zweiten kippt er seinen Mitmenschen sein privates Seelenleben schamlos vor die Haustür.

Es gehöret dahero zu der wahrhaftigen Aufrichtigkeit 1.) daß wir schuldig sind, dem Nächsten dasjenige, was wir wissen, zu sagen ...

Die Schuldigkeit regierte implizit bereits den ersten Satz. Nun wird sie uns ausdrücklich anempfohlen und mit der Forderung versehen, genau zu prüfen, ob wir anderen tatsächlich für sie Relevantes mitzuteilen haben. Trifft das zu, ist unsere Aufrichtigkeit geboten und wahrhaftig; anderenfalls entbehrlich und verlogen, ein Spross der Geltungssucht. So wie die

Empfindelei zur wahren Empfindung, wie ein Bastard nämlich, verhält sich die eitle Auskunft zur treuen Offenbarung.

2.) ... daß wir nicht etwan uns selbst, indem wir eines andern Nutzen suchen, in Schaden setzen ...

Das hörten wir schon. Dass es noch einmal gesagt wird, unterstreicht die Sorge, der Aufrichtige könnte, sein Eigeninteresse vergessend, zur Unzeit sich entblößen. Misstraut da der Bürger dem Bürger und ergo der Utopie, die ihn von Lüge und Ranküne freisprach?

3.) ... daß wir versichert sind, es werde auch unsere Aufrichtigkeit nicht übel angewendet werden.

Aufrichtigkeit für Erwachsene, verständig aufgefasst, ist eine Äußerungsform mit eingebautem Selbstschutz. Aufrichtigkeit ist Offenherzigkeit in den Grenzen der Lebensklugheit.[143]

Bey wem also diese Tugenden mit einem guten Verstande verknüpft sind, derselbe kann viel gutes ausrichten, indem er anderen zu helfen den Willen hat, und durch den Verstand denselben zu vollbringen fähig ist.

Wahrheit, gezügelt durch Weisheit. Der mündige Überbringer von Nachrichten geht in sich, ehe er sich äußert, und verfertigt seine Gedanken *vor* dem Sprechen.

Redlichkeit und Treuherzigkeit sind von der Aufrichtigkeit gleichgültige Wörter.

So, als von einer nützlichen, kommoden Norm, die mit Bedacht gehandhabt werden will, denken Fußgänger von der Aufrichtigkeit. Tagträumereien abhold, konzentrieren sie sich auf das Naheliegende, auf die Verteidigung der bürgerlichen Gesellschaft. »Sozial« ist, was im Alltag Vertrauen schafft, den Umgang erleichtert, Gefahren abwehrt;[144] Aufrichtigkeit zum Beispiel. Das soziale Band, das sie knüpft, vereint, zweckmäßig betrachtet, alle Bürger, blutsverwandte wie seelenverwandte, Nah- wie Fernstehende; um »den Menschen« bemühe sich, wer mag!

4. Eine Erfindung des achtzehnten Jahrhunderts?

Zu ihrer vollen Blüte gelangt die Aufrichtigkeit in den Jahrzehnten, die der Französischen Revolution vorausgehen, und es ist gewiss kein Zufall, dass das weit ausgreifende Geflecht in Frankreich am prächtigsten gedeiht. Vorformen datieren weiter zurück, und je frühere Zeugnisse man aufspürt, desto größer die Verblüffung über den Ideenreichtum, die Erfindungsgabe ihrer Schöpfer. Den Meisterdenkern des Aufklärungszeitalters wohl gewachsen, sind sie ihnen in mancher Hinsicht sogar ein Stück voraus. Diesen Spuren näher nachzugehen, als das im Verlauf der bisherigen Darstellung geschehen ist, gebietet daher allein die intellektuelle Fairness.[145]

Zeitig, schon in der Mitte des siebzehnten Jahrhunderts, begriff man Aufrichtigkeit als praktizierte Einheit von Mund und Herz, pries man die (leider allzu selten anzutreffende) Durchsichtigkeit der Motive und Interessen in der Sprache.[146]

Nur unter Gleichgestellten und Gleichgesinnten ginge das Grundversprechen allen Sprachgebrauchs, sich redlich miteinander zu verständigen, in Erfüllung. Anders als diese »Nähesprache«[147] huldige die Sprache der großen Welt dem Schein, der Täuschung; der »Missbrauch der Worte«, weit davon entfernt, ein Unglücksfall zu sein, entspringe purer Absicht.[148]

Aufrichtigkeit ist nirgends schlechter aufgehoben als im Sprechakt, darin herrscht Einvernehmen, aber nur wenige lasten die Bärendienste, die die Worte dem Fühlen und Denken erweisen, der Sprache selbst an.

Die Mehrheit der (bürgerlichen) Autoren träumt von einer Sprache, die mitmenschlich gelingt, sowie von Umständen, die das ermöglichen. In der Ära des Barock – des in sich scheinenden Scheins, des genüsslich zelebrierten Sinnentaumels[149] – ein kühner Traum, und dementsprechend schwankend ist der Glaube, er tauge für den Wachzustand.

Vorherrschend ist das Gefühl, dass selbst die reinsten Beweggründe, in Sprache übersetzt, zu irrlichtern beginnen.

Seine Aufrichtigkeit dadurch unter Beweis zu stellen, dass man sie sprachlich annonciert (»Ich bin aufrichtig«), nährt just den Verdacht, den zu zerstreuen die Formel antrat – ein »performativer Widerspruch«, wie man heute sagen würde: Wahrhaftigkeitsdiskurse sind unaufhebbar paradox.[150]

Was kann man tun, das Paradox zu mildern?

Sprachroutinen schleifen, Abkehr vom »Kanzleistil« auch, ja gerade in ritualisierten Situationen wie der Leichabdankung[151], lautet eine Antwort, Säubern der Sprache von Fremdworten und Manierismen, eine zweite, vornehmlich im Jargon der »teutschen« Aufrichtigkeit erteilt,[152] Verzicht, soweit irgend möglich, auf rhetorische Floskeln, eine weitere[153].

Der ideale Sprecher verleiht der Sprache eine persönliche Note, wodurch er das Werkzeug aus seiner Erstarrung löst und auf sich bezieht, auf seine Gedanken, Gefühle. Nur so schließt er das Herz der anderen auf, konstituiert eine »Gemeinschaft der Redlichen«[154], die dem Lug und Trug der galanten Welt entsagen, gegebenenfalls durch inniges Weinen[155]; ein Vorgriff auf die Tränenkultur des folgenden Jahrhunderts.

Sprachkritik, Sprachskepsis auch aus von oben berufenem Mund, aus dem der Theologen. Die künstlichen Zeichensysteme – Schall und Rauch, klägliches Machwerk, dessen Grenzen offenkundig werden, sobald es gilt, Gott zu preisen, seine Wahrheit zu vernehmen. Das beste Gotteslob ist der Verzicht auf jegliches Geplapper, auf »Verredung«, ist geistige Einkehr, Schweigen[156], Hören auf die innere Stimme, die sich vom Zeichenprozess emanzipiert; in dieser Mahnung gehen Katholiken und Protestanten Hand in Hand.

Die (gebildeten) Laien empfangen die Botschaft und folgen ihr mit halbem Herzen. Die andere Hälfte schlägt für die irdische Welt, und in der ist ohne Sprache kein Auskommen. Was sie reizt, sind gerade die Tücken des Instruments. Wenn die Kommunikation aufrichtigen Erlebens im normalen Sprachgebrauch stets nur annäherungsweise gelingt, wenn stets ein

Rest an Täuschung bleibt, Verdacht mitschwingt, warum dann nicht aufs Ganze gehen und sich mit Wonne täuschen, mit Vergnügen?

Die Inszenierung von Wahrhaftigkeit, zumeist dem achtzehnten Jahrhundert zugeschrieben, gehört in Wirklichkeit dem Spätbarock. Was für ein Aufwand, welch tänzerischer Geist!

In dem (in Briefen abgefassten) Roman *Die Liebenswürdige Europäerin Constantine Jn einer wahrhaftigen und anmuthigen Liebes-Geschichte dieser Zeit Der galanten und curieusen Welt zu vergönnerter Gemüths-Ergötzung vorgestellet von Talandern* aus dem Jahr 1698 beanspruchen gleich zwei fiktive Personen die Autorschaft an den ebenso fiktiven Amouren der Heldin.

Zunächst erscheint Talander, ein »aufrichtiger Herausgeber einer wahrhaften Historie«, auf der Szene, um dem Leser mitzuteilen, das sich seine Autorschaft auf die romanhafte Einkleidung und Versetzung der Namen beschränkt habe – aus Gründen des Persönlichkeitsschutzes und ohne ansonsten etwas hinzuzufügen oder wegzulassen. Alsbald jedoch vertritt diesem getreuen Mittler ein anderer den Weg, Wandheim genannt, die männliche Hauptperson der Geschichte, Talanders Gewährsmann, und behauptet in einer eigenen Vorrede, vieles von dem Nachstehenden frei erfunden und aufs Unterhaltungsbedürfnis der galanten Welt getrimmt zu haben.

Der redliche Herausgeber, nicht faul, beschuldigt daraufhin den Konkurrenten, »den ganzen Roman verstümpelt« zu haben, und übergibt den Text in der Pose dessen, der von der Wahrheit zu retten versuchte, was zu retten war, missmutig der Öffentlichkeit.[157]

Da flimmern die Sinne, und die fiktiven Rahmungen rührseliger Ergüsse aus späterer Zeit wirken unversehens schlicht, beinahe bieder, wie abgeschaute, aber nicht vollends beherrschte Tricks.

Die Doppelstrategie der Aufklärer – Verdammung von Schein und Zwielicht im Namen kristallklarer Transparenz bei gleichzeitiger Aufrichtung eines eigenen Illusionstheaters – hier wird sie erstmals durchprobiert.

In der Figur des verspielten Bürgers erwächst dem Höfling eine triumphierende Konkurrenz.

Er muss sich gefallen lassen, für genau jene Eigenschaften verspottet zu werden, die sich der Bürger schamlos aneignet: für seinen Unernst, seine Sensationslust, seine hinter Masken verborgene Gesichtslosigkeit, seine grelle soziale Schminke, sein seichtes Spielernaturell. Kaum hat er diese undankbare Rolle ausgespielt, wird ihm die umgekehrte zugemutet, in der er steif daherkommt, erstarrt im Korsett aus Formen und Formalien, leblos, ohne jede Grazie und Eleganz; ein schlechter Spieler, eine Marionette, ganz und gar kein Strippenzieher.

In seiner Kritik des Aristokraten, des *Politicus* zieht das bürgerliche Lager der Barockepoche sämtliche Register der antihöfischen Kulturkritik[158] und muss den Ruhm doch Späteren überlassen.

Das erscheint umso ungerechter, als Vorläufer und Erben sogar dieselbe Perspektive teilen, dieselbe Utopie herrschaftsfreier Kommunikation in einer Welt der gleichen Menschen.[159]

Aufrichtigkeit ist die Chiffre einer alternativen Gemeinschaftsbildung, die aller Verfassung vorausgeht, Erkennungsmal des »wahren« Menschen in einer von Falschheit durchtränkten Welt[160], Anstecknadel am Revers des »Biedermanns«.

Nur darf er die nicht offen sehen lassen.

Was die Aufrichtigkeitsdiskurse noch aus der Zeit des Spätbarock von jenen der Frühaufklärung unterscheidet, ist ihr Mangel an Selbstvertrauen. Eingebettet in eine Kultur der Verstellung, der Camouflage, fällt es der kleinen Gemeinde der Aufrichtigen schwer, den Ernst des Spiels gebührend zu betonen.

In einer »Spaßgesellschaft« wie der höfischen gilt als naiv, wer stets meint, was er sagt, als Tölpel, wer stets sagt, was er meint. Er wird berechenbar und gibt »den Scepter aus der Hand«. Das ist die »gefährliche Aufrichtigkeit«[161], zu waghalsig für Alltagszwecke. Wer die Einheit von Mund und Herz im gesellschaftlichen Verkehr ohne Abstriche praktiziert, ist entweder verrückt oder dazu gezwungen, weil er in der sozialen Hierarchie ganz unten steht; das bürgerliche Theater dieser Epoche gestaltete die Wahrheitsnot der armen Leute.[162]

Angeraten ist strategischer Gebrauch, Aufrichtigkeit mit Augenzwinkern. Meinen, was man sagt, sagen, was man meint, auf eine Weise, die die Möglichkeit des Rückzugs offenhält: *So* war es nun gerade nicht gemeint.

Da alle Welt strategisch kommuniziert, fällt es der Aufrichtigkeit leicht, in der Form ihres Gegenteils aufzutreten – als besonders clevere Lüge. Das Credo dieser »schlauen Aufrichtigkeit« formuliert ein Epigramm von Christian Wernicke aus dem Jahr 1697:

> *Scheint was ihr seyd, bekennt eur Hertz' im Angesicht*
> *Die albern-kluge Welt wird diss Verstellung nennen:*
> *Sprecht rund heraus, man glaubt euch nicht;*
> *Geht nackt, man wird euch nicht erkennen.*[163]

Man kann aufrichtig sein und reden, weil einem das ohnehin niemand glaubt, und wenn es jemand glaubt, war alles nur Spiel; kultureller Normbruch, gemildert durch die Pfiffigkeit eines Felix Krull.[164] Aufrichtigkeit in dieser Fasson ist nur ein weiteres Mittel, andere zu verwirren. Der clevere Zeitgenosse streut Wahrheiten im Gestus der Lüge und lacht sich verschmitzt ins Fäustchen.[165]

Das frühe Theater der Aufrichtigkeit hat den Harlekin noch nicht verabschiedet, im Gegenteil; er gibt den Ton an, rahmt die ernste Handlung und übernimmt, wenns sein muss, den Part des Zensors auf der Bühne.

Kommunikation, auf der Straße wie auf den Brettern, die die Welt bedeuten, folgt pragmatischen Gesichtspunkten mehr als ethischen. Die Alternative aufrichtig – unaufrichtig existiert, aber nicht als Leitdifferenz der Diskurse.

Ob man aufrichtig spricht oder nicht, richtet sich nach dem zu erwartenden Erfolg bzw. Misserfolg.[166]

Hier verläuft die Trennlinie zwischen (Spät-)Barock und (Früh-)Aufklärung. Camouflage, Versteckspiel, Leugnung der Autorschaft – dieses Erbe treten die Aufklärer an. Das opportunistische Vermächtnis des siebzehnten Jahrhunderts verschmähen sie. Aus gutem Grund. Der wankelmütige Biedermann wich dem selbstbewussten Bürger, das ständische Bürgertum mauserte sich zur (proto)bürgerlichen Klasse; kühnere Ziele, mutigere Einsätze; die Utopie verliert ihre Milchzähne und beißt sich mit der Erstausstattung am Gegner fest.

Aufrichtigkeit im Umbruch

1. Die große Inventur

Als Politik im vorpolitischen Raum schuf die Kultur der Aufrichtigkeit das Übungs- und Operationsfeld, auf dem der dritte Stand seinen Aufstand lustvoll proben konnte. Hier visitierten die Bürger ihre geistigen Waffen, Losungen, Konzepte, Ideale, verwarfen diese, schärften jene, boten der im Absolutismus erstarrten höfischen Welt geistreich, schlagfertig die Stirn, tänzelten leichtfüßig, spielerisch auf der roten Linie. Es war die beste Zeit, das Leben eine reine Freude, keine verbotene Frucht, von der man nicht gekostet hätte.

Der reife Bürger, in dem Zeitalter angekommen, das seinen Namen trug, blickte mürrisch auf den wilden Jüngling, der er einmal war. Die Zimmer zu betreten, in denen sich der Flegel ausgebreitet und seine Spuren hinterlassen hatte, bereitete ihm Unbehagen. Endlich besiegte sein ausgeprägter Ordnungssinn die Pein. Er schritt zur Inventur und fand, wie angenommen, beinahe nichts aus seiner Jugendzeit, dem *Sturm und Drang*, von sich zu erben. Entschlossen, die Räume auszumisten wie Herakles den Stall des Augias, ohne sich mehr als nötig zu beschmutzen, schritt er ans Werk.

Unter den Reliquien, die er mit spitzen Fingern auf die Halde warf, fanden sich so gut wie alle Hinterlassenschaften aus aufrichtigen Tagen: die garstigen Pamphlete, so unzüchtig wie gottlos, die kleinen Bändchen mit den rührenden Gedichten, die Liedersammlungen, von Tränenströmen aufgedunsen – da freute sich die Feuerzange –, die selbstgebastelten Irrgärten und Versteckspiele, die verantwortungslosen Ergüsse von Pädagogen, nur dazu da, Kinder gegen ihre Eltern aufzuwiegeln, der ganze geistige Kinderkram und, dreimal verflucht, Briefe und nochmals Briefe, in Seidenbänder eingefasst, nun erste Aspiranten für den Müll wie alles andere; kein Trödler, der dafür einen Heller zahlte.

Selbstvergessen, pietätlos, wie diese Haltung war, konnte sie doch Gründe für sich sprechen lassen.

Die Bastionen des Gegners waren lange eingenommen, die Verstecke leergezogen, in denen man sich, eng aneinander gedrängt, Wahrheiten zugeflüstert hatte, Brüder begegneten sich als Konkurrenten wieder: Was richtet ein Familiengeheimnis gegen ein Geschäftsgeheimnis aus! Von unten nagte der vierte Stand an sogenannten bürgerlichen Privilegien und eignete sich die frechen Bürgersitten aus der Aufbruchsphase an. Der »wahre« Mensch, frei von Natur, dem anderen Freund, Genosse, ihm aufrichtig verbunden, fast stimmte man in diesen rauen Chor gewohnheitsmäßig ein – und wollte es doch nicht, weil nunmehr proletarisch-raue Kehlen den Gesang anstimmten.

Der »Pöbelaufstand« bot nur einen weiteren Grund, rücksichtslos Ballast abzuwerfen. Die Werkzeugkästen, denen man einst manch treffsicheres Instrument entnommen hatte, fort damit und dann die Lunte an den baufälligen Verschlag! Zuvor noch schnell ein Utensil geborgen, gereinigt und bereitgelegt: die Tränenglocke, dies Wunderwerk verständiger Erziehung. Und mit einer letzten Handbewegung, dem Feuer eben noch entrissen – die Haarbänder, die Kätchen tragen musste; Aufputz im Auftrag der Moral, ein seltener Schatz. Mit dieser Habe aus dem Fundus der *Schwarzen Pädagogik* ließ sich doppelt wuchern.

Kulturell ungeschliffen, verstockt und widerborstig wie die Kinder war letztlich auch das Volk. Methoden und Gerätschaften, die sich glänzend bewährten, wenn es darum ging, den kleinen Bösewichtern die Flausen auszutreiben, konnten bei der Zähmung potenzieller Übeltäter kaum versagen. Die Schule der Aufrichtigkeit hatte bei jenen Wunder gewirkt, warum nicht auch bei diesen?

Monoton wie der Lehrstoff – prüfe dich gewissenhaft und gestehe deine Schuld! – war die Lehrmethode: durcharbeiten, wiederholen! Das Einmaleins der moralischen Elementarbildung war die Kommunikation von Schuld. Das Kind, anhaltend darin unterwiesen, hörte auf zu lügen, der arme Erwachsene, dazu verdonnert, Fortgeschrittenenkurse zu besuchen, gab nur mehr sich die Schuld an seinem Elend.

Grundlagenwissen dieser wenig opulenten Art frommte auch dem bürgerlichen Individuum, in jungen Jahren ohnehin und später noch. Wer aus gutem Hause in die Welt trat und dort, ohne sozial abzustürzen, scheiterte, fand, wohl erzogen, keinen anderen Adressaten für sein Scheitern als sich selbst.

Unter ihrem neuen Regisseur, dem Markt, betrieb und bewirkte die Aufrichtigkeit quer durch die Gesellschaft die Wahrnehmung sozialen Scheiterns als persönliches Versagen.

Das gilt bis heute.

Kultur- und Mentalitätshistoriker werden diese Darstellung rügen, einseitig nennen, ungerecht, weniger den Bruch herausstellen als vielmehr die Verbindungslinien zwischen vor- und nachrevolutionärer (Bürger-)Welt.

Das Bürgertum warf sich, ökonomischer Fesseln ledig, vehement auf seine Geschäfte, genoss seine soziale Emanzipation jedoch auch anderweitig. Das aufkommende Berufsethos fand seine Ergänzung in einem Kult des Privaten, der in manchem an die Spätzeit der antiken Poleis oder der Römischen Republik erinnerte.

Seinerzeit wählte der (männliche) Bürger, von der großen Politik enttäuscht oder davon ausgeschlossen, die innere Emigration. Er zog sich resigniert zurück auf seine Güter und kompensierte seinen Abschied von der großen Welt, indem er sich als Privatwesen in Pose warf, als liebevoller Ehegatte, sorgender Familienvater, umsichtiger Hausvorstand, Privatgelehrter. Man ästhetisierte die eigene Existenz und übte sich in Ironie.[167]

Ähnliches ereignete sich in den nachrevolutionären Jahrzehnten in Europa. Teils vom langen Kampf erschöpft, teils von

der *Heiligen Allianz* daran gehindert, ihre Rolle als Macht-
mensch umfassend auszufüllen, kultivierten Bürgerliche ihre
privaten und intimen Beziehungen, als sei dies ihr eigentlicher
Beruf. Auch der europäische Adel, vom blutigen Streit zerzaust,
partiell enteignet, dezimiert, entwickelte Geschmack an dieser
Stilisierung. Müde die einen, vergrämt die anderen, grenzten
sie gemeinsam die Innenwelt gegen das lärmende Getriebe ab,
das von außen auf sie eindrang.

Zweifellos griff der neue Verhaltenscode Ideale, Praktiken
und Attitüden auf, die der Kultur der Aufrichtigkeit entstammten. Die Privatleute korrespondierten mit ungehemmter Leidenschaft. Die Briefe, die sie tauschten, waren kunstfertig,
erlesen wie nur je. Hausgenossen und nächste Verwandte bildeten, der Tradition des dritten Standes folgend, eine Einheit
höchster Wertigkeit. Die dieser Sphäre zugehörigen Erzählungen, Geheimnisse und Rituale speisten das »Evangelium der
Familie«[168], das wohl nie andächtiger verkündet und empfangen wurde als in der ersten Hälfte des neunzehnten Jahrhunderts. Aufrichtigkeitsforderungen, Aufrichtigkeitserwartun-
gen deklinierten die Glaubenssätze dieses Evangeliums durch
alle Fälle, nach wie vor, und erstreckten sich, auch dies eine Reprise, auf die Formen absoluter Innigkeit, auf Freundschaft und
Liebe. Auf diesen Feldern schöner Sittlichkeit blühten Paradoxien, ganz wie in früheren Dekaden, mit dem wesentlichen
Unterschied, dass nun ins Leben Einzug hielt, was vordem
hauptsächlich in Büchern stand. Die Aufklärer *dachten*, die Ro-
mantiker *lebten* und liebten *paradox* – WAS NÜTZT DIE LIEBE
IN GEDANKEN? –, strapazierten die Utopie mit unerhörter
Lust am Risiko: Spiegelung zweier, dreier, vieler Seelen, einander gleichermaßen hingegeben, völlig transparent.

Der Mut zum Sentiment, zum starken Gefühl, der Wille zur
Idealisierung, auch dies Erbschaften aus früheren Zeiten, Brücken der Kontinuität.

Was kann man zu diesen Argumenten sagen außer Ja?

Ja, aber.

Motive aus dem Repertoire der Aufrichtigkeit leben wieder auf, aber eine Wiederholung ist es nicht. Heim und Heimlichkeit, die Bildung des Gemüts, der Sinne und Empfindungen, die ungeschützte menschliche Begegnung bewahren ihre Anziehungskraft, die Zuversicht jedoch ist flüchtig. Die Gemeinde der Aufrichtigen hat den Glauben verloren, das große Ganze nach ihrem Bilde umzuformen. Skepsis und Wehmut bestimmen den Ton, die Idealisierung trägt Trauer und beschwört die Vergangenheit, statt die lichte Zukunft auszumalen.

Das soziale Band, vormals elastisch genug, um »alle« einzufangen, umfasst nur mehr Geistesbrüder, Seelenverwandte. Phantasmen der Ausfahrt verschwimmen hinter GRÜBEL-GEGENBILDERN; dichte Wälder, hohes Dickicht. Der Pfad der Aufrichtigkeit zweigt ab von den breiten Alleen und verengt sich mehr und mehr. WOHIN GEHEN WIR? – IMMER NACH HAUSE.

Wir stehen vor dem Umschlagspunkt von Aufrichtigkeit in Authentizität.

2. Funktionalität und Effizienz

Lange, bis weit ins achtzehnte Jahrhundert hinein, dachte man die Gesellschaft nach dem Muster eines ins Große übersetzten geselligen Verkehrs. Wo das Ordnungsprinzip – Interaktion unter Anwesenden – ausgehöhlt wurde, »in so remote a Sphere as that of the Body Politick at large« – fühlte man sich preisgegeben, bindungs-, orientierungslos. »For here perhaps the thousendth part of those whose interests are concern'd are scarce so much as known by sight. No visible Band in from'd; no strict Alliance, but the Conjunction is made with different Persons, Orders, and Ranks of Man; not sensibly, but *in Idea*: according to that general View of Notion of a *State* or Commonwealth.«[169] Um die Konstruktion zu retten, beschränkte man die Zahl der Gesellschaftsmitglieder auf einen mit Interaktion verträglichen Umfang.[170] Je weniger das anging, je mehr die »Gesellschaft« in lange, weit verzweigte Handlungsketten auseinanderfuhr, desto lauter pries man Intermedien, die den Einzelnen auffingen, sozial einbanden, Korporationen, kollektive Wohneinheiten, abgestufte, bis in das kleinste Dorf hineinragende Feste.[171]

Diese Vorkehrungen, darauf ausgerichtet, die Gesellschaft handlich, handhabbar zu machen, dämpften die Entfremdung, verfehlten jedoch ihr anvisiertes Ziel.

Das im eigentlichen Sinn gesellschaftliche Leben, Ökonomie, große Politik, Recht und Verwaltung, bildete einen Überschuss über das je Erfahrbare, der im selben Maß zunahm, in dem die Entwicklung, die diese Differenz begründet hatte, voranschritt. Die Handlungsketten griffen beständig weiter aus, versetzten immer mehr Menschen, die keinerlei persönliche Beziehungen unterhielten, in wechselseitige Abhängigkeit. Die Handlungsarten, Wirtschaften, Machtausüben, Forschen, Rechtsprechen, Administrieren, sonderten sich voneinander, wodurch das Handeln seinerseits in den Sog der Spezialisierung geriet. Der »ganze Mensch« zerbrach in viele nutzbare Segmente.

Zu seinesgleichen gehörig auf Abstand gebracht, sah er sich überdies diversen Funktionszusammenhängen einverleibt, die er selbst nicht eingefädelt hatte. »Soziale Systeme«, die auf Menschen zugriffen wie diese auf Gerät, forsch, selektiv, das war die revolutionäre Umkehr aller bisherigen Erfahrungen, Üblichkeiten, sofern auch Krise: gesellschaftliche Verpflichtung ohne subjektiv empfundene Pflicht.

Das Vertrauen der Einzelnen in den gesellschaftlichen Gesamtprozess litt schweren Schaden.

Die Vertrauenskrise zu beheben, waren die Individuen von sich aus außerstande. Weder durchschauten noch beherrschten sie die Funktionszusammenhänge, in die sie nunmehr unentrinnbar eingeschaltet waren. Das Grundvertrauen, das sie einander und der sozialen Welt gewogen machte, wurzelte in Nähe, Familie, Liebe, Freundschaft, Nachbarschaft. Hier war die Kultur der Aufrichtigkeit entsprungen, hieraus bezog sie ihren Anspruch auf Gültigkeit in allen menschlichen Belangen. Als die Gesellschaft endgültig in die Funktionale rutschte, war er verwirkt; Appellation ausgeschlossen.

Im klaren Bewusstsein, dass dem sozialen Großbetrieb auf ihre Art nicht beizukommen war, brach die Gemeinde der Aufrichtigen mit dem »Insgesamt« und schloss mit Knall die Türen; Geburtsstunde einer bis heute währenden Polemik des Bürgers mit sich selbst; Betränung zugleich und Verklärung des »ganzen Menschen«, des Originalgenies, das diesseits der Entfremdung, den Bourgeois verhöhnend, lebte, schuf; Pathos des Künstlers, Jeremiade der Boheme.

Die Welt »da draußen« focht das wenig an. »Systemvertrauen« hieß die Losung, die eine Lösung der Vertrauenskrise annoncierte.

Die alte Ordnung ging notgedrungen vom Menschen aus, von seinen Motiven, seinen Leidenschaften, seinem Willen, seiner Lebensfähigkeit, und paarte, den Irrwisch zur Räson zu bringen, geistige Einschüchterung mit physischer Gewalt. Die neue Ordnung, mehr Macht als Herrschaft, griff mitten durch den Seelenbrei auf das, was sie vom Menschen jeweils brauchen konnte.

Psychologisch auf dem neuesten Stand, vertraute sie auf die unendliche Anpassungsfähigkeit der menschlichen Natur, die man nur sich selbst überlassen musste, um sie jederzeit gehorsam zu finden. Unmittelbarer Zwang, der am Körper ansetzte, den Willen gewaltsam brach, blähte den Herrschaftsapparat kostspielig auf. Die klug beratene Macht überließ, so weit wie möglich, der Selbstkontrolle und dem Selbstzwang, was ehedem der Peitsche des Aufsehers oblag. Sie schuf Anreize, weckte Begierden und sah dem Hunger, der ihr in die Hände spielte, gelassen zu. Nichts erzog die Massen ökonomischer, nichts belehrte sie eindringlicher über ihr weltliches Geschick als der stumme Zwang der Verhältnisse.

In der neuen sozialen Welt mussten die Individuen, jedes für sich, um das Vertrauen der Systeme buhlen, darum, überhaupt Verwendung zu finden, je weiter unten sie standen, desto auswegloser. Ob sie einander vertauten, war ihre Privatsache, und, gegebenenfalls, dem reibungslosen Funktionsablauf eher ab- als zuträglich. Für zweckdienliches Handeln sorgte hinlänglich der Egoismus der freigelassenen Kreatur. Unter diesen Umständen wurde Aufrichtigkeit ebenso sehr eine persönliche Marotte wie Verlogenheit. Wut galt der Sanftheit, Hass der Liebe gleich, solange diese Charakterzüge daran gehindert wurden, sich im Inneren der Systeme auszubreiten, auszuleben.

Entscheidend war, die Menschen unter Bedingungen handeln zu lassen, die ihnen gar keine andere Wahl ließen, als alles, auch das Letzte, aus sich herauszuholen. Motiverkundungen, Willenserwägungen durften dabei keine Rolle spielen. Aufrichtigkeit, wo sie noch angeht, im Privaten, bläst die soziale Fanfare nunmehr melancholisch mit der Mundharmonika.[172]

Das Königsproblem der Aufrichtigkeit – Wie kann ich handeln, ohne der Handlung meinen Stempel aufzudrücken? – löste sich im Handstreich auf. Handeln ohne Autorschaft, pures Dasein in der Welt, bar jeden Lebensrechts, war nunmehr das Erwartbare, Normale, die neue, allseits anerkannte Wahrheit.

Beste Voraussetzungen für einen ÖKONOMISCHEN DISKURS, der vom Reichtum sprechen und vom »Leben aller« schweigen wollte. Es gab Arme in hoher Zahl, und dass es sie gab, war gut, weil »der sicherste Reichtum in einer großen Menge schwer arbeitender Armer besteht«. Es ist leichter, »ohne Geld zu leben als ohne die Armen; denn wer würde dann arbeiten?«[173]

Was die entnervende Wirkung des Luxus anging, so betraf sie allein die Reichen. Dem Gemeinwesen erwuchs daraus kein

Schaden, weder in ruhigen noch in bewegten Zeiten. »Was haben die Ratsherren und überhaupt alle Leute in hoher Stellung mit der Kriegsführung zu tun, außer daß sie die Kosten zum größten Teil tragen müssen? Die Anstrengungen und die Mühsale des Krieges fallen … auf diejenigen, die auch sonst ein hartes Leben haben, auf die niederen, ärmeren und schwer arbeitenden Volksschichten.« »Stärkere Muskeln und gelenkige Glieder sind von verschwindendem Vorteil bei Persönlichkeiten, die im Bett liegend ganze Städte zerstören und bei Tische sitzend ein Land unterwerfen können.«[174]

Der (paradoxe) Ausgleich der Willen und Bekenntnisse – ein Ammenmärchen, die Forderung, »daß Alle leben« sollen, Opium für das Volk.

Das Wohl des Gemeinwesens verlangte, der Abhängigkeit der Armen wiederkehrende Form zu verleihen, dafür zu sorgen, dass sie den Produktionsprozess verließen, wie sie in ihn eingetreten waren: neuer Arbeit bedürftig. Der Wert der Dinge, aus missverstandener Humanität der Möglichkeit *zukünftigen Lebens* gleichgesetzt, repräsentierte lediglich ein bestimmtes Quantum an *vergangener Arbeit*.[175] Mit der sozialen Anerkennung derer, die die Arbeit leisteten, als Lebewesen und Staatsbürger hatten die Tauschverhältnisse am Markt rein gar nichts gemein.

Rückenwind für einen PÄDAGOGISCHEN DISKURS, der, frei von philanthropischen Mucken, rigoros durch die Motive auf die Reflexe durchgriff. »Man hat niemals so viel von Verbesserung des Schulwesens in Deutschland gehört und gesprochen als in unseren Tagen. Alles ist desfals in Bewegung; alles schreibt; alles macht Entwürfe.«[176] »Müde, Projekte zu schreiben«[177], verlegte man den Unterricht vom »freien Hörsaal der Natur« dorthin zurück, von er seit je hingehörte, ins Schulhaus, und sah auf Ordnung.

Wie gliederte man die Kinderschar so, dass allein die räumliche Anordnung den Lernwillen befeuerte? Indem man sie zu

»lebenden Tableaus« zusammenfügte, die der Pädagoge leicht-
hin überblickte. »Alle Sitze sollten also mitten vor des Lehrers
Lehrstuhl sein, daß er alle Schüler stets vor sich hätte.«[178]

Dem Organisator trat der Konstrukteur zur Seite. Überzeugt, dass nur der sein Handwerk ordentlich versteht, der »die
nötigen Werkzeuge erfindet und recht braucht«[179], erfasste er
den wunden Punkt beim ersten Hinsehen. Effizientes Lernen
verlangte effizientes Mobiliar; Schulbänke neuen Typs.

Um der Zerstreutheit des kindlichen Gemüts entgegenzu-
wirken, sollte »notwendig alles von oben bis unten zugemacht
sein, damit keine Berührung stattfinden könne, als über die
Sitze hinaus, da es dann dem Lehrer sogleich in die Augen
fällt«. Am besten wäre es, »die Sitze auch oben zuzumachen,
um dem aus der Offenheit entstehenden Unfug vorzubeugen
und des beständigen Tadelns, Moralisierens und Strafens über-
hoben zu sein und dafür etwas Nützliches tun zu können«.
»Sitze wie Sänften, nur daß sie vorn keine Tür hätten«, würden
alle Versuche unterbinden, »über die Tische zu steigen, oder
sich darüber zu legen, um mit dem in der nächsten Loge sit-
zenden Nachbarn zu konversieren«.[180]

Das Klassenzimmer, aufgeteilt in lauter kleine Gefängnisse,
in Frontstellung zum Vormund, das rief förmlich nach neuen
Lehrmethoden. Besonders die Saganer Reformpädagogen um
Felbinger drangen auf eine rationelle Didaktik und proklamier-
ten den kollektiven Rhythmus als Mutter der individuellen Disziplin. »Alle Kinder einer Klasse müssen nicht nur einerlei Sa-
chen vernehmen, sondern sie müssen es auch zu gleicher Zeit
tun; anstatt, daß nach dem ehemaligen Brauch ein Kind nach
dem anderen, wie Schulmeister reden, aufsagen, so sagen sie
jetzt alle zugleich auf, sie buchstabieren, sie lesen, schreiben,
rechnen, sie lernen zugleich auswendig, sie wiederholen und antworten; kurz: sie machen alles zusammen und zu einer Zeit.«[181]

Die räumlichen Arrangements, organisatorischer wie gegen-
ständlicher Art, unterwerfen den Schüler der Kontrolle des Leh-

rers, der seiner Autorität desto sicherer sein kann, je intensiver sich die Schüler, um den Rhythmus zu halten, nun gegenseitig beobachten und kontrollieren. »Kinder werden durch zweierlei beständig aufmerksam zu sein bemüßigt: Erstlich zwar, weil keines einen Augenblick sicher ist, besonders aufgerufen und befehligt zu werden, da fortzufahren, wo andere aufgehört haben; zweitens, um den folgenden Mitschüler zu verbessern und sich dadurch als einen fleißigen und aufmerksamen Schüler zu bezeigen. Diese Stücke, sage ich, bemüßigen jedes Kind, auch da in der Stille das zu tun, was andere laut machen.«[182]

Wo, wie in den großstädtischen Schulen, die Schüler nach Hunderten zählten, praktizierte man in der Tradition der Lancaster-Schule den »wechselseitigen Unterricht«. »Dies geschah mit Hilfe von fortgeschrittenen Schülern, sogenannten Monitoren, die auf die jeweilige Anordnung des Lehrers hin und nach einem genau festgelegten Schema ihre Funktion ausüben mussten. Neben einer Anzahl von General-Monitoren, die zum Beispiel für die gesamte Ordnung oder für die Sauberkeit verantwortlich waren, besaß jede Gruppe (Klasse) von Schülern jeweils für jedes Fach einen Monitor.« Sie standen am Gang bei ihren Klassen, hörten die Lektion der betreffenden Schülergruppen ab und signalisierten dem Lehrer durch »Telegraphen«, die auf der einen Seite die Nummer der Klasse anzeigten, auf der anderen das Zeichen »ex« trugen, »daß eine befohlene Arbeit durchgeführt ist und zur nächsten übergegangen werden kann«.[183]

»Die ›Aufklärung‹, welche die Freiheiten entdeckt hat, hat auch die Disziplinen erfunden.« Nur kehrt sie diese Seite ihres Wesens erst dann bedenkenlos heraus, wenn sie für ihre hehren Ziele nicht mehr werben muss.

Das pädagogische Universum wird selbstbezüglich, zum System, das den Menschen als Objekt der Unterweisung produziert. »So lange ich unterrichtet werde, bin ich ein Schüler.«[184]

Der Schüler muss sich des Vertrauens der Schule, die ihn aufnimmt, würdig zeigen. Dem Schulischen immanente Regeln, Tests und Prämien prüfen unbestechlich, ob ein Kind den Anforderungen dieses Raums genügt, Vertrauen verdient oder als Schüler »versagt«. Anerkennungen, Preise, Orden, Meritentafeln des Fleißes und der Tugend garantierten die jederzeitige Sichtbarkeit des Einzelnen, hoben ihn oder sie, gegebenenfalls negativ, aus der Masse heraus.

Das »moralische Rechnungswesen«[185], Begleitumstand der philanthropischen Schulreform, diente, zweckentfremdet, dem sachlichen Systemzwang, als sei es eigens dafür erfunden worden. Von der Kultur der Aufrichtigkeit blieb nur die Maskerade auf dem Plan.

Die sozialen Funktionssysteme mit anstelligen Menschen zu beliefern, dafür waren utopische Träumereien der falsche Weg. Dem Nachwuchs der Industriegesellschaft elementare Prinzipien samt den nächsten, daraus ableitbaren Folgerungen einzuimpfen, hieß die neue Parole. »Allein, wenn dem Arbeiter selbst die ersten Grund-Begriffe fehlen, wenn er die Sprache dessen, der ihn belehren will, nicht versteht, nicht angewöhnt ist, von den allgemeinen Sätzen, die ihm vorgetragen werden, eine Anwendung auf das Einzelne zu machen, und einzelne Fälle, die ihm vorkommen, auf allgemeine Grundsätze zurückzuführen, was kann man von der Bemühung des Meisters in der Kunst, zur Belehrung des Arbeiters erwarten?«[186]

Ohne Menschen, die »nach Grundsätzen und gesittet denken«, hatten die Volksbildner unter den Reformern schon an der Schwelle zum Industriezeitalter gemahnt, wird »die itzige Welt schwerlich bestehen können«.[187]

Auch der künstlerische Diskurs[188] löste sich aus seiner Einbindung in die Aufrichtigkeitsrhetorik, wobei er an Vorleistungen, genauer gesagt, an Kontroversen der Aufklärungsepoche anknüpfte.

Von einer geschlossenen oder auch nur dominanten Ästhetik der Aufklärung konnte keine Rede sein. Das einzig verbindende Element der verschiedenen Strömungen und Konzepte war deren Frontstellung gegen die alte Kunst.

Das höfisch-barocke Kunstideal hatte auf Verzauberung gesetzt, auf perfekte Täuschung, die Sinne, wo es ging, entfesselt und »verrückt«: *die Welt ein Traum*, kein Halt, kein fester Boden; eine Einladung zu einer Rutschpartie auch für den bürgerlichen Geschmack.

Die Offerte auszuschlagen verlangte nach einem Gegenentwurf, der die Menschen wieder zur Besinnung kommen ließ. Das Kunst»programm« des dritten Standes sprach den Menschen primär als nachdenkliches, reflektierendes Wesen an, mit Themen, die so alltäglich wie gewichtig waren, und unterbreitete diese dem gewöhnlichen Urteilsvermögen. Im künstlerischen Werk begegnete der Rezipient sich selbst und lernte an fiktiven Fällen, moralisches von amoralischem Handeln zu unterscheiden.

Dieser Zweck, zum Dogma erhoben, betrog die Kunst um die Vielfalt ihrer Wirkungsmöglichkeiten, degradierte sie zur Magd des Wissens. Den hemmungslosen Illusionismus der höfischen Kunst, der im Schauspiel und in der Oper zur Vollendung gelangte, vor Augen, verfielen bürgerliche Kritiker, erst Wolff, dann Gottsched, ins Gegenteil und befahlen den gesamten Kunstbetrieb, das Ästhetische als solches, unter die alleinige Aufsicht des Verstandes.

Kunst, sofern schicklich und nützlich, war »abkürzende Erkenntnis in Bildern«, eine Sinnenlist der Rationalität. »Die meisten Gemüter sind viel zu sinnlich gewöhnt, als dass sie einen Beweis, der aus bloßen Vernunftschlüssen besteht, sollten was gelten lassen, wenn ihre Leidenschaften demselben zuwider sind. Allein, Exempel machen einen stärkeren Eindruck ins Herz.«[189]

Auf denselben Trick waren schon die Jansenisten verfallen, als sie darangingen, das begehrliche Fleisch für die Idee Gottes aufzuschließen.

Der schöne Schein indes, kaum tritt man ihm nur eine Handbreit Boden ab, betäubt die Sinne und verrätselt, was wirklich ist, was bloße Einbildung. »Wenn eine Nachahmung so viel ähnliches mit dem Urbilde hat, daß sich unsre Sinne wenigstens einen Augenblick bereden können, das Urbild selbst zu sehen; so nenne ich diesen Betrug eine ästhetische Illusion.« Freilich: »Soll eine Nachahmung schön seyn, so muß sie uns ästhetisch illudieren; die obern Seelenkräfte aber müssen überzeugt seyn, daß es eine Nachahmung, und nicht die Natur selbst sey.«[190]

Das Schauspiel insbesondere, Sein und Schein untrennbar ineinanderwebend, müsste, der Vernunft zuliebe, im Augenblick des höchsten Genusses jählings unterbrochen werden – durch Mahnrufe vom Podium hinunter in den Saal: Alles Erfindung!

Das dauerte noch eine Weile und war, als es geschah, selbst Teil des Kunstgenusses; Spiel mit dem Spiel.[191]

Der überragende europäische Erfolg von Richardsons *sentimental novels*, erst *Pamela*, sodann *Clarissa Harlow*, wies einen Ausweg aus dem Dilemma. Keineswegs erschöpften sich die Alternativen zur Illusionskunst in Verstandeskunst. Täuschend echte Nachahmungen rechtfertigten keinen Betrugsvorwurf, solange sie die Urteilskraft nicht lähmten. Auf die moralische Erkenntnis war und blieb es abgesehen; entscheidend war die Folie, auf der sie sich abzeichnen und dem Gemüt einprägen konnten. Sittsame Bilder, die Exempel statuierten, vermochten hier weit weniger als Gefühl und Leidenschaft.

Die appellierten ans Herz, reinigten die Seele und weckten, anders als der Schein, der die Sinne verwirrte, den Geist. Leiden schafft Verstand, Mitleiden zeugt Güte und Solidarität. »Der mitleidigste Mensch ist der beste Mensch, zu allen gesellschaftlichen Tugenden, zu allen Arten der Großmut aufgelegteste.«[192]

Moralische Lektionen, ohne Umschweife abgehalten, widersprachen einer Ästhetik, die dem Mitgefühl des Betrachters vertraute oder, was nur eine seiner zeitgenössischen Erläuterungen ist, dem Unglück der Protagonisten. Menschen auf der Bühne oder im Roman scheitern, untergehen zu lassen, an Widerständen, die jeder Leser, jeder Zuschauer aus eigenem Erleben kannte, das und nur das schuf Empathie, emotionalen Gemeinsinn.

Die Guten, Redlichen in ihrer ganzen Not zu zeigen, von Heimtücke verfolgt, von Intrigen umzingelt, wurde ästhetisches Programm; auf dem Friedhof der Aufrichtigen reihte sich Grab an Grab. Die Leserschaft, das Publikum zu rühren, bis Tränenströme flossen, bewies den wahren Meister. Wenn der geordnete Handlungsaufbau an der »Logik der Tränen« zerbrach, nahm man das hin. Derartiger Opfer musste sich eine Ästhetik der emotionalen Effizienz notfalls versehen.

Wer, als Leser oder Zuschauer, das Opfer annahm und bitterlich weinte, weinte auf die rechte Art, aufrichtig, als Bürger mit Herz, nicht als Adept hohler Empfindelei. Falls doch auf diese Weise, bitte sehr! Lieber einer, der sich verstellte, als hundert, die aus falsch verstandener Scham ihre bürgerliche Herzenspflicht versäumten.[193]

Aufrichtigkeit, buchstabengetreu praktiziert, gebot Zurückhaltung, Ausdrucksarmut, Absichtslosigkeit. Damit allein ließ sich kein Kulturkampf aussichtsreich bestreiten. Kopflastig, kalt, beherrscht, schritt schließlich auch der Gegner durch die Welt, dem im Bedarfsfall jede andere Attitüde zu Gebote stand. Weder willens noch imstande, dieses soziale Chamäleon zu kopieren, galt es, Verhaltensweisen zu entwickeln, die sich der Höfling nur aneignen konnte, wenn er der Todsünde, lächerlich zu wirken, in die Arme fiel. Waschechte Gefühle zu zeigen, das war ihm bei Strafe seines Ausschlusses aus der »guten Gesellschaft« verwehrt. Aufrichtigkeit, ihrem Wesen, ihrem Zweck entsprechend aufgefasst, ermöglichte Menschen, emotional sie selbst zu sein, und zeichnete jene, die die Möglichkeit ergriffen, als »wahre« Menschen aus. Alle Mittel und Methoden, die das bewirkten, verdienten höchste Wertschätzung, mochten die Buchprüfer der Aufrichtigkeit noch so vernehmlich murren.

Was kam und kunstgeschichtlich Schule machte, schloss an diesen Strang der Aufklärungsästhetik an, der die Eigenart der spezifisch künstlerischen Ausdrucksmittel und Verfahren auf seine Art zur Geltung brachte.

Von den dreifachen Effizienzen der Arbeit, der (schulischen) Leistung und der ästhetischen Emotionen in die Schranken gewiesen, revidierte die »aufrichtige« Diskursgemeinschaft ihren Anspruch, Ratgeber in allen menschlichen Belangen zu sein. Der Traum, die bürgerliche Gesellschaft moralisch integrieren zu können, war ausgeträumt, die Moral als Teil des Streits erkannt, den zu schlichten sie angetreten war. Es gab Bürger, die eine moralische Ökonomie befürworteten, und solche, die das streng ablehnten und dabei ihrerseits achtunggebietende Argumente präsentierten, indem sie auf die segensreichen Wirkungen des Eigennutzes pochten. Man konnte den Künsten einen moralischen Erziehungsauftrag erteilen, gerade davor warnen oder als Dritter im Bunde die Bildung des moralischen Gemüts als willkommenes Nebenprodukt autonomer Kunst begreifen.

Dieser Streit ließ sich auf keinen gemeinsamen moralischen Nenner bringen. Er musste ausgetragen, ausgehalten werden, unter Einschluss der Moral, und das bedeutete: Relativierung moralischer Überzeugungen, Zurückhaltung, Toleranz; der »wahre« Mensch existierte im Plural.

Die Kultur der Aufrichtigkeit, dieses Basislager der moralischen Utopie, verschwand deshalb nicht von einem Tag zum anderen. Dem scharfen Wind der neuen Zeiten ausgesetzt, verfiel sie und hinterließ Fragmente, die, sofern sie nicht zerbröselten, als Baumaterial für andere Diskurse und Kulturen dienten.

3. Vorläufige Abdankung

Im Maße, wie die moderne bürgerliche Gesellschaft ihren utopischen Vorschein einholte, schrumpfte der Aktionsraum aufrichtiger Tauschverhältnisse auf private Nischen ein. Der Funktionslogik komplexer Systeme kamen Aufrichtigkeitsideale weder gedanklich auf die Spur noch praktisch bei. Unter je spezifischen Gesichtspunkten isolieren die Systeme einzelne menschliche Vermögen und vernutzen sie unter Ausklammerung des »ganzen Menschen«. Das handelnde Subjekt zergeht wie eine Schneeskulptur im Fönwind und verströmt seine Masse in alle Himmelsrichtungen.

Die Verhaltensströme zu kanalisieren erfordert persönliche Motive so wenig wie individuelle Willensakte und Gefühle. Das Ausleuchten der Intimbezirke seelischen Erlebens weicht funktionaler Transparenz. Intersubjektives Vertrauen, aus wahrhaftigen Erzählungen geboren, Erfahrungen, die ins kollektive Gedächtnis eingehen, finden im gesellschaftlichen Makrokosmos keine Stütze, keinen Widerhall.

Ironischerweise und wie im Vorbeigehen erledigen die sozialen Funktionssysteme das Hauptgeschäft der (gebildeten) Aufrichtigkeit. Es gibt keinen Autor, sondern Funktionen, die der Einzelne erfüllt, Positionen, die er bekleidet wie ein Mantel seinen Träger. Es gibt kein Motiv, sondern Regeln und Verfahren, die das gewünschte Verhalten gegen mögliche »Verrücktheiten« des Individuums stabilisieren. Expressive Gebärden, appellative Gesten stören den Funktionszusammenhang und unterbleiben daher tunlichst. Die Öffentlichkeitsphobie verliert ihren Stachel. Der Einzelmensch agiert als Teil der Masse; er äußert sich vor aller Augen und bleibt trotzdem anonym, ein jedermann.

Einst hatte man der Arbeit Wunderkräfte zugeschrieben. Sie vertrieb die Langeweile, schloss die Poren des Tages, in die sich gern die Sünde drängte. Arbeit der neuen Sorte, systematisch geteilt und maschinell betrieben, leistete weit mehr. Sie spaltete das Tun von der Person, vom »ganzen Menschen« ab und trieb Resultate hervor, die keinen individuellen Autor kannten. Die Lösung, sich zu entäußern, ohne die Äußerung zu tätigen, war gefunden, die Prophezeiung hatte sich erfüllt – gesellschaftliches Endspiel der Aufrichtigkeitskultur.

»Unser sämtliches Personal wird sowohl für die Fabrik wie für die Bureaus durch die verschiedenen Angestelltenabteilungen eingestellt. Wie bereits erwähnt, engagieren wir niemals einen Sachverständigen. Ebenso muß jeder auf der untersten Arbeitsstufe anfangen, – bisherige Erfahrungen gelten bei uns nichts. Da wir auf die Vergangenheit unserer Arbeitnehmer keinerlei Wert legen, gereicht sie ihnen auch niemals zum Nachteil. Ich persönlich bin noch nie einem durch und durch schlechten Menschen begegnet. Etwas Gutes steckt in jedem Menschen – man muß ihm nur Gelegenheit zur Entfaltung geben. Das ist der Grund, weshalb wir niemals nach der Vorgeschichte eines Arbeitssuchers fragen – wir mieten ja nicht seine Vergangenheit, sondern den Menschen. Hat er im Gefängnis gesessen, so ist das kein Grund für die Annahme, daß er wieder hineinwandern wird. Ich glaube im Gegenteil, er wird sich, wenn man ihm nur die Möglichkeit dazu verschafft, besondere Mühe geben, nicht wieder hineinzugeraten. Unser Angestelltenbureau schlägt daher niemals jemanden auf Grund seiner bisherigen Lebensführung aus, – ob er nun von Harvard oder von Sing-Sing kommt, gilt uns gleich; wir fragen nicht einmal danach. Er braucht nichts weiter zu haben, als den Wunsch zu arbeiten. Hat er den nicht, so wird er aller Wahrscheinlichkeit nach sich nicht um eine Stellung bei uns bewerben, denn im allgemeinen weiß man ziemlich genau, daß in den Fordwerken gearbeitet wird.«[194]

Die Arbeit als das vom Menschen schlechtweg Abgespaltene? Soziale Ordnung, fein säuberlich getrennt von Herkunft, Wünschen, Hoffnungen ganz normaler Individuen? Hier war das letzte Wort noch nicht gesprochen.

Aufrichtig, authentisch, echt

1. Der Weg nach innen

> »Ich glaube, man ist für alles, was man tut, ver-
> antwortlich, ohne Ausnahme. Wenn ich zum
> Beispiel meine Hand hebe, bin ich verantwort-
> lich dafür. Oder wenn ich meinen Kopf nach
> links drehe, bin ich verantwortlich dafür. Und
> wenn ich unglücklich bin, bin ich verantwort-
> lich dafür. Wenn ich 'ne Zigarette rauche, bin
> ich verantwortlich dafür. Wenn ich die Augen
> zumache, bin ich verantwortlich dafür. Ich ver-
> gesse, dass ich für alles verantwortlich bin,
> trotzdem bin ich's.«
> *Nana S. in: Jean-Luc Godard, Vivre sa vie (1962)*

Ginge es bei der Authentizität einzig um die Verlässlichkeit
einer Botschaft, niedergelegt in Wort, Bild, Stein, um Quellen-
reinheit, Quellenkritik, wäre sie wenig mehr als methodisch
gesteigerte Aufrichtigkeit.

Aufrichtigkeitsnormen von einiger Strenge fordern vom
»Sender«, das je eigene Erleben »störungsarm« zu kommunizieren, möglichst frei von strategischen Absichten. Das allein
gewährleistet täuschungsfreie Kommunikation. Aufrichtigkeit
unter Erwachsenen lebt vom Rollenwechsel. Der Sender von
heute ist der Empfänger von morgen; wer andere seine wahren Gründe hören lässt, wird auch die ihren hören. Die Schule
der Aufrichtigkeit gleicht dagegen einer Einbahnstraße. Das
Kind spricht oder schweigt, die Erwachsenen (Eltern, Lehrer)
hören und zweifeln. Dort der Vertrauensvorschuss, hier der
allgegenwärtige Verdacht, begleitet von Gewissensprüfungen
und gegebenenfalls vom Stock.

Die Ankunft in der Erwachsenengesellschaft zerstreut den Zweifel nicht vollends. Als Bürger unter Bürgern fährt man mit der Wahrheit besser – auf lange Sicht, kurzfristig mag die Lüge diesen oder jenen Vorteil zeitigen. Das eine vom anderen anhand untrüglicher Merkmale unterscheiden zu können ist eine Frage von hoher lebenspraktischer Bedeutung, ein Dauerthema des Aufrichtigkeitsdiskurses bis in die Gegenwart.

Wissenschaftliche Methoden kommen dabei erst recht spät zum Einsatz. Lange oblag es einer »Alchemie der Wahrheit«, die Sündenböcke zu enttarnen: die Scheingläubigen, die Gott auf affektierte Art und Weise priesen; die Unkeuschen, die ihre Sündhaftigkeit durch Zittern und Erröten offenbarten; die bürgerlichen Chamäleons mit der dicken Schminke auf den Wangen und dem Puder im Haar; die Geheimniskrämer mit dem verhuschten Wesen, dem gebückten Gang.[195]

Auf diese gleichsam fußgängerische Weise kam man dem Problem jedoch nicht bei. Unverstellt daherzukommen, mit klaren Worten, schlichten Gesten, war vielleicht die beste Tarnung, und so fügte man sich entweder verzagt ins Unvermeidliche oder verabschiedete sich in die Paradoxie. Die »Lesbarkeit« des Menschen, seiner Gedanken, seiner Sprache, seiner Äußerungen, blieb ein großes Rätsel.

Erst das neunzehnte Jahrhundert nahm sich seiner ernsthaft an, in Gestalt der Hermeneutik, der Bio-, Psycho- und Verhaltenswissenschaften. Sie durchdrangen die Oberfläche, bezogen die Gedanken, Worte, Taten auf Gründe, die unterhalb der formulierbaren Interessen und Motive lagen. Der Organismus mitsamt seinen Automatismen und Reflexe kam ins Spiel, und die Abgründe der Seele, in die hinabzusteigen schon die Romantik unternommen hatte, gehorchten nunmehr einer eigenen Logik, der des Unbewussten.

Genauere Werkzeuge, erweiterter Horizont: Jemanden besser verstehen, als er sich selbst versteht, anhand von Bekundungen, deren Ursprung und Sinn dem bewussten Zugriff des Betreffenden entzogen sind, darum ging es jetzt.

Die Doppelnatur dieses *new approach* war offenkundig: einerseits Herrschaftswissen im Dienst der »Normalisierung« psycho-physisch gestörter Individuen, andererseits Tiefenbohrung ins Reich der eigenen Finsternis, Aufklärung der Aufklärung, getreu dem Motto: Der »jemand«, den es besser zu verstehen gilt, als er sich selbst versteht, das bin zuerst ich selbst. Wird diese Haltung populär, stehen wir inmitten einer Kultur des Authentischen.

Authentizität, auf den Begriff gebracht, ist Aufrichtigkeit sich selbst gegenüber.[196] Der Weg geht nach innen; ihn zu beschreiten erfordert Kühnheit, den Mut, loszulassen, sich fremd zu werden, zu verirren, vielleicht zu stranden. Das ist der Preis der Selbsterforschung, die es ernst meint, und zugleich ihr Reiz.[197] Leichte Beute steht nicht zu erwarten. Wer sich der Übung ernsthaft unterzieht, stößt auf Schichten seines Selbst, die kein »Ich« je ganz umfasst, geschweige dirigiert. Diese Erfahrung verändert das Selbstverhältnis. Das Ich als unumschränkter Schöpfer, als souveräner Kapitän des Lebenslaufs dankt ab und kehrt als Makler wieder, der einen Ausgleich zwischen Vergangenheit und Gegenwart, zwischen den Forderungen der Welt und inneren Begierden sucht.[198]

Authentizität meint und bezweckt die Aufdeckung und Anerkennung des Fremden im Eigenen. Wie das Ich diese Aufgabe löst, wie es zwischen Vorgeschichte und Jetztzeit, zwischen Äußerem und Innerem vermittelt, das variiert von einem Individuum zum nächsten. *Das* und nichts anderes ist das Unverwechselbare, Originelle, Unvertretbare eines jeden Individuums, worauf in einer Kultur des Authentischen alles zuläuft.[199]

Keineswegs Herr im eigenen Haus und genötigt, vieles von den Vormietern zu übernehmen, können wir doch manches nach unserem Gusto arrangieren.

Eine Kultur des Authentischen legt den Akzent auf das Individuum, sofern es mehr ist als nur ein Gattungsexemplar: einzigartig, unerschöpflich, eine Welt für sich.[200]

Wahrlich ist es die Sorge um sich, die das authentische Subjekt beschäftigt: Worin liegt meine Besonderheit, meine Bestimmung? Was muss ich tun, um jene zu entdecken, diese zu verwirklichen? Was unterscheidet mich von allen anderen Menschen?

Die modische Art, diese Fragen zu beantworten, konzentriert alle Kräfte auf die Imagepflege, entwirft das Individuum als Marke, die sich stetig treu bleibt, bastelt an der Erscheinung. Selbststilisierung regiert das Selbstverhältnis und das Verhältnis zur Umgebung. Der andere, die anderen interessieren nur in einer Hinsicht: als Folien, von denen man sich unterscheiden muss. Die Kultur des Authentischen mutiert zum Kult der Distinktion; Identität wird »Mache«, zum Maskenball des Narzissmus.

Das Abgleiten in Narzissmus ist kein bloßer Betriebsunfall der Authentizität, sondern verweist auf deren Eigenart. Menschen, die ihre Besonderheit betonen, neigen ganz selbstverständlich dazu, sich voneinander abzugrenzen, abzusondern. Um sich (auch) als Gleiche wahrzunehmen, müssen sie entweder von ihrer Besonderheit absehen oder dieselbe zur Erkennungsmarke stilisieren. Im ersten Fall begegnen sie sich als Gattungswesen, im zweiten als Mitglieder exklusiver Kreise, zum Beispiel als »Genies«. Die verstehen sich in der Tat wie Postbeamte, nur eben unter Ausschluss des »Restes«.

Die Kultur der Aufrichtigkeit hebt das allen Individuen Gemeinsame hervor, knüpft ein soziales Band. Die Kultur des Authentischen unterstreicht das Trennende; der rote Faden, den sie spinnt, zieht sich durch das je eigene Leben. Dies, das eigene Leben, bildet die Prämisse aller Wahrnehmungen und Entscheidungen. Ob andere darin vorkommen und sich »ausbreiten« können, ist eine Frage von nachgeordneter Bedeutung.[201]

Das authentische Subjekt strebt zuvörderst nach der Einheit mit sich, auch dann, wenn es seine mitmenschliche Verantwortung spürt. Die Pflichten sich selbst gegenüber genießen Vorrang vor den sozialen Pflichten. Ehe der »Sender« verbindliche Botschaften in die Welt setzt, muss er mit sich im Reinen sein. Der Adressat als Endabnehmer, gar als Gütekontrolleur der Nachricht – wie das im Aufrichtigkeitsdiskurs gedacht war – hat ausgespielt.

Ich selber schulde mir die Wahrheit. Was auf dem Weg nach innen an Erkenntnis anfällt, ist unanfechtbar, letztinstanzlich – und grundsätzlich für mich bestimmt. Das Tagebuch löst den Brief als kulturelles Leitmedium ab; alles, was hinfort als legitimer Text gilt, besitzt eine autobiographische Komponente.

Sebastian B., ein junger Mann von gerade achtzehn Jahren, im Heim aufgewachsen, später bei Pflegeeltern, dort ausgerissen, früh straffällig geworden, beschreibt die Lektion seines noch kurzen Lebens so: »Das Wichtigste in meinem Leben bin ich selbst. Die größte Aufgabe, die ich mir gestellt habe, ist, dass ich mich verändern möchte. Ich schreibe alle Fragen von mir – an mich selber – auf. Ich habe angefangen, an meinen Problemen, die ich habe, zu arbeiten …

Ich wünsche mich zurück, ganz an den Anfang, so dass ich von klein an – mit dem Wissen von jetzt – alles noch mal erleben kann. Ich möchte nichts vergessen, damit ich noch weiß, was ich für Fehler gemacht habe. Aber dieses Mal soll alles gut laufen.«[202]

Hier schreibt gewiss kein Narziss, aber eine unauslöschliche narzisstische Spur findet sich in jedem Dokument, das der Kultur der Authentizität zugerechnet werden kann.[203] Das Wichtigste in meinem Leben bin ich selbst …

2. Im Spiegelkabinett

Authentisch sein und leben – wer möchte das nicht gern? Leider ist das keine Option, die allen Menschen zu allen Zeiten und an allen Orten offengestanden hätte oder auch nur derzeit offensteht.[204]

Für die weitaus längste Zeit der Menschheitsgeschichte und für die übergroße Zahl der Erdenbürger galt das genaue Gegenteil: Leben unter dem Diktat der schieren Notwendigkeit, ohne die geringste Chance, sich von den Artgenossen abzukapseln und seinen »Privatfisch« schwimmen zu lassen.

Erst die Entstehung von Zeit-Räumen, die Privatheit ermöglichten, schuf dafür die Voraussetzungen. In neuerer Zeit waren es vor allem zwei Milieus, zwei Orte, die Exkursionen ins Innere des Selbst gestatteten beziehungsweise intendierten: die Mönchszelle und das (klein)bürgerliche Haus.

In einem Mittelreich zwischen der Hofgesellschaft und dem schwer arbeitenden Volk angesiedelt, fand unter den weltlichen Schichten am ehesten das ständische Bürgertum Gelegenheit zu »innerer Einkehr«. Der höfischen Eventkultur ebenso wenig ausgeliefert wie der Arbeitsfron der Bauern und Tagelöhner, besaßen vor allem die Mitglieder gebildeter Schichten, des Amts-, wohl auch des Kleinadels, so etwas wie ein irdisches Monopol auf Reflexion und Individualisierung.

Schriftkundig, wie sie waren, widmeten sie einen Teil ihrer Lebenszeit den kostbarsten, privaten Vorlieben, lasen oder schrieben Bücher und besprachen sich mit ihresgleichen über Gott und die Welt.[205]

Ganz ausdrücklich auf Gott gerichtet waren die ansonsten gleichsinnigen Bemühungen und Erfahrungen der geistlichen Reflexionselite. Dem Laienvolk innerlich überlegen, setzten sie dem Hochmut des Satans den »Hochmut des Glaubens« entgegen[206] und zogen daraus unerhörten Selbstrespekt.

Schmale Rinnsale, gemessen am breiten Strom der Zeit, behaupteten sich die beiden Teilkulturen teils nebeneinander, teils im Zusammenspiel gegen die Großen und Mächtigen und begründeten gemeinsam ein Bürgertum mit Sendungsbewusstsein.

Das Gros der Menschen lebte unter Verhältnissen, die jede Kultivierung des Selbst kategorisch unterbanden. Eigenbesitz existierte praktisch nicht, selbst der eigene Leib gehörte irgendeinem Herrn, Öffentliches und Privates bildeten ein diffuses Insgesamt. Das Individuum war von konzentrischen Hüllen umgeben, die es schützten, aber auch vereinnahmten. Die Großfamilie, die Pfarrei, die Gemeinde, die Klientel bestimmten über ihre Glieder, verteidigten die Ordnung gegen den geringsten Anflug von Eigensinn.[207]

Nichts verhinderte die Individualisierung wirksamer als die permanente Sichtbarkeit der einfachen Leute. Das Mietshaus, die Straße, die Werkstatt – alles öffentliche Bühnen, die stets dasselbe Stück aufführten, »Familienehre« tituliert. Wer darin versagte, wurde aus dem Sozialverband herausgelöst, den städtischen oder staatlichen Autoritäten übergeben.[208]

Kollektive Geheimnisse wurden wie Staatsaffären gehütet, Heimlichkeiten der Einzelnen wie Schwerverbrechen verfolgt.

Die aus der Französischen Revolution geborenen Republik knüpfte in ihrer frühen Phase an diese Praxis an, wobei sie sich an die Stelle der zahllosen sozialen Gliederungen setzte. Der Bürger gehörte zuerst dem Staat und dann der Familie, der Gemeinde, dem Sprengel.

Die »Alchemie der Wahrheit«, dazu bestimmt, die guten, aufrichtigen Bürger von den Feinden der Republik zu unterscheiden, wurde für ein paar blutige Jahre Staatsräson.[209] Sich selber wichtig nehmen, wichtiger vielleicht als die Geschichte, und davon reden, öffentlich – ein sicheres Todesurteil.

Das ging dann später wieder und sogar ausgesprochen gut – für das Bürgertum, den Sieger der Geschichte. Man hatte lange genug im Ausnahmezustand gelebt, mit Revolution und Krieg, und sehnte sich, des allgemeinen Heroismus müde, nach dem Alltag. Der bürgerliche Alltag, das waren die Geschäfte und die Familie, das traute Heim, und beide blühten auf. Die Werkstatt entwickelte sich zur Fabrik, zur großen

Industrie, das Heim zur Villa mit Spielraum für Geselligkeit im großen Stil.

Beide Welten sonderten sich voneinander, auch bei den bürgerlichen Mittelschichten; die Trennung von Familien- und Geschäftsleben wurde zur Norm. Der funktionalen Differenzierung der Gesellschaft korrespondierte die räumliche Differenzierung der häuslichen Privatsphäre: Schlafzimmer, Arbeitszimmer, kleinere Empfangsräume, in die der Herr des Hauses oder seine Gattin je ihre Vertrauten luden, der Salon, Arbeitsstätten und Unterkünfte für das Personal; auch das Kinderzimmer datiert aus dieser Zeit.[210]

So verfuhr das große Bürgertum; im mittleren, erst recht im kleinen ging es weit bescheidener zu. Der Grundsatz: Jedem sein eigenes Revier, galt generell, für die gesamte Klasse. Abgrenzung des Familienverbandes nach außen bei gleichzeitiger Separierung der Hausgenossen voneinander – so sah sie aus, die »Internationale des privaten Lebens«, die sich von St. Petersburg bis nach Paris erstreckte.[211]

Der Adel schloss sich dieser Bewegung an, bestimmte sie sogar entscheidend mit. Der öffentliche Stand per se als Pionier der Privatisierung – das mutet unwahrscheinlich an, entspricht jedoch den Tatsachen. Politisch außer Kurs gesetzt, aus der großen Welt vertrieben, verhäuslichte die ehemalige Oberschicht, passte ihr Image und ihr Verhalten bürgerlichen Moralbegriffen an. Vor allem der mittlere und niedere Adel entdeckte die zarten Bande der Familie, schwor dem repräsentativen Gepränge ab und entwickelte Sinn für Gemütlichkeit und zwanglose Umgangsformen.[212]

Die Annäherung der Lebensstile sowie die soziale Durchmischung fanden ihren sichtbarsten Ausdruck in den Salons. Hier pflegten Bürgerliche und Aristokraten vertrauten Umgang miteinander und zelebrierten die hohe Kunst geistreicher Geselligkeit.[213] Das wohl folgenreichste Produkt dieser Begegnung war die europäische Romantik, die die Salons zu den hauptsächlichen Stützpunkten ihres länderübergreifenden Austauschs erkor.

Von den konzentrischen Hüllen der alten Gesellschaft, die das Individuum umfingen, blieb die Familie auf dem Plan. Sie entwickelte sich mehr und mehr zur Klein- und Kernfamilie mit den für sie typischen Ritualen: gemeinsame Mahlzeiten, private Feste, Gedenken an verstorbene Verwandte, periodisches Durchblättern von Familienalben und Privatkorrespondenzen.[214]
Einerseits Hort der Privatheit, war diese Familie andererseits die Geburtsstätte der persönlichen Intimsphäre und schuf damit überhaupt erst den Raum für eine weitgehend ungestörte Versenkung des Individuums in sich. Je selbstverständlicher dieses Fürsichsein wurde, desto unwiderstehlicher drangen die Individuen auf Anerkennung ihres Sonderstatus.

Das Erste, was sie sich buchstäblich zu eigen machten, waren Personalien. Die Regeln über die Weitergabe eines Namens innerhalb der Familie verloren ihre bindende Kraft. Die Vielfalt der Vornamen wuchs rapide, deren Anzahl pro Person nahm ab. Die Eigenart des Individuums war zu bezeichnen, nicht seine Abstammung; *ein* Vorname, sofern hinreichend ungewöhnlich, genügte vollauf.[215]

Das Bedürfnis nach persönlicher Auszeichnung griff rastlos um sich. Das Einzelgrab feierte seit der zweiten Hälfte des neunzehnten Jahrhunderts einen unaufhaltsamen Siegeszug, gekrönt von persönlichen Grabinschriften. Vom Einzelzimmer war bereits die Rede, das Einzelbett folgte auf dem Fuße.[216] Stille Örtchen, Toiletten, Badezimmer, versah man mit einem Riegel. Hinfort war der, war die Bedürftige auch hier für sich.[217]
Die Scham- und Peinlichkeitsschwellen, untrügliches Indiz für Individualisierungsprozesse, rückten beständig weiter vor und erweiterten den Radius, den die Einzelnen geistig wie praktisch um sich zogen.[218]

Die Demokratisierung des Porträts im Gefolge der Photographie bescherte erst den Mitgliedern der Oberschicht, dann auch Normalsterblichen eine persönliche Lebensgeschichte in Bildern; die je eigene Sammlung trat neben das Familienalbum.[219] Die Kehrseite dieser technischen Innovation bestand in einer Individualisierung von oben in Form von Ausweisen, Steckbriefen und Fingerabdrücken.[220]

Ein altes Privileg der Reichen, die Betrachtung des eigenen Spiegelbildes, verschwand binnen weniger Jahre; ein Durchbruch bei der Verschwisterung von Narzissmus und Authentizität. Inneren Verzückungen zu erliegen, das ging jetzt auch im Wachzustand.[221] Träume ließen sich als Botschaften aus dem Arkanbereich des Selbst entschlüsseln: grandioser Triumph des Ich über seine beiden inneren Gegenspieler.

Kinder, selbst Erwachsene gebrauchten Puppen als Medien des inneren Monologs,[222] der seine höchste Ausformung im Tagebuch erreichte.

Dank dieser Stützen traten mehr und mehr Menschen mit nie gekannter Intensität in Beziehung zu sich selbst.[223] Mit sich zusammenleben, bewusst, gezielt – das wurde zur Norm, zur Erfahrungstatsache erst einer Minderheit, dann vieler.

Selbstsorge, Selbsterforschung, die seither immer weitere Kreise zogen, sind keine durchgängig rationalen Phänomene. Zwar will alles aufs Entziffern und Bewusstwerden hinaus, aber die Wege, die dazu führen, sind verschlungen. Mancher mündet direkt in modernen Okkultismus, wo das Selbst unter tätiger Mitwirkung berufsmäßiger Schamanen entweder sanft entschlummert oder Schreikrämpfe bekommt. Dem authentischen Begehren vergeht dabei Hören und Sehen, und ärmer wird es auch davon.

Der Impuls als solcher ist zwar wenig solidarisch, aber »echt«. Er gründet in dem als Pflicht empfunden Recht des Individuums auf gerade seine Wahrheit.

3. Authentisch arbeiten?

Selbsterforschung wozu, könnte man rhetorisch fragen, kennt die Antwort aber schon: der Selbstverwirklichung zuliebe; die gilt in einer Gesellschaft wie der unseren als Wert an sich.

Die sozialen Hüllen, die das Individuum umfingen und umklammerten, lösten sich eine nach der anderen auf, wurden vom Kapital hinweggefegt.[224] Je nach sozialer Lage wirkte sich diese soziale Entbettung höchst unterschiedlich aus.

Die Masse der Proletarier erfuhr die Verheißung eines eigenen, selbstbestimmten Lebens als bitteren Hohn. Der kapitalistischen Akkumulation mit Haut und Haaren einverleibt, blieb für ein solches Leben weder Zeit noch Raum. Erst im letzten Drittel des neunzehnten Jahrhunderts bildete sich eine »bürgerliche Form der Lohnabhängigkeit« heraus. Dank steigender Reallöhne und ersten Ansätzen eines Sozialeigentums verwandelte sich die Lohnarbeit aus einem kollektiven Fluch in eine halbwegs respektable Existenzform.[225]

Allmählich gelangte auch das Arbeitsvolk in den Genuss jener zivilisatorischen Errungenschaften, mit denen sich der Kapitalismus seit je gebrüstet hatte. Der Einzelne war Lohnarbeiter, aber nicht ausschließlich, mehr Objekt als Subjekt von Recht und staatlicher Verwaltung, glücklicherweise auch das nur »abschnittsweise«, politisch engagiert, vielleicht, und wenn, dann nicht als ganzer Mensch.

Die Erfahrung von Mitgliedern der Oberschicht, mehr zu sein als all ihre sozialen Rollen, Funktionen, Zumutungen, sickerte nach unten durch. An ihr entzündete sich das massenhafte Bewusstsein einer rein persönlichen Identität, der nachzuspüren zunehmend als Bedürfnis empfunden wurde, auch unter Arbeitern und Angestellten. Die Kultur des Authentischen durchlief ihre vorläufig letzte Phase, aus der sie verallgemeinert, demokratisiert hervorging.

Seither ist Selbstverwirklichung – in unseren Breiten – der Leitstern eines jeden Menschenlebens.

Für die abhängig Beschäftigten bedeutet das zweierlei: einen enormen Freiheitsgewinn und eine Zwickmühle.

Lohnarbeit ist nicht das ganze Leben, aber das Leben ohne Lohnarbeit hängt in der Luft, materiell, sozial, wohl auch moralisch. Ohne eine Stelle im Erwerbssystem fehlt meiner Selbstverwirklichung der Grund. Irgendeine Stelle, ein bloßer Job sichern womöglich die nackte Existenz, schließen das besondere Individuum mit seinen Wünschen, Fähigkeiten jedoch unerbittlich aus dem Werktag aus.

Einmal vom Ideal eines selbstbestimmten Lebens überzeugt, fällt es Menschen schwer, ein neutrales, rein instrumentelles Verhältnis zur Arbeit zu entwickeln. Die Arbeit nimmt einen viel zu umfänglichen, gewichtigen Platz in ihrem Leben ein, um nur so mitzulaufen, abgetrennt von der Person, von der Persönlichkeit. Um zu befriedigen, soll, ja muss die Arbeit »meine« Arbeit sein; eine Aufgabe, die mich beansprucht, in der ich meine Kenntnisse, mein Können zeigen, meine Eigenarten entdecken und entfalten kann.

Aus der Differenz zwischen Individuum und sozialer Funktion erst geboren, gliedert sich das authentische Begehren von selbst und neuerlich in das Funktionsgeschehen ein. Die Äußerungsform sozialer Abhängigkeit schlechthin, Lohnarbeit, soll nach meinem Bilde, nach meinen Vorstellungen und Bedürfnissen vonstattengehen.

»Authentisch arbeiten«, das ist ein Widerspruch in sich – gleichzeitig eine Forderung an das Erwerbsleben, die der Hochschulabsolventin ebenso geläufig ist wie der Kassiererin im Supermarkt.[226]

Ist die Forderung realistisch? – Das kann nur ein geraffter Blick auf die gegenwärtige Arbeitswelt entscheiden.

Was sogleich auffällt: Der »subjektive Faktor« ist eine feste Größe im Betrieb.

Das beginnt schon bei der Auswahl künftiger Mitarbeiter. Anders als zu Zeiten Henry Fords erkundigt man sich heute in den »Angestelltenbüros« sehr gründlich nach der Vorgeschichte eines Bewerbers: nach seinem Bildungsabschluss, seinen praktischen Erfahrungen, seinen Erwartungen, seinen Lebensumständen; je anspruchsvoller die Stelle, desto aus- und tiefgreifender diese »Anamnese«.

Personengebundene Eigenschaften und Eigenarten zählen auch in der Arbeit selbst. Teamfähigkeit ist überall gefragt, die »persönliche Note« vornehmlich in den Obergeschossen des Erwerbsgeschehens.

Die Einbeziehung der Person des Arbeitnehmers in den Wertschöpfungsprozess – vom Terminus »Humankapital« mit wünschenswerter Nüchternheit beschrieben – vollzog sich im Kontext eines neuen Produktionsmodells, das in den 1970er Jahren aufkam. Es setzte auf umfassende Automatisierung sowie auf eine Reform der Arbeitsorganisation. Die Auswirkungen waren widersprüchlich, und das gilt nach wie vor.

Automatisierte Funktionsabläufe verdrängten und verdrängen geschickte Hände und geschulte Köpfe aus dem unmittelbaren Fertigungsprozess; ihn zu beaufsichtigen ist eine zumeist ereignisarme, ermüdende Angelegenheit: Warten auf die Havarie.[227]

Ganze Professionen, wie zum Beispiel die des Bäckers, veröden in der Warteschleife, wenn Computerprogramme Brote backen. Der Funktionsstolz wird gebrochen und zusätzlich gekränkt, weil der Bäcker neuen Typs die Oberfläche nicht durchschaut, die er bedient, also weder weiß, was im Normalfall vorgeht, noch was im Störfall (außer einen Notruf abzusetzen) angeraten ist.[228] »Banalisierung der Berufe« – hier greift die Formel.[229]

Gleichzeitig entstanden und entstehen neue Lohnarbeitsprofile. Mit der Konstruktion und Programmierung des intelligenten Geräts befasst, repräsentieren sie ihrerseits Betätigungsfelder des *general intellect*. Hier kann »der Arbeitsplatz ... zu einer Stätte des Austauschs, der Kooperation und des guten Einvernehmens werden«.[230]

Dies umso mehr, wenn die betriebliche Organisation des Arbeitsprozesses die hergebrachte Isolation der Arbeitenden durchbricht, Teamwork und Selbstverantwortung fördert und den Mitarbeitern Mitgestaltungschancen bei der Verrichtung ihrer Aufgaben zugesteht.

Das neue, »postfordistische« Produktionsregime differenzierte die Arbeitswelt: auf dem einen Pol das ewig gleiche Repetitorium zerstückter Hand- und Augenbewegungen, auf dem anderen Zusammenlegung bislang getrennter Kompetenzen und dazwischen zahllose Mischformen, Abstufungen, Fraktionierungen der Belegschaften nach Zentrum und Peripherie, Festanstellung, Zeit- und Leiharbeit, allseits umworbenen Spezialisten und prekär Beschäftigten; wahrhaft unübersichtliche, irritierende Verhältnisse.

Seit kurzem steht der Postfordismus selber auf dem Prüfstand, auch hierzulande, und manches spricht für eine partielle Rückabwicklung.

So plant etwa der Daimler-Konzern, künftig 42 Prozent der Auszubildenden nur mehr auf Anlernberufe vorzubereiten (2006 waren es lediglich 8 Prozent). Im Ergebnis erledigen hinfort 63 Prozent der Beschäftigten ihre Arbeit ohne qualifizierte Berufsausbildung.[231] Die Lehrzeit schrumpft dann in der Regel auf zwei Jahre ein (derzeit sind es drei). Ein gründlich renoviertes Produktionssystem forciert abermals die Standardisierung der Fertigungsprozesse sowie die Normierung der Fertigungstätigkeiten: infinitesimale Analyse der Operationen, extrem durchrationalisierte Bewegungsabläufe, noch kürzere Taktzeiten, hochgradig verdichteter Arbeitstag.[232]

Der Wechsel der Tätigkeiten bleibt einstweilen unangetastet. Nur wechseln die Mitarbeiter nunmehr von einem re-taylorisierten Taktregime ins nächste. Je anstelliger sie sich dabei zeigen, desto größer die Versuchung, die Aktionsprofile wieder zu entflechten. Einrüstung der Anlagen, Programmsteuerung, Qualitätskontrolle, Wartung und Instandhaltung, integrale Auf-

gaben des kompetenten »Werkers«, könnten alsbald als Sonder-
funktionen darauf spezialisierter Angestellter wiederkehren.

Die absehbare Konsequenz bestünde im Einfrieren oder im
Rückbau einer weiteren Errungenschaft des Postfordismus,
der teilautonomen Gruppenarbeit. Das gesteigerte Arbeits-
tempo erhöht schon jetzt den Druck des Teams auf die Team-
worker, lässt wenig Raum für kollegiale Nachsicht.

Sinkende Ausbildungs- und folglich auch Lohnkosten sind
diesem Produktionssystem gewiss, Produktivitäts- und letztlich auch steigende Unternehmensgewinne hingegen fraglich:
Die Motivation der Mitarbeiter dürfte leiden, mit negativen
Konsequenzen für ihren Arbeitseifer wie die Güte ihrer ver-
simpelten Verrichtungen.

»Wenn die Arbeit Spaß machen würde, würden die Reichen sie
den Armen niemals überlassen«, sagt ein Montagearbeiter
eines großen deutschen Automobilherstellers in einer Reportage.[233] Allein das Design der Fertigungshalle, in der er seiner
Arbeit nachgeht, gibt ihm recht.

Keine gläserne Fabrik, wie die von Volkswagen in Dresden
errichtete, verfügt sie gleichwohl über große Fenster, licht-
durchströmte, klimatisierte Räume, gut durchdacht bis in den
letzten Winkel. Niemand, der an nur eine Position des Pro-
duktionsprozesses gefesselt wäre. Mobil wie das Montageband
...d (einstweilen) auch die Mitarbeiter, die, zu Gruppen for-
miert und im Rahmen »ihrer« Sektion«, von Maschine zu Maschine eilen. Dort erwartet sie strikte Routine, minutiös vo-
rausgeplanter Ablauf.

Jede Fingerkrümmung wird gescannt, gemessen, optimiert.
Alles geht schnell, in stetem Fluss, möglichst verlustarm, aber
auch möglichst schmerzfrei vonstatten; nur kein vorzeitiger
Verschleiß von Sehnen, Muskeln, Armen, Beinen. Alles geschieht, um Arbeitsunfälle, berufsbedingte Krankheiten zu mi-
nimieren, mit Erfolg. Alles geschieht, um die Poren des Arbeits-
tages ohne Rest zu schließen.

Vorbei die Zeiten, in denen die Montagearbeiter dem schematisierten Prozedere Zeit für sich abtrotzen konnten, um für eine Atempause wegzutreten. Niemand kann schneller, niemand langsamer arbeiten, als der Rhythmus der jeweiligen Station es vorschreibt. Die im Betrieb verbrachte Lebenszeit gehört dem Unternehmen. Infolge wiederholten Einsatzes von *Method-Time-Measurement* halbierten sich die Taktzeiten in der industriellen Großproduktion seit den 1980er Jahren.

Hightech-Werkzeuge, »intelligente Schrauber« etwa, sorgen für immanente Qualitätssicherung, indem sie von sich aus ermitteln, ob ein Schraubvorgang die zulässigen Toleranzgrenzen noch eben respektierte, und nehmen dem Monteur die Gütekontrolle buchstäblich aus der Hand. Selbst kleinste Operationen laufen über elektronische Rückkopplungen, die der Angestellte »quittieren« muss, ehe er fortfahren darf.

Ein ausgeklügeltes Kommunikationssystem garantiert die lückenlose Überwachung des Herstellungsvorgangs und bedient sich der Angestellten als wandelnder Meldeposten dieses modernen *Panopticons* (das sich inzwischen zum *Panaudion* gemausert hat).

Von der Decke hängen elektronische Informationstafeln herab, Plansoll, Uhrzeit, Iststand verzeichnend. Akustische Signale durchqueren den Raum, metallisch klingende Motive aus der populären Musik. Jeder Teamarbeiter, jeder Gruppensprecher kennt die jeweils ihn in gerade diesem Augenblick aufrufende Melodie im Schlaf. Solange sie erklingt, hakt es in der entsprechenden Sektion. Die Klangfetzen zum Schweigen zu bringen, muss zuerst die Störung behoben und hernach an einer Leine gezogen werden, die, wie ein Griffband in einem Bus, über den Köpfen schwebt. Dann setzt sich das Band wieder in Bewegung. Gegen diese Geräuschkulisse klingt der *Soundcheck* einer Rockband wie der Auszug aus einer Harmonie.

Technik, wo sie zum Einsatz gelangt, passt sich, wo irgend möglich, dem natürlichen Rhythmus der Menschenkörper an.

Nur befinden sich diese gar nicht mehr so stummen Partner erstaunlicherweise noch immer deutlich in der Unterzahl.

Die menschenleere Fabrik – ein Traum, technisch möglich, aber nicht verwirklicht. Der durchschnittliche Technisierungsgrad einer beliebigen Montageeinheit bewegt sich gegenwärtig zwischen bescheidenen fünf und höchstens fünfzehn Prozent; den erheblichen operativen Rest erledigen wie vor einhundert Jahren fleißige Hände.[234]

Einzelne Fertigungssegmente wie das Pressen und Schweißen exerzieren vor, wie es gehen könnte; dort ist die Produktion so gut wie ausnahmslos Maschinensache.

Eigenes Leben, eigene Arbeit – die weitaus meisten Menschen halten daran fest, auch kontrafaktisch. Statt *sich* der Arbeit anzupassen, verlangen sie nach Arbeit, die zu *ihnen* passt.[235]

Das Ideal, unverwechselbar zu sein, einzigartig, einst in strenger Abgrenzung zum gesellschaftlichen Großbetrieb gebildet, zu Auftrag, Funktion, Geschäft, hat auf die Arbeitswelt übergegriffen. In einer demokratischen Kultur des Authentischen wie der unseren pochen Menschen jeglicher Herkunft und sozialen Stellung nicht nur auf ihre Originalität; dieselbe soll auch überall zur Geltung kommen: im Äußeren wie im Gebaren, in den Partnerbeziehungen wie im Konsumverhalten, im gesamten Lebensstil und möglichst unverkürzt auch im Beruf.

Scheitern diese Aspirationen, greift Enttäuschung um sich, gefolgt von Anklagen gegen »Verhältnisse«, die Selbstverwirklichung in der Arbeit unterbinden. Sich in eine Arbeit zu fügen, die, als pure Pflichtübung, keinerlei Anziehungskraft besitzt, ist ein schmerzhafter Vorgang; der Lohnjob schickt die vermeintliche Berufung auf ungewisse Wanderschaft.[236]

Sich (berufliches) Scheitern und Versagen selber zuzurechnen, geht stets mit Kränkungen einher; ein gesellschaftliches Klima, das selbstbestimmte Arbeit für jedermann verheißt, erschwert eine realistische Arbeitshaltung zusätzlich.

Diese ist jedoch heute nötig wie je, unverzichtbarer vielleicht sogar.

Authentische Ideale in Gesellschaften der uns vertrauten Art betreffen jede(n), umfassen und durchdringen alles. Man muss sie daher ernst nehmen und darf dennoch, Arbeit und Beruf vor Augen, fragen, ob sie angemessen sind, hilfreich bei der Orientierung in der heutigen Erwerbsgesellschaft. Lässt sich das Originäre einer Person tatsächlich für alle und umstandslos in die Lohnarbeit einpflanzen, oder ist das eine gefährliche Illusion?

Der Vorrat an Stellen, die der Persönlichkeit freien Raum zur Entfaltung ihrer unverwechselbaren Züge geben, ist beschränkt. Die Mehrzahl der Stellen beruht auf einem oftmals faulen Kompromiss zwischen der Aufforderung, sich ganz zu geben, und dem Wenigen, was man tatsächlich geben und von sich offenbaren darf. Die Dauerfrage: Liegt es an übertriebenen Erwartungen oder an meinem beschränkten Vermögen, dass ich kaum je das Gefühl entwickle, arbeitend ich selbst zu sein, kommt daher oftmals zu keinem Beschluss. Abgesehen davon garantiert selbst die rückhaltloseste Identifizierung des »ganzen Menschen« mit den Imperativen der Lohnarbeit keinen beruflichen Erfolg, nicht einmal eine Stelle, von der man leben kann. Dem letztlich Fremdbestimmten, der je eigenen Stelle im Verwertungszusammenhang, schrankenlose Freiheit abzuverlangen heißt, der Ideologie des »neuen Angestellten« auf den Leim zu gehen. Der investiert sein ganzes Wesen, sein Menschsein in die Stelle und meint zu leben, wenn er funktioniert, und zwar in vollen Zügen.[237]

Allen Menschen in ihrem Arbeitsleben ein Höchstmaß an innerer Befriedigung zu ermöglichen – wer weiß, ob das jemals gelingt. Die Arbeitsverhältnisse in diese Richtung zu entwickeln ist eine sinnvolle Aufgabe, deren Lösung vor uns liegt. Menschen davor zu bewahren, der Arbeit mehr abzuverlangen, als diese selbst unter den günstigsten Umständen zu geben vermag, bezeichnet eine Aufgabe gleichen Ranges.

»Selbstverwirklichung« durch Arbeit – diese Losung liegt genau im Schnittpunkt beider Problemkreise. Sie drängt auf die Aneignung der Arbeit durch die Arbeit leistenden Menschen, und sie *ver*drängt, dass keine Arbeit je zum Leben in seiner Fülle »passt«.[238]

Um dem Vorrücken der Arbeit auf das eigene Leben innerlich widerstehen zu können, ist eines unbedingt vonnöten: Wir müssen lernen, den «Bürger« und den «Menschen« unabhängig vom «Arbeiter«, vom Lohnarbeit leistenden Individuum zu denken und in ihre Rechte einzusetzen.[239] Die Entkopplung von Einkommen und Erwerbsarbeit, wie immer konkret bewerkstelligt, liefert den Schlüssel zur Einübung solcher Lernprozesse.

4. Verantwortung en gros

Selbsterforschung, Selbstverwirklichung, das sind die beiden Hauptaktivitäten des authentischen Subjekts, und beide verweisen aufeinander. Nur wer in sich geht, sein Wesen erforscht, hat Grund, aus sich herauszugehen. Nur wer aus sich herausgeht, erfährt, was wirklich in ihm steckt.[240] Allein im Wechsel dieser Bewegungsarten erreicht das Individuum sein höchstes Ziel: Selbstbestimmung in allen Lebenslagen. Und verfehlt es, wenn es zu forsch zu Werke geht, zu ungeduldig, kurzschlüssig.

Das geschieht, wenn der Narzissmus zum Impulsgeber des authentischen Begehrens avanciert. Dann wittert das Ich überall Feinde, die es zu stellen, zu bezwingen, zu vernichten gilt, in seinem Inneren sowohl als in der Außenwelt. Das Selbst, vom Ich-Wahn affiziert, tritt gleichsam über seine Ufer und überschwemmt, was fremd anmutet, widerständig.

Dieser Mensch versteht sich als Maß »aller Dinge, der Seienden, daß sie sind, der nichtseienden, daß sie nicht sind«[241], und protzt (wie in der Werbung) mit seinem Eigentum: *mein* Triebleben, *meine* Gedanken, *meine* Grundsätze, *meine* Arbeit. Von der Psychoanalyse hat er sich eine Light-Version zurechtgelegt – »Wo Es war, soll Ich werden!« – die er prompt auf alle Personalpronomina bezieht. Der Sinn der Übung, das Fremde im Eigenen zu entdecken, das Eigene am Fremden zu erproben, gerät aus dem Auge. Kein Ausgleich und kein Frieden, nirgends, weder im eigenen Haus noch mit der Nachbarschaft. Das aus der Art geschlagene authentische Subjekt lässt sich durch nichts und niemanden bestimmen.

In einer vom Autismus beherrschten Kultur des Authentischen hört der Satz »Das Sein bestimmt das Bewusstsein« auf, eine Lösung der persönlichen Orientierungs- und Vergewisserungsprobleme anzubieten. Er klingt wie eine einzige Beleidigung.

Die »dunkle Materie« von Geist und Seele auch nur ein wenig aufzuhellen, bedarf es gerade der Anerkennung dieses Seins als Inbegriff des nicht Verfügbaren.

Was steckt, auf Menschen angewandt, nicht alles in dem Wörtchen »Sein«?

Die Erd- und Naturgeschichte, die Evolution des Homo sapiens, Quelle unserer Grundausstattung, die bis vor kurzem unantastbar schien.[242] Vorfahren, nahe wie entfernte, hinterließen Spuren in dem Sein, die man derweil für Geld zurückverfolgen lassen kann; Fortsetzung der Ahnenforschung mit genetischen Verfahren. Eine Gesellschaft, in die wir hineingeboren werden, eine Kultur, die uns zu denken gibt, bestimmen unser Sein ganz wesentlich, auch, was wir davon erfassen können.

Jemanden besser zu verstehen, als er, als sie sich selbst versteht, ist eine therapeutische Maxime. Die kulturellen Selbstverständlichkeiten, die uns allesamt umfangen, zu entziffern ist Ausdruck unbefangener Neugier. Sie zu befriedigen, muss man lernen, sich selber auf den Kopf zu sehen, fremd zu finden, ungewöhnlich, was alle Welt für selbstverständlich hält.[243]

Wem das gelingt, wer die Gegenwart wie ein Historiker betrachtet, so, als handele es sich um eine bereits abgeschlossene Geschichtsepoche, ist seiner Zeit voraus, macht selbst Epoche. Alle großen Denker, alle großen Künstler waren Propheten ihrer Gegenwart. Der Wunsch, es ihnen gleichzutun, beseelt jedweden kreativen Akt. Eine Zeitdiagnose für den Hausgebrauch im Dienst der Selbsterkenntnis ist ein Verstehensideal für jedermann.

Das Wissen um unsere kollektiven Dispositionen, unsere persönlichen Prägungen hebt deren Existenz nicht auf. Aber wir können hinfort mit ihnen rechnen, entspannter damit umgehen, ganz wie mit Menschen, die wir weniger fremd, weniger abweisend finden, seit wir sie in unseren Bekanntenkreis gezogen haben. Mitunter erwächst daraus sogar Freundschaft. Sich mit dem Fremden im eigenen Inneren teils abzufinden, teils anzufreunden, auf andere entkrampfter zugehen zu können – eine »gesellige« Kultur des Authentischen kann das bewirken.

Die Dispositionen des Selbst ähneln Schichten im Erdreich: manche liegen tief im Verborgenen, widerstehen jedem Zugriff, manche lassen sich mit großem Aufwand erschließen, manche offenbaren ihr Geheimnis bei der ersten Probebohrung. Gleich der Erdkruste befindet sich auch die Seelenlandschaft in beständiger Bewegung. Oberflächen sinken in die Tiefe, Tiefenschichten steigen auf, verbinden sich auf ihrem Weg nach oben mit durchgereichtem Material.

Was jeweils in den Blick gerät, hängt einerseits von solchen natürlichen Umschichtungen und andererseits vom technischen Aufwand ab, den man betreibt. Je genauere Baupläne der *humana conditio* die Wissenschaft vom Menschen zeichnet, desto widersprüchlicher wird das Gesamtbild, das sie von uns entwirft. Wo wir frei zu handeln meinten, sehen wir uns plötzlich im festen Griff unbewusster Vorgänge; wo wir den blinden Ratschluss des Schicksals vermuteten, sehen wir uns ebenso unvermittelt an unsere Verantwortung erinnert. Oft genug werden wir gleichzeitig entlastet und in die Pflicht genommen.

Krankheiten, die bis in die nahe Vergangenheit als Strafe für menschliche Verfehlungen angesehen wurden, geben eine nach der anderen ihr genetisches Geheimnis preis. Dafür können wir nichts – es sei denn, unser Verhalten verstärkt die negativen Erbanlagen, verwandelt die latente Krankheit erst in eine manifeste. Kaum ist dieser Nachweis erbracht, müssen wir uns eine Mitschuld am eigenen Leiden, vielleicht sogar am frühen Sterben zugestehen,[244] und wenn es einmal arg kommt, um unentgeltliche Behandlung betteln.

Die Zahl der Krankheiten und Gebrechen, deren Ursache außer und zugleich in uns liegt, verzeichnet seit der systematischen Erforschung des organischen Mikrokosmos atemberaubende Fortschritte.

Das Gehirn als neuronales Netzwerk beansprucht neuerdings die alleinige Autorschaft an unseren Entscheidungen und willentlichen Akten. Ehe ich meine Wahl getroffen habe – zu addieren oder subtrahieren beispielsweise, wenn man mir zwei Zahlen vorlegt –, ist die seine längst gefallen. Wo Ich war, haust nun ein daueralarmiertes Es, das mein Bewusstsein geschickt als Deckadresse seiner insgeheimen Machenschaften nutzt. Frohe Kunde für Taschendiebe, Steuerhinterzieher, Mörder, die jetzt straffrei ausgehen. Wo kein bewusster Wille ist, da ist auch keine Tat, kein Handeln eines Individuums.

Oder doch?[245]

Ich oder mein Gehirn, die Argumente in diesem Streit entstammen anderen, wohlvertrauten Fronten: Ich oder meine Eltern, Ich oder die anderen, Ich oder die Welt.

Ist es nicht ein wenig lächerlich, zu fordern, dass alles, was ich fühle, denke, unternehme, einzig mir gehören, auf mich rückführbar sein soll? Leidet meine Verantwortung Schaden, weil in meinen Worten die Worte anderer nachhallen, weil meine Handlungen kollektive Handlungsmuster aktivieren?

Kann ich mich nicht verlieben, nichts versprechen, zumindest nicht authentisch, weil ich da vorgestanzte Formeln abspule: »Ich liebe dich«, »Ich verspreche dir ... «? Umfasst mein wahres Ich nur Originalgedanken, nie vollbrachte Taten?

Die Frage so zu stellen heißt sie beantworten.

Unser Selbst ist ein vielschichtiges Gebilde, uralt im Grundriss seiner Areale, Kammern, Hinterstübchen, Trampelpfade. Neu, originell ist die jedesmalige Komposition der Abteilungen und Verbindungswege, der Vorrang, den einzelne Instanzen gegenüber anderen beanspruchen. In einer Kultur des Authentischen liegt der Akzent auf dem Ich, dem bewussten Erleben und Handeln, und das Bestreben geht dahin, dem Unbewussten, Unverfügbaren Terrain abzutrotzen.

Das authentische Subjekt ist ein geborener Mitgiftjäger und erst dann zufrieden, wenn es sich fremdes Eigentum unter den Nagel reißen oder wenigstens mit der eigenen Signatur versehen kann. Für das, was ihm persönlich nicht gehört, weist es die Verantwortung von sich. Alles bereits Fertige, Geschaffene verströmt den Modergeruch der Tradition; da wendet sich das Ich mit Grausen ab und seiner Lieblingsrolle zu: dem ICH als Allesfresser, Wiederkäuer, Etikettenschwindler.

So wird es fett und unbeweglich. Und könnte, weniger gefräßig, ein ganz passabler Zeitgenosse sein.

Ratsam wäre ein nüchterner Blick in den Spiegel. Unser Spiegelbild führt uns vor Augen, wie wir auf andere Menschen wirken, sie auf uns: Wir alle stecken fest in unserer Haut. Durchlässig für Einflüsse von außen, grenzt sie uns zugleich von unserer Umwelt ab. Unsere Verantwortung erstreckt sich auf beides: auf das, was von außen auf uns einwirkt, und auf das, was im Inneren vor sich geht, es mag gewollt sein oder nicht.[246]

Keine meiner Regungen, die reflexhaften eingerechnet, kann ich jemals von mir abtrennen oder der Luft zuschreiben, die mein Spiegelbild umgibt. Alles gehört zu mir, auch meine

Ich-fernen Lebensäußerungen. *Wenn ich den Kopf nach links drehe, bin ich verantwortlich dafür ... Wer sonst?*

5. Echt!

Umgangssprachlich überschneiden sich die Bedeutungsfelder der Worte »authentisch« und »echt«, häufig vertreten sie einander; das gilt ungeschmälert auch für Fachdiskurse. Treffen Historiker, Archäologen, Schriftexperten auf Zeugnisse der Vergangenheit, dann lautet ihre erste Frage: Fälschung oder Original? Nur in letzterem Fall handelt sich um authentische Überlieferungen, um Dokumente mit Echtheitswert.

Ähnlich indifferent verfahren wir in unserer Eigenschaft als Charakterologen«. Ein »waschechter Charakter«, das ist ein Mensch mit einer gefestigten Identität in allen Lebenslagen, und nichts anderes erwarten wir von einer »authentischen Person«.

Der Echte ist der Authentische – mit dem markanten Unterschied, dass dieser zur Übereinstimmung mit sich auf direktem Weg gelangt, ohne die Mühsal der Selbsterforschung. Authentizität ist Arbeit, Echtheit ist Ereignis. Das echte Individuum lebt im Stande der Unschuld, und genau das entzückt.

Das authentische und das echte Subjekt haben eines gemeinsam: Ihre Identität ist ihr ureigener Besitz, etwas, was ihnen weder von außen noch von oben zugewiesen wird, weder von sozialen Zellen noch von einer staatlichen Autorität. Was sie voneinander trennt, ist die Art, wie sie zu ihrer Einheit mit sich selbst gelangen. Das authentische Individuum erkämpft seine Identität im sozialen Wettstreit mit anderen; das echte Individuum kommt mit seiner höchst persönlichen Identität auf die Welt und kann sie nie verlieren. Jenes fragt: Wer bin ich?, dieses konstatiert: Ich bin!

»Konstatierte« müsste es eigentlich heißen, denn Echtheit als Normalfall, als Massenphänomen sozialen Gebarens hat es in der bisherigen Geschichte der Menschheit nicht gegeben, nur Einzelfälle. Das ist wenig verwunderlich, sind die Voraussetzungen einer »Echtheit für alle« doch überaus anspruchsvoll.

Der Prozess der Individualisierung muss weit genug vorangeschritten sein, um jeder und jedem ein eigenes Leben sowohl einzuräumen als auch abzuverlangen. Um der persönlichen Eigenart eines jeden Menschen fraglose Anerkennung zu verschaffen, müssen die Individuen ferner ihrer Stellung im Gesellschaftsganzen jederzeit gewiss sein. Der »Kampf um Anerkennung«, Kennzeichen jeder dynamischen Gesellschaft, darf das soziale Sein der Einzelnen nicht gefährden.

Diskriminierungs- oder Ausschlussklauseln, Geschlecht, Hautfarbe, Religion betreffend, bewirken genau das. Dieselbe Konsequenz tritt ein, wenn die bürgerliche Existenz der Menschen von fakultativen Eigenschaften wie ihrem Ehe- oder Berufsstand abhängt. In einem durchgehend zivilisierten Gemeinwesen genösse der Arbeitslose dieselbe soziale Anerkennung wie derzeit schon der Unverheiratete.

Wahrhaft echt wären allein Menschen, die persönlich scheitern können, doch nicht sozial, und die für ihre gesellschaftliche Einbindung keine Opfer bringen müssen. Daher der Vorschein von Echtheit in den »arbeiterlichen« Gesellschaften des 20. Jahrhunderts,[247] der im selben Maß verblasste, in dem Konformismus und Verrat die menschlichen Beziehungen vergifteten.

Identität als persönlicher Besitz, fraglose Anerkennung, Erhabenheit über Ränkespiele – in den Naheverhältnissen wissen, ahnen wir zumindest, wovon die Rede ist. Im sozialen Austausch wirkt das ähnlich weltfremd wie die Verheißung herrschaftsfreier Kommunikation. Hier schlüpfen wir in eine zweite Haut, in eine Rüstung[248], des Doppelspiels anderer jederzeit gewahr und selbst dazu bereit. Nimbus, Prestige, Drohung und List, Diplomatie – all diese zivilisatorischen Spielformen stehen im Dienst der Unangreifbarkeit des Menschen und sind doch nur in einer Welt verständlich, in der die Würde antastbar, der Leib verletzlich und zerstörbar ist.[249]

Das authentische Individuum kann ihrer (vorerst) nicht entraten, lebt es doch inmitten zum Teil erbitterter Macht- und Statuskämpfe; das echte interpretierte die »Würde der Form« entspannter: als Respekt, Geschmack und Grazie. Respekt vor dem Anderssein der anderen, Geschmack am Umgang mit seinesgleichen, Grazie als Reverenz an die unverdiente Leichtigkeit sozialen Seins.

Wenn Glück und Unglück, Gelingen und Versagen, Zwietracht und Einvernehmen nur mehr auf uns, die Individuen, als Ursache verwiesen, begönne das wirkliche Drama des Menschen.

Anhang

Verwendete Literatur

Adelung, Johann Christoph: Grammatisch-kritisches Wörterbuch der Hochdeutschen Mundart, mit beständiger Vergleichung der übrigen Mundarten, besonders aber der Oberdeutschen. Erster Teil, 2. Aufl., Leipzig 1793.

Alewyn, Richard: Das große Welttheater. Die Epoche der höfischen Feste. München 1985.

Alt, Robert: Bilderatlas zur Schul- und Erziehungsgeschichte. Bd. 2, Berlin 1965.

Anders, Günther: Die Antiquiertheit des Menschen. Bd. 2, München 1980.

Anton, Anette C.: Authentizität als Fiktion. Briefkultur im 18. und 19. Jahrhundert. Stuttgart, Weimar 1995.

Ariès, Philippe/Georges Duby (Hg.): Geschichte des privaten Lebens. Bd. 1–5, Frankfurt a. M. 1991–1993.

Bacon, Francis: Essays (1597), hg. von Levin L. Schücking. Leipzig 1979.

Baecker, Dirk: Warum kam es zur Finanzkrise? Zweimal null ist eins, in: Die Tageszeitung, 16. Oktober 2008.

Bahrdt, Karl Friedrich: Philanthropischer Erziehungsplan oder vollständige Nachricht von dem ersten wirklichen Philanthropin zu Marschlins. Frankfurt a. M. 1776.

Balet, Leo/E. Gerhard: Die Verbürgerlichung der deutschen Kunst, Literatur und Musik. 2., erw. Aufl., Dresden 1979.

Ballard, James G.: Kingdom Come. London 2006.

Barber, Benjamin R.: Wie der Markt Kinder verführt, Erwachsene infantilisiert und die Demokratie untergräbt. München 2007.

Barner, Wilfried: Aufrichtigkeit und »Lebendigkeit« bei Christian Weise, pragmalinguistisch betrachtet, in: Die Kunst der Aufrichtigkeit im 17. Jahrhundert, hg. von Claudia Benthien und Steffen Martus. Tübingen 2006, S. 179–187.

Basedow, Johann Bernhard/Johann Heinrich Campe (Hg.): Pädagogische Unterhandlungen, 1.–4. Stück. Dessau 1777.

Beck, Ulrich: eigenes leben. Ausflüge in die unbekannte Gesellschaft,
in der wir leben. München 1995.

Benthien, Claudia/Steffen Martus (Hg.): Die Kunst der Aufrichtigkeit im 17. Jahrhundert. Tübingen 2006.

Benthien, Claudia: Hypertrophie als Demut. Paradoxien der Codie-
rung von Aufrichtigkeit in der Barockmystik, in: Die Kunst der
Aufrichtigkeit im 17. Jahrhundert, hg. von Claudia Benthien und
Steffen Martus. Tübingen 2006, S. 93–108.

Blomert, Reinhard: Die Rückkehr der Nationalstaaten, in: Berliner
Zeitung, 14. November 2008.

Blomert, Reinhard: Die Habgierigen. Firmenpiraten und Börsenmanipulationen: Kapitalismus außer Kontrolle. München 2003.

Borgstedt, Thomas: Paul Flemings stoizistische Liebesdichtung und
die Latenz des Subjekts in der Frühen Neuzeit, in: Die Kunst der
Aufrichtigkeit im 17. Jahrhundert, hg. von Claudia Benthien und
Steffen Martus. Tübingen 2006, S. 279–296.

Brecht, Bertolt: Gedichte 1. Sammlungen 1918–1938. Werke. Große
kommentierte Berliner und Frankfurter Ausgabe. Bd. 11, Berlin
und Frankfurt a. M. 1988.

Bühler, Karl: Die Darstellungsfunktion der Sprache (1934). 2. Aufl.,
Stuttgart 1965.

Camesasca, Ettore (Hg.): Die Geschichte des Hauses. Leipzig 1983.

Campe, Johann Heinrich: Über Empfindsamkeit und Empfindelei
in pädagogischer Hinsicht. Hamburg 1779.

Cantillon, Richard: Abhandlung über die Natur des Handels im allgemeinen (1755). Jena 1931.

Capelle, Wilhelm: Die Vorsokratiker. Berlin 1961.

Castan, Yves: Politik und privates Leben, in: Geschichte des privaten Lebens. Bd. 3: Von der Renaissance zur Aufklärung, hg.
von Philippe Ariès und Roger Chartier. Frankfurt a. M. 1991, S. 29
bis 73.

Castel, Robert: Die Metamorphosen der sozialen Frage. Eine Chronik der Lohnarbeit. Konstanz 2000.

Condillac, Étienne B. de: Die Logik. Die Sprache des Rechnens. Berlin 1959.

Corbin, Alain: Das Geheimnis des Individuums, in: Geschichte des privaten Lebens. Bd. 4: Von der Revolution zum Großen Krieg, hg. von Michelle Perrot. Frankfurt a. M. 1992, S. 427–513.

Czarnecka, Miroslawa: Listen der (Un)Aufrichtigkeit. Der geschminkte weibliche Körper in der Literatur des Barock, in: Die Kunst der Aufrichtigkeit im 17. Jahrhundert, hg. von Claudia Benthien und Steffen Martus. Tübingen 2006, S. 163–178.

Danneberg, Lutz: Aufrichtigkeit und Verstellung im 17. Jahrhundert, in: Die Kunst der Aufrichtigkeit im 17. Jahrhundert, hg. von Claudia Benthien und Steffen Martus. Tübingen 2006, S. 45–92.

Das Theater des Herrn Diderot, hg. und übers. von Gotthold Ephraim Lessing (1760). Leipzig 1981.

Diderot, Denis: D'Alemberts Traum (1769), in: ders.: Philosophische Schriften. Bd. 1 und 2, hg. von Theodor Lücke. Berlin 1961, Bd. 1, S. 525–572.

Diderot, Denis: Elemente der Physiologie (1774–1780), in: ebenda, S. 591–771.

Diderot, Denis: Dorval und ich (1757), in: ders.: Ästhetische Schriften. Bd. 1 u. 2, hg. von Friedrich Bassenge. Berlin und Weimar 1967, Bd. 1, S. 159–238.

Diderot, Denis: Von der dramatischen Dichtkunst (1758), in: ebenda, S. 239–347.

Diehl, Karl/Paul Mombert (Hg.): Ausgewählte Lesestücke zum Studium der politischen Ökonomie. Bd. 4: Wert und Preis 1. Jena 1923.

Dubiel, Helmut: Tief im Hirn. München 2006.

Elias, Norbert: Die höfische Gesellschaft. Untersuchungen zur Soziologie des Königtums und der höfischen Aristokratie. Darmstadt, Neuwied 1969.

Elias, Norbert: Über den Prozeß der Zivilisation. Soziogenetische und psychogenetische Untersuchungen. Amsterdam 1935.

Engler, Wolfgang: Philosophische Salons. Frankfurter Dialog VI. Frankfurt a. M. 2008.

Engler, Wolfgang: Unerhörte Freiheit. Über Arbeit und Bildung in Zukunft. Berlin 2007.

Engler, Wolfgang: Bürger, ohne Arbeit. Für eine radikale Neugestaltung der Gesellschaft. Berlin 2005.

Engler, Wolfgang: Die Ostdeutschen. Kunde von einem verlorenen Land. Berlin 1999.

Farge, Arlette: Familienehre und Familiengeheimnisse, in: Geschichte des privaten Lebens. Bd. 3: Von der Renaissance zur Aufklärung, hg. von Philippe Ariès und Roger Chartier. Frankfurt a. M. 1991, S. 573–609.

Fechner, Heinz: Grundriß der Geschichte der wichtigsten Lesearten. Berlin 1990.

Felbinger, Johann Ignaz von: Eigenschaften, Wissenschaften und Bezeigen rechtschaffener Schulleute. Sagan 1768.

Fichte, Johann Gottlieb: Der geschlossene Handelsstaat (1800), in: Fichtes Werke. Auswahl in 6 Bänden, hg. von Fritz Medicus. Bd. 3, Leipzig 1910.

Ford, Henry: Mein Leben und Werk. Leipzig 1923.

Foucault, Michel: Sexualität und Wahrheit. Bd. 1: Der Wille zum Wissen. Frankfurt a. M. 1977.

Foucault, Michel: Sexualität und Wahrheit. Bd. 2: Der Gebrauch der Lüste. Frankfurt a. M. 1986.

Foucault, Michel: Sexualität und Wahrheit. Bd. 3: Die Sorge um sich. Frankfurt a. M. 1986.

Foucault, Michel: Überwachen und Strafen. Die Geburt des Gefängnisses. Frankfurt a. M. 1979.

Frankfurt, Harry G.: Sich selbst ernst nehmen. Frankfurt a. M. 2007.

Freud, Sigmund: Das Ich und das Es (1923), in: ders.: Studienausgabe. Bd. 3: Psychologie des Unbewussten. Frankfurt a. M. 1975.

Fugier, Anne Martin: Riten der Bürgerlichkeit, in: Geschichte des privaten Lebens. Bd. 4: Von der Revolution zum Großen Krieg, hg. von Michelle Perrot. Frankfurt a. M. 1992, S. 201–265.

Gleichmann, Peter R.: Soziologie als Synthese. Zivilisationstheoretische Schriften über Architektur, Wissen und Gewalt. Wiesbaden 2006.

Gleichmann, Peter R.: Die Verhäuslichung körperlicher Verrichtungen, in: Materialien zu Norbert Elias' Zivilisationstheorie, hg. von Peter Gleichmann, Johann Goudsblom und Hermann Korte. Frankfurt a. M. 1977, S. 254–278.

Gleichmann, Peter/Johann Goudsblom/Hermann Korte (Hg.): Materialien zu Norbert Elias' Zivilisationstheorie. Frankfurt a. M. 1977.

Gnothi sautón oder Magazin zur Erfahrungsseelenkunde als ein Lesebuch für Gelehrte und Ungelehrte, hg. von Karl Philipp Moritz u. a., 8. Bd., Berlin 1791.

Gorz, André: Wege ins Paradies. Berlin 1983.

Gottsched, Johann Christoph: Die Schauspiele und besonders die Tragödien sind aus einer wohlbestellten Republik nicht zu verbannen, in: ders.: Reden, Vorreden, Schriften, hg. von Michael Wehr. Leipzig 1974.

Gray, John: Die falsche Verheißung. Der globale Kapitalismus und seine Folgen. Berlin 1999.

Grotius, Hugo: De jure Belli ac pacis Libri Tres (Über das Recht des Krieges und des Friedens) von 1625.

Gruner, Johann Ernst: Über den Zweck der Thränen, in: Magazin zur Erfahrungsseelenkunde. Bd. 8, Berlin 1791, S. 20–23.

Guerrand, Roger-Henri: Private Räume, in: Geschichte des privaten Lebens. Bd. 4: Von der Revolution zum Großen Krieg, hg. von Michelle Perrot. Frankfurt a. M. 1992, S. 331–417.

Haben Taylorismus und Miniberufe Zukunft? Fachkonferenz des IG Metall Vorstandes für die Betriebsräte und Bildungsfachleute der Automobilbranche (Reader), Frankfurt a. M. 2006.

Habermas, Jürgen: Strukturwandel der Öffentlichkeit. Untersuchungen zu einer Kategorie der bürgerlichen Gesellschaft. Darmstadt, Neuwied 1962.

Hahn, Friedrich: Die evangelische Unterweisung in den Schulen des 16. Jahrhunderts. Heidelberg 1957.

Hall, Catherine: Trautes Heim, in: Geschichte des privaten Lebens. Bd. 4: Von der Revolution zum Großen Krieg, hg. von Michelle Perrot. Frankfurt a. M. 1992, S. 51–93.

Haller, Gret: Politik der Götter. Europa und der neue Fundamentalismus. Berlin 2005.

Haller, Gret: Die Grenzen der Solidarität. Europa und die USA im Umgang mit Staat, Nation und Religion. Berlin 2002.

Hauser, Arnold: Sozialgeschichte der Kunst und Literatur. München 1953.

Hawranek, Dietmar: Neues Takt-Gefühl, in: Der Spiegel, Heft 33 (2008).

Herder, Johann Gottfried von: Ideen zur Geschichte der Menschheit. Karlsruhe 1820.

Helvétius, Claude-Adrien: Philosophische Schriften. Bd. 1–2, hg. von Werner Krauss, Bd. 2: Vom Menschen, von seinen geistigen Fähigkeiten und von seiner Erziehung (1795). Berlin und Weimar 1976.

Heusinger, Johann Heinrich Gottlieb: Die Familie Wertheim. Bd. 2, Gotha 1801.

Hofmann, Franz (Hg.): Reformation und Pädagogik von Luther bis Paracelsus. Zeitgenössische Schriften und Dokumente. Berlin 1986.

Höppner, Joachim / Waltraud Seidel-Höppner: Von Babeuf bis Blanqui. Französischer Sozialismus und Kommunismus vor Marx. Bd. 2: Texte. Leipzig 1975.

Kaminski, Nicola: Über die Schwelle der Un/Aufrichtigkeit. Die »Wahrhaftigkeit« von Talanders »Liebenswürdiger Europäerin CONSTANTINE«, in: Die Kunst der Aufrichtigkeit im 17. Jahrhundert, hg. von Claudia Benthien und Steffen Martus. Tübingen 2006, S. 311–328.

Knaller, Susanne: Ein Wort aus der Fremde. Geschichte und Theorie des Begriffs Authentizität. Heidelberg 2007.

Komenský, Jan Amos: Große Didaktik (1657). Neubearb. u. eingel. von Hans Ahrbeck. Berlin 1961.

Krüger, Hans-Peter (Hg.): Hirn als Subjekt? Philosophische Grenzfragen der Neurobiologie. Berlin 2007.

Krugman, Paul: Nach Bush. Das Ende der Neokonservativen und die Stunde der Demokraten. Frankfurt a. M. 2008.

La Bruyère, Jean de: Die Charaktere oder die Sitten des Jahrhunderts (1688). Neu übertr. und hg. von Gerhard Hess. Leipzig 1962.

La Rochefoucauld, François VI de: Reflexionen oder moralische Sentenzen und Maximen (1664), hg. von Fritz Schalk. Leipzig 1962.

Locke, John: Über den menschlichen Verstand (1690). Ausg. in 2 Bd., Berlin 1968.

Luhmann, Niklas: Die Wirtschaft der Gesellschaft. Frankfurt a. M. 1988.

Luhmann, Niklas: Soziale Systeme. Grundriß einer allgemeinen Theorie. Frankfurt a. M. 1985.

Luhmann, Niklas: Autopoiesis, Handlung und kommunikative Verständigung, in: Zeitschrift für Soziologie 11, Heft 4 (1982).

Luhmann, Niklas: Liebe als Passion. Zur Codierung von Intimität. Frankfurt a. M. 1982.

Luhmann, Niklas: Legitimation durch Verfahren, Frankfurt a. M. 1969.

Luhmann, Niklas: Vertrauen – ein Mechanismus der Reduktion sozialer Komplexität. Stuttgart 1968.

Luther, Martin: An die Ratsherren aller Städte deutschen Landes, daß sie christliche Schulen aufrichten und halten sollen (1524), in: Reformation und Pädagogik. Zeitgenössische Schriften und Dokumente, hg. von Franz Hofmann. Berlin 1986, S. 70–87.

Mandeville, Bernard: Die Bienenfabel (1714), hg. von Friedrich Bassenge. Berlin 1957.

Markov, Walter: Revolution im Zeugenstand. Frankreich 1789–1799. Bd. 2: Gesprochenes und Geschriebenes. Leipzig 1982.

Marx, Karl/Friedrich Engels: Manifest der Kommunistischen Partei, in: Marx/Engels, Werke. Bd. 4, Berlin 1972.

Möller, Helmut: Die kleinbürgerliche Familie im 18. Jahrhundert. Verhalten und Gruppenkultur. Berlin 1969.

Montaigne, Michel de: Essais. Erste moderne Gesamtübersetzung von Hans Stilett. Frankfurt a. M. 1998.

Moritz, Karl Philipp: Beobachtungen über meinen Charakter, in: Magazin zur Erfahrungsseelenkunde als ein Lesebuch für Gelehrte und Ungelehrte. Bd. VI, hg. von K. P. Moritz und C. F. Pockels. Berlin 1788, Reprint Nördlingen 1986.

Mourey, Marie-Thérèse: Gibt es eine Aufrichtigkeit des Körpers? Zu den deutschen Tanzlehrbüchern des späten 17. Jahrhunderts, in: Die Kunst der Aufrichtigkeit im 17. Jahrhundert, hg. von Claudia Benthien und Steffen Martus. Tübingen 2006, S. 329–342.

Muirhead, Russel: Just Work. London 2004.

Naumann, Manfred (Hg.): Artikel aus der von Diderot und d'Alembert herausgegebenen Enzyklopädie. Leipzig 1972.

Nicolai, Christoph Friedrich: Vertraute Briefe, hg. von Günter de Bruyn. Berlin 1982.

Niefanger, Dirk: Aufrichtige Anlässe. Ausgangspunkte der (poetischen) Rede im 17. Jahrhundert, in: Die Kunst der Aufrichtigkeit im 17. Jahrhundert, hg. von Claudia Benthien und Steffen Martus. Tübingen 2006, S. 267–278.

Osterkamp, Ernst: Johann Christian Günthers Redlichkeit, in: Die Kunst der Aufrichtigkeit im 17. Jahrhundert, hg. von Claudia Benthien und Steffen Martus. Tübingen 2006, S. 297–310.

Pascal, Blaise: Gedanken (1658–1662). Leipzig 1987.
Pascal, Blaise: Gedanken. Mit den Anmerkungen Voltaires. Leipzig 1948.
Perrot, Michelle: Formen des Wohnens, in: Geschichte des privaten Lebens. Bd. 4: Von der Revolution zum Großen Krieg, hg. von Michelle Perrot. Frankfurt a. M. 1992, S. 313–329.
Pestalozzi, Johann Heinrich: Ausgewählte Werke. Eingel. u. erl. v. Otto Boldermann. Bd. 1–4, Berlin 1962–1965.
Pestalozzi, Johann Heinrich: Wie Gertrud ihre Kinder lehrt (1801), in: ders.: Ausgewählte Werke. Bd. 2, Berlin 1963.
Pestalozzi, Johann Heinrich: Über die Idee der Elementarbildung (1809), in: ders.: Ausgewählte Werke. Bd. 3, Berlin 1964.
Pestalozzi, Johann Heinrich: Buch der Mütter (1803), in: ders.: Sämtliche Werke, hg. von Artur Buchenau. Leipzig 1927.
Petty, William: The Political Anatomy of Ireland (1691), in: Karl Diehl/Paul Mombert: Ausgewählte Lesestücke zum Studium der politischen Ökonomie. Bd. 4: Wert und Preis 1. Jena 1923.
Plessner, Helmuth: Grenzen der Gemeinschaft. Eine Kritik des sozialen Radikalismus, in: ders.: Gesammelte Schriften. Bd. 5: Macht und menschliche Natur. Frankfurt a. M. 1981.
Priddat, Birger P.: Metaphysik des Vertrauens. Überlegungen zu der Frage, ob die Finanzkrise eine Tugendkrise sei, in: NZZ Online vom 20. Dezember 2008.

Quesnay, François: Ökonomische Schriften. Bd. 1: 1756–1759, 1. Halbbd., Berlin 1971.
Quesnay, François: Das Naturrecht (1765), in: ders.: Ökonomische Schriften. Übers., eingel. u. hg. von Marguerite Kuczynski. Bd. 2: Schriften aus den Jahren 1763–1767, 1. Halbbd., Berlin 1976.

Ricardo, David: Über die Grundsätze der politischen Ökonomie und der Besteuerung (1817). 2., durchges. Aufl., Berlin 1979.

Ricken, Ulrich: Sprache, Anthropologie, Philosophie in der französischen Aufklärung. Ein Beitrag zur Geschichte des Verhältnisses von Sprachtheorie und Weltanschauung. Berlin 1984.

Rousseau, Jean-Jacques: Emil oder über die Erziehung. Bd. 2 (1762), Leipzig o. J.

Rousseau, Jean-Jacques: Julie oder Die neue Heloise. Briefe zweier Liebender. Bd. 1 (1761), Leipzig o. J.

Rutschky, Katharina (Hg.): Schwarze Pädagogik. Quellen zur Naturgeschichte der bürgerlichen Erziehung. Frankfurt a. M., Berlin, Wien 1977.

Saavedra Fajardo, Diego de: Ein Abriss Eines Christlich-Politischen Prinzens/In CI. Sinnbildern und mercklichen Symbolischen Sprüchen gestellt. Amsterdam 1655.

Sailer, Johann Michael: Über Erziehung für Erzieher. 2., verb. Aufl., München 1809.

Sauder, Gerhard: Empfindsamkeit. Bd. 1: Voraussetzungen und Elemente. Stuttgart 1974.

Scheinfuß, Katharina (Hg.) Von Brutus zu Marat. Kunst im Nationalkonvent 1789–1795. Dresden 1973.

Schleiermacher, Friedrich Daniel Ernst: Versuch einer Theorie des geselligen Betragens (1799), in: ders.: Philosophische Schriften, hg. u. eingel. von Jan Rachold. Berlin 1984, S. 41–64.

Schulte-Sasse, Jochen (Hg.): Briefwechsel über das Trauerspiel. Gotthold Ephraim Lessing, Moses Mendelssohn, Friedrich Nicolai. München 1972.

Schultheis, Franz/Kristina Schulz (Hg.): Gesellschaft mit begrenzter Haftung. Zumutungen und Leiden im deutschen Alltag. Konstanz 2005.

Sennett, Richard: Der flexible Mensch. Die Kultur des neuen Kapitalismus. Berlin 1998.

Sennett, Richard: Verfall und Ende des öffentlichen Lebens. Die Tyrannei der Intimität. Frankfurt a. M. 1986.

Shaftesbury, Anthony Earl of: An Essay on the Freedom of Wit and Humour, in: ders.: Characteristics of Men, Manners, Opinions, Times. Bd. 1. Nachdruck, Farnborough 1968.

Siemons, Mark: Jenseits des Aktenkoffers. Vom Wesen des neuen Angestellten. München 1997.

Sloterdijk, Peter: Wir lebten in einer Frivolitätsepoche. Ein Gespräch mit dem Philosophen Peter Sloterdijk über die Finanzmarktkrise, in: NZZ Online, 29. November 2008.

Soboczynski, Adam: Die schonende Abwehr verliebter Frauen. Berlin 2008.

Stehr, Nico: Die Moralisierung der Märkte. Eine Gesellschaftstheorie. Frankfurt a. M. 2007.

Steigentesch, Johann J. F.: Abhandlung von Verbesserung des Unterrichtes der Jugend in den Kurfürstlichen Mainzischen Staaten (1771), in: Zwei Schriften zur Kurmainzer Schulreform von 1770 bis 1784, hg. von Hans-Michael Elzer. Frankfurt a. M. 1967.

Steiger, Johann Anselm: superbia fidei. Hochmut des Glaubens und Aufrichtigkeit des Menschen in der Theologie Martin Luthers und des barocken Luthertums, in: Die Kunst der Aufrichtigkeit im 17. Jahrhundert, hg. von Claudia Benthien und Steffen Martus. Tübingen 2006, S. 19–44.

Stöckmann, Ingo: Die Gemeinschaft der Aufrichtigen. Die Sprache der Nation und der redliche Grund des Sozialen im 17. Jahrhundert, in: Die Kunst der Aufrichtigkeit im 17. Jahrhundert, hg. von Claudia Benthien und Steffen Martus. Tübingen 2006, S. 207–230.

Taylor, Charles: Das Unbehagen an der Moderne. Frankfurt a. M. 1995.

Trapp, Ernst Christian: Versuch einer Pädagogik, hg. von Theodor Fritzsch. Leipzig 1913.

Trillitzsch, Winfried (Hg.): Der deutsche Renaissance-Humanismus. Aus d. Latein. Textsammlung. Leipzig 1981.

Turgot, Anne Robert Jacques: Betrachtungen über die Bildung und Verteilung der Reichtümer (1770). Berlin 1981.

Turin, Ernst Xaver: Über die Verbeßerung der Trivial Schulen in teutschen katholischen Provinzen, in: Zwei Schriften zur Kurmainzer Schulreform von 1770–1784, hg. von Hans-Michael Elzer. Frankfurt a. M. 1967.

Wagemann, Arnold: Über die Bildung des Volkes zur Industrie. Göttingen 1791.

Weber, Max: Die protestantische Ethik und der Geist des Kapitalismus (1920), in: ders.: Gesammelte Aufsätze zur Religionssoziologie I. Tübingen 1947.

Welzer, Harald: Blindflug durch die Welt, Essay, in: Der Spiegel, Heft 1 (2009).

Wittgenstein, Ludwig: Tractatus logico-philosophicus. Tagebücher 1914–1916. Philosophische Untersuchungen. Werkausgabe in acht Bänden. Bd. 1, Frankfurt a. M. 1984.

Wodianka, Stephanie: Der Silberblick der Selbstbetrachtung. Perspektiven der Aufrichtigkeit in der meditativen Literatur, in: Die Kunst der Aufrichtigkeit im 17. Jahrhundert, hg. von Claudia Benthien und Steffen Martus. Tübingen 2006, S. 109–123.

Zinserling, Gerhard: Abriß der griechischen und römischen Kunst. Leipzig 1977.

Anmerkungen

1 Es gibt ein Bild von Sigmar Polke, das den Titel »Gangster«
    trägt. Darauf ist ein Mann mit Hut und einem langen Mantel
    abgebildet. Dem Betrachter zugewandt, lüftet er die eine Seite
    des Umhangs – und ist darunter fast nackt, nur mit einer Un-
    terhose bekleidet. In die Innenseite des Mantels sind viele kleine
    Taschen eingenäht: Hier verstaut er vermutlich seine Beute.
    Oder unendlich viele Schlüssel für unendlich viele Schlösser.
    Oder Utensilien für Taschenspielertricks, um seine Opfer ab-
    zulenken, die ohnehin auf seinen nackten Oberkörper blicken.
    Gäbe es eine gemalte Allegorie der Aufrichtigkeit aus der Mitte
    des 18. Jahrhunderts – so könnte sie aussehen.

2 Ich greife hier Gedanken auf, die in meinem Buch »Die Ost-
    deutschen. Kunde von einem verlorenen Land« (Berlin 1999),
    detaillierter entwickelt sind.

3 Siehe hierzu ausführlich: Niklas Luhmann: Soziale Systeme.
    Grundriß einer allgemeinen Theorie. Frankfurt a. M. 1985,
    S. 317–325.

4 »Nicht das Versagen der Geschicklichkeit, sondern die Unmög-
    lichkeit der Aufrichtigkeit wird zum Problem.« Niklas Luh-
    mann: Liebe als Passion. Zur Codierung von Intimität. Frank-
    furt a. M. 1982, S. 154.

5 Zitiert nach Johann Anselm Steiger: superbia fidei. Hochmut
    des Glaubens und Aufrichtigkeit des Menschen in der Theolo-
    gie Martin Luthers und des barocken Luthertums, in: Die Kunst
    der Aufrichtigkeit im 17. Jahrhundert, hg. von Claudia Ben-
    thien und Steffen Martus. Tübingen 2006, S. 26.

6 Zu den Praktiken im Einzelnen siehe ebenda, S. 35–37.

7 Oder um es mit Kant zu sagen: »Aus so krummem Holze, als
    woraus der Mensch gemacht ist, kann niemals etwas ganz Ge-
    rades gezimmert werden.«

8 Stephanie Wodianka: Der Silberblick der Selbstbetrachtung.
    Perspektiven der Aufrichtigkeit in der meditativen Literatur,
    in: Die Kunst der Aufrichtigkeit (Anm. 5), S. 109–123.

9 »Aufgrund der (Lebens-)Klugheit besteht nicht nur nicht die Pflicht der Selbstpreisgabe. Auch ist es dem Nächsten gegenüber keine Pflicht, ihn im Blick auf das eigene Wissen gleichzustellen.« Lutz Danneberg: Aufrichtigkeit und Verstellung im 17. Jahrhundert, in: Die Kunst der Aufrichtigkeit (Anm. 5), S. 63.

10 »Wenn ich fürchten muß, daß mich der Vertraute hintergeht, daß der oder die mich verraten, an denen ich buchstäblich hänge, verliert alles Tun und Denken seinen Sinn. Mir fehlte der Mut zum nächsten Satz oder zur nächsten Handlung. Und dies eben, daß es weitergeht, daß sich Handlung an Handlung, Satz an Satz reiht, ist die unerlässliche Bedingung jeder menschlichen Gesellschaft.« (Engler: Die Ostdeutschen [Anm. 2], S. 296.)

11 Hierzu nochmals Danneberg: Aufrichtigkeit und Verstellung im 17. Jahrhundert, in: Die Kunst der Aufrichtigkeit (Anm. 5), S. 77, 92.

12 Auf höchst amüsante Art spult Adam Soboczynski diesen dünnen Faden ab in Die schonende Abwehr verliebter Frauen. Berlin 2008. Der Autor bricht ganze Lanzenbündel für die Verstellung und weiß doch nur zu gut, dass diese fest im Sattel sitzt: »Die Verstellung war natürlich nie ganz verschwunden, sie gehört zum Menschen dazu wie das Fingernägelschneiden oder der aufrechte Gang.« (Ebenda, S. 25.)

13 Norbert Elias, der Begründer der soziologischen Zivilisationstheorie, ist diesem Missverständnis in vielen seiner Schriften nachgegangen.

14 Niklas Luhmann: Autopoiesis, Handlung und kommunikative Verständigung, in: Zeitschrift für Soziologie 11 (1982) 4, S. 373.

15 Hugo Grotius: De jure Belli ac pacis Libri Tres (Über das Recht des Krieges und des Friedens) von 1625.

16 Hierzu im Detail: Danneberg: Aufrichtigkeit und Verstellung im 17. Jahrhundert, in: Die Kunst der Aufrichtigkeit (Anm. 5), S. 88–92.

17 Gut möglich, dass ihr Autor, Grotius, bei Montaigne (1533 bis 1592) in die Schule ging: »In Wahrheit ist das Lügen ein verfluchtes Laster. Nur durch das Wort sind wir Menschen und zur Gemeinschaft fähig. Wenn uns Schwere und Abscheulichkeit dieses Lasters bewußt wären, würden wir es berechtigter

mit Feuer und Schwert verfolgen als andere Schandtaten.« In: Michel de Montaigne: Essais. Erste moderne Gesamtübersetzung von Hans Stilett, Frankfurt a. M. 1998, S. 23.

18 Zum einstweilen neuesten Stand dieser Entwicklung siehe Benjamin R. Barber: Consumed. How Markets Corrupt Children, Infantilize Adults, and Swallow Citizens Whole. New York, London 2007; dt. Ausgabe: Consumed. Wie der Markt Kinder verführt, Erwachsene infantilisiert und die Demokratie untergräbt. München 2007.

19 Der kumpelhafte Ton hat sich in die heutige Verkaufskultur dennoch vielfach eingeschlichen: »Womit kann ich dir dienen?«

20 »Turbokapitalismus« ist ein derweil geläufiger. Manche werden drastischer und sprechen von »Raubtierkapitalismus«. Eine kluge Analyse publizierte Reinhard Blomert: Die Habgierigen. Firmenpiraten und Börsenmanipulationen: Kapitalismus außer Kontrolle. München 2003.

21 Siehe dazu ein Gespräch, das ich im Rahmen einer Veranstaltungsreihe am schauspielfrankfurt mit zwei Experten, einem Soziologen und einem Bankdirektor, unter diesem Titel geführt habe. Es findet sich in: Wolfgang Engler: Philosophische Salons. Frankfurter Dialog VI. Frankfurt a. M. 2008, S. 99–125.

22 Hierzu im Detail und zugleich als Zusammenfassung der jüngeren ökonomischen Moraldebatte: Nico Stehr: Die Moralisierung der Märkte. Eine Gesellschaftstheorie. Frankfurt a. M. 2007.

23 »Man muss endlich auch die Wirtschaftswissenschaften als Wissenschaften vom Irrationalen rekonstruieren, als eine Theorie des leidenschaftsgetriebenen und zufälligen Verhaltens. Die Psychologie beschreibt den Menschen seit über hundert Jahren als animal irrationale. Etwas Ähnliches zeichnet sich jetzt langsam in den Staats- und Wirtschaftswissenschaften ab.« (»Wir lebten in einer Frivolitätsepoche«. Ein Gespräch mit dem Philosophen Peter Sloterdijk über die Finanzmarktkrise, in: NZZ Online, 29. November 2008.)

24 Dafür kann man sich jedoch bewusst entscheiden, und in Wirtschaften mit einem ausgeprägten Produktionsregime wie der deutschen ist der Verzicht auf Fremdsteuerung in Gestalt von Risiko- und Aktienkapitalisierung noch immer recht verbreitet.

Die Unternehmen wachsen dann langsamer, aber stetiger, und die Entscheidungsgewalt über die langfristige Entwicklung verbleibt im jeweiligen Haus. In den angelsächsischen Ländern trieb der Spekulationstrieb auch viele kulturellen Institutionen, Museen, Universitäten, in die Krise. Als Stiftungen organisiert, investierten sie ihr Vermögen bedenkenlos in Hedge Fonds und sahen sich nach der Pleite zu drastischen Kürzungen ihrer Angebote genötigt. Da freut man sich von Herzen des »alteuropäischen« Kulturmodells.

25 Das ist die Logik der greater fool theory, »in deren Rahmen jeder einzelne Akteur glaubt, es mit einem Markt zu tun zu haben, in dem andere noch leichter hinter das Licht zu führen sind als man selbst – mit dem wunderbaren Ergebnis, dass dem Markt noch Liquidität zugeführt wurde, als man nicht mehr an seinen Bestand glauben konnte«. Dirk Baecker: Warum kam es zur Finanzkrise? Zweimal null ist eins, in: Die Tageszeitung, 16. Oktober 2008.

26 Sie hätten Francis Bacon (1561–1626) lesen sollen. Dann wäre ihnen rechtzeitig bewusst gewesen, »daß Treu und Redlichkeit der menschlichen Natur zur Zierde gereichen und daß eine Beimischung von Falschheit gleichwie der Zusatz in Gold- und Silbermünzen ist; er erhöht die Brauchbarkeit, aber mindert den Wert«. Francis Bacon: Essays (1597), hg. von Levin L. Schücking. Leipzig 1979, S. 5. Dieser Wertverlust trifft schließlich alle.

27 Dieser allgemeine Taumel, das Leben in der Illusion, ist in den angelsächsischen Ländern weiter fortgeschritten als sonst in der Welt, daher auch ein verbreitetes literarisches Sujet. In seinem jüngsten Roman, »Kingdom Come« (London 2006), versetzt J. G. Ballard seinen Helden, einen Werbefachmann, in einen Londoner Vorort. Dort vollzieht sich das gesamte öffentliche Leben in Konsumtempeln und Sportarenen. Die Metamorphose des Bürgers zum homo consumens ist zu ihrem Abschluss gelangt. Ein verzweifelter Kritiker dieser Entwicklung wendet sich mit folgenden Worten an die Hauptfigur des Romans: »Look around you, Mr Pearson. We're facing a new kind of man and woman – narrow-eyed, passive, clutching their store cards. They believe anything that people like you care to tell

them. They want to be tricked, they want to be deluded into bying the latest rubbish. They've been educated by TV commercials. They know that the only things with any value are those they can put in a carrier bag. This is a plague area, Mr. Pearson. A plague called consumerism.« (S. 33)

28 Am Beispiel der Vereinigten Staaten dokumentiert Paul Krugman den Löwenanteil der Politik an der Vertrauenskrise des ökonomischen Systems im Detail. Siehe ders.: Nach Bush. Das Ende der Neokonservativen und die Stunde der Demokraten. Frankfurt a.M. 2008. Zur Komplizenschaft der politischen Klasse Englands siehe John Gray: Die falsche Verheißung. Der globale Kapitalismus und seine Folgen. Berlin 1999. Deutsche Regierungen konvertierten später zum neoliberalen Dogma, machten dieses Versäumnis dann aber durch besonderen Eifer wett, namentlich in den Jahren der rot-grünen Koalition. Siehe: Wolfgang Engler: Bürger, ohne Arbeit. Für eine radikale Neugestaltung der Gesellschaft. Berlin 2005, speziell das Kapitel »Die gestohlene Reform«.

29 Der soziologisch aufgeschlossene Leser wird die folgenden Überlegungen unschwer als Einrede gegen eine zu eng gefasste Systemtheorie des Sozialen verstehen und dabei insbesondere an Niklas Luhmann denken. Ich widerspreche ihm in manchen Punkten, zolle diesem großen Denker aber ungebrochen Hochachtung.

30 Mit anderen Worten: Systemvertrauen ist eine Frage des Verfahrens, der Strukturen, aber eben nicht nur. Siehe Niklas Luhmann: Vertrauen – ein Mechanismus der Reduktion sozialer Komplexität. Stuttgart 1968; ders.: Legitimation durch Verfahren. Frankfurt a.M. 1969.

31 »Es ist Zeit, rasch all die neuen Floskeln zu vergessen: Die Grenzen der Globalisierung werden von den Staaten festgelegt.« Reinhard Blomert: Die Rückkehr der Nationalstaaten, in: Berliner Zeitung, 14. November 2008.

32 »Nullsummenkonstanz« ist ein solches und besagt, »dass jemand im Rahmen der Geldschöpfung durch Geschäftsbanken nur Geld bekommt, das jemand anderem fehlt oder zumindest fehlen wird«, so dass er keine unrealistischen Erwartungen in Bezug auf die Absetzbarkeit der Waren hegt, die er mit dem

geborgten Geld erzeugt. Wird dagegen verstoßen, driftet die Wirtschaft einer Überproduktion mit nachfolgender Wertzerstörung entgegen. Siehe Baecker, Warum kam es zur Finanzkrise? (Anm. 25), sowie Niklas Luhmann: Die Wirtschaft der Gesellschaft. Frankfurt a. M. 1988.

33 Hier wird das Apriori selbstreferentieller Sozialsysteme ausgehebelt: umweltoffen nur in Funktion ihrer »operationalen Geschlossenheit« zu sein. Das klingt schwieriger, als es ist. Das Wirtschaftssystem zum Beispiel nimmt Informationen aus der Umwelt auf, aus dem politischen Leben, dem Rechtssystem etc. Das ist seine Offenheit. Damit diese Informationen spezifisch wirtschaftliche Wirkungen erzielen, müssen sie in den Betriebsmodus des Wirtschaftssystems übersetzt werden. Das ist der Aspekt der Selbstbezüglichkeit. Direkten Interventionen gegenüber, politischen Anweisungen zum Beispiel, stellt sich das ökonomische System taub. Beugt es sich solchen Eingriffen, verliert es seine Autonomie oder wird zum Zwitter.

34 Diese These geht in ihrer allgemeinen, die Gesellschaft insgesamt betreffenden Fassung auf Ernst-Wolfgang Böckenförde zurück: »*Der freiheitliche, säkularisierte Staat lebt von Voraussetzungen, die er selbst nicht garantieren kann.*« (Staat, Gesellschaft, Freiheit. Frankfurt a. M. 1976, S. 60, Hervorhebung i. O.) Schon Jahrzehnte früher hatte Joseph Alois Schumpeter, konkret auf die Wirtschaft bezogen, die Überzeugung geäußert, »dass die kapitalistische Ordnung nicht nur auf Pfeilern ruht, die aus außerkapitalistischem Material bestehen, sondern daß sie auch ihre Energie aus außerkapitalistischen Mustern des Verhaltens bezieht«. Dieter Thomä griff diesen Gedanken aus Schumpeters Werk »Capitalism, Socialism and Democracy« aus dem Jahr 1942 kürzlich wieder auf (»Ausserkapitalistisches Material«, in: Neue Zürcher Zeitung, 21. Februar 2009), indem er betonte, dass der Kapitalismus das Soziale, von dem er zehrt, beständig zersetzt.

35 »Protect me from what I want«, heißt ein witziger Slogan dieser Tage.

36 Die systematische Einsicht in den unauflöslichen Zusammenhang von Regeln und Sanktionen einerseits, verinnerlichten sozialen Spielregeln andererseits gebührt der Zivilisationstheorie

in der Fassung, die Norbert Elias ihr in den 1930er Jahren gegeben hat.

37 »Auf dem Gebiet seiner höchsten Entfesselung, in den Vereinigten Staaten, neigt das seines religiös-ethischen Sinnes entkleidete Erwerbsstreben heute dazu, sich mit rein agonalen Leidenschaften zu assoziieren, die ihm nicht selten geradezu den Charakter des Sportes aufprägen. Niemand weiß noch, wer künftig in diesem Gehäuse wohnen wird und ob am Ende dieser ungeheuren Entwicklung ganz neue Propheten oder eine mächtige Wiedergeburt alter Gedanken und Ideale stehen werden, o d e r aber – wenn keins von beidem – mechanische Versteinerung, mit einer Art von krampfhaftem Sich-wichtig-Nehmen verbrämt. Dann allerdings könnte für die ›letzten Menschen‹ dieser Kulturentwicklung das Wort zur Wahrheit werden: ›Fachmenschen ohne Geist, Genußmenschen ohne Herz: dies Nichts bildet sich ein, eine nie vorher erreichte Stufe des Menschentums erstiegen zu haben.‹« Max Weber: Die protestantische Ethik und der Geist des Kapitalismus (1920), in: ders.: Gesammelte Aufsätze zur Religionssoziologie I. Tübingen 1947, S. 204, Hervorhebung i. O.

38 »Die Leute lernen innerhalb von zwei Jahren, Fälle zu lösen. Sie haben hohe analytische Fähigkeiten. Wogegen man sich in Harvard oder auch in anderen Businessschulen immer gewehrt hat, ist, soziales Wissen in den Lehrplan aufzunehmen. Dort gibt es weder Psychologie, Soziologie noch Politik … Makroökonomie wird dort ebenfalls nicht unterrichtet … Diese Leute lernen also Restrukturierung von Firmen nach Profitprinzipien. Aber sie lernen nicht, mit Menschen umzugehen.« (Reinhard Blomert, in: Engler: Philosophische Salons, [Anm. 21], S. 113.) Siehe ebendort den Erfahrungsbericht von Rüdiger Pütsch, einem ehemaligen Bankdirektor, über den Einzug dieses »neuen Geistes« in die Chefetagen der deutschen Wirtschaft.

39 Zu dieser Bildungsidee siehe Wolfgang Engler: Unerhörte Freiheit. Über Arbeit und Bildung in Zukunft. Berlin 2007.

40 Birger P. Priddat, Präsident zugleich der Universität Witten/ Herdecke in seinem Aufsatz »Metaphysik des Vertrauens. Überlegungen zu der Frage, ob die Finanzkrise eine Tugendkrise sei«, in: NZZ Online, 20. Dezember 2008.

41 Gret Haller: Die Grenzen der Solidarität. Europa und die USA im Umgang mit Staat, Nation und Religion. Berlin 2002; dies.: Politik der Götter. Europa und der neue Fundamentalismus. Berlin 2005.

42 »Gerade in der Krise zeigt sich, wie fatal es sich auswirkt, wenn ein politisches Gemeinwesen keiner Idee folgt, was es eigentlich sein will. Gesellschaften, die die Erfüllung von Sinnbedürfnissen ausschließlich über Konsum befriedigen, haben in dem Augenblick, in dem mit einer funktionierenden Wirtschaft auch die Möglichkeit wegbricht, Identität, Sinn und Glücksgefühle zu kaufen, kein Netz, das ihren Fall aufhalten würde.« Harald Welzer: Blindflug durch die Welt. Essay, in: Der Spiegel, 43 (2009) 1.

43 So die Überlieferung von Sextus Empiricus (2. Jahrhundert n. Chr.). Siehe Wilhelm Capelle: Die Vorsokratiker. Berlin 1961, S. 352.

44 Ulrich Ricken: Sprache, Anthropologie, Philosophie in der französischen Aufklärung. Berlin 1984, S. 35–45.

45 Antoine Arnauld/Pierre Nicole: La logique ou l'art de penser (La logique de Port-Royal). Paris 1662, zitiert nach ebenda, S. 42.

46 Géraud de Cordemoy: Discours physique de la parole. Paris 1668, zitiert nach ebenda, S. 45–50.

47 »Denn man darf nicht verkennen, wir sind ebensosehr automatisch handelnde Körper wie Geist. Und daher kommt es, daß das Mittel, um zu überzeugen, nicht allein die Beweisführung ist.« Blaise Pascal: Pensées (1658–1662), Abteilung II, Serie XXX; dt. Ausgabe: Gedanken. Leipzig 1987, S. 321.

48 John Locke: An Essay concerning Humane Understanding (1690); dt. Ausgabe: Über den menschlichen Verstand. Ausg. in 2 Bd., Berlin 1968, Bd. 2, S. 27.

49 Étienne B. de Condillac: La logique, our les premiers développments de l'art de penser (1780); dt. Ausgabe: Die Logik. Die Sprache des Rechnens. Berlin 1959, S. 82 f.

50 So Denis Diderot im XXXI. Kapitel seiner »Elemente der Physiologie« (1774–1780), in: ders.: Philosophische Schriften. Bd. 1 und 2, hg. von Theodor Lücke. Berlin 1961, Bd 1, S. 698 f.

51 Condillac: Die Logik (Anm. 49), S. 85.

52 »Diese Beobachtung über die abstrakten und allgemeinen Ideen zeigt, daß deren Klarheit und Präzision einzig von der Ordnung abhängt, in der wir die Benennungen der Klassen gebildet haben, und daß es zur Bestimmung dieser Arten von Ideen nur ein Mittel gibt, nämlich: die Sprache gut zu bilden.« (Ebenda, S. 83.)

53 »Was sich überhaupt sagen läßt, läßt sich klar sagen; und wovon man nicht reden kann, darüber muß man schweigen.« Ludwig Wittgenstein: Tractatus logico-philosophicus. Tagebücher 1914–1916. Philosophische Untersuchungen. Werkausgabe in acht Bänden. Bd. 1, Frankfurt a. M. 1984, S. 9.

54 So zitiert bei Friedrich Hahn: Die evangelische Unterweisung in den Schulen des 16. Jahrhunderts. Heidelberg 1957, S. 108.

55 Wie man die Jugend in guten Sitten und christlicher Zucht aufziehen und üben sollte, etliche kurze Unterweisung durch Huldrych Zwingli beschrieben (1526), in: Reformation und Pädagogik. Von Luther bis Paracelsus. Zeitgenössische Schriften und Dokumente, hg. von Franz Hofmann. Berlin 1986, S. 140.

56 Philipp Melanchthon, Über die Neugestaltung des Universitätsstudiums (Wittenberger Antrittsvorlesung 1518), in: Der deutsche Renaissance-Humanismus. Textsammlung, hg. von Winfried Trillitzsch. Leipzig 1981, S. 500.

57 Martin Luther: An die Ratsherren aller Städte deutschen Landes, daß sie christliche Schulen aufrichten und halten sollen (1524), in: Reformation und Pädagogik (Anm. 55), S. 78.

58 Eine Predigt Martin Luthers, daß man Kinder zur Schule halten sollte (1530), in: Reformation und Pädagogik (Anm. 55), S. 103.

59 Siehe Unterricht der Visitatoren an die Pfarrherren im Kurfürstentum zu Sachsen, jetzt durch Dr. Martin Luther korrigiert, Wittenberg (1538), in: Reformation und Pädagogik (Anm. 55), S. 108–112.

60 Zu diesen Schulordnungen siehe ebenda, S. 152–165 sowie Hahn: Die evangelische Unterweisung (Anm. 54), S. 25–47.

61 Etwa Wilhelm Zepper: Über Muttersprachschulen (1595), in: Reformation und Pädagogik (Anm. 55), S. 165–169.

62 Otto Brunfels: Über die Zucht und den Unterricht der Knaben (1549), in: Reformation und Pädagogik (Anm. 55), S. 165–169, 184–191.

63 »Deshalb möge man in Zukunft an erster Stelle die Erkenntnis der Dinge bilden, an zweiter das Gedächtnis, an dritter die Sprach- und Handfertigkeiten.« (Jan Amos Komenský: Große Didaktik [1657]. Berlin 1961, S. 140.)

64 Johann Heinrich Pestalozzi: Über die Idee der Elementarbildung (1809), in: ders.: Ausgewählte Werke. Eingel. u. erl. v. Otto Boldermann. Bd. 1–4, Berlin 1962–1965, Bd. 3, 1964, S. 171.

65 Jean-Jacques Rousseau: Émile (1762); dt. Ausgabe: Emil oder über die Erziehung. Bd. 2, Leipzig o. J., S. 76 f.

66 Johann Heinrich Pestalozzi: Wie Gertrud ihre Kinder lehrt (1801), in: ders.: Ausgewählte Werke (Anm. 64). Bd. 2, Berlin 1963, S. 267.

67 So Pestalozzi in seinem »Tagebuch« über die Erziehung seines Sohnes, Eintrag vom 27. Januar bis 19. Februar 1774, in: ders.: Ausgewählte Werke (Anm. 64), Bd. 1, Berlin 1962, S. 87.

68 Siehe hierzu Heinz Fechner: Grundriß der Geschichte der wichtigsten Lesearten. Berlin 1990, Tafeln 2 und 6.

69 Johann Heinrich Pestalozzi: Buch der Mütter (1803), in: ders.: Sämtliche Werke. Leipzig 1927, S. 349, Hervorhebung i. O.

70 Brunfels: Über die Zucht und den Unterricht der Knaben (Anm. 62), S. 190.

71 François VI de La Rochefoucauld: Réflexions ou Sentences et maximes morales (1664); dt. Ausgabe: Reflexionen oder moralische Sentenzen und Maximen, hg. von Fritz Schalk. Leipzig 1962, S. 65 f.

72 Ebenda, S. 17.

73 Jean de La Bruyère: Les caractères de Théophraste ou les mœures de ce siècle (1688); dt. Ausgabe: Die Charaktere oder die Sitten des Jahrhunderts. Leipzig 1962, S. 90.

74 Ebenda, S. 154.

75 La Rochefoucauld: Reflexionen (Anm. 71), S. 17.

76 »Meinetwegen mögen die Personen alle einander nicht kennen: wenn sie nur der Zuschauer alle kennt.« Denis Diderot: Discours sur la poésie dramatique (1758); dt. Ausgabe: Von der dramatischen Dichtkunst, in: ders.: Ästhetische Schriften. Bd. 1 u. 2, hg. von Friedrich Bassenge. Berlin und Weimar 1967, Bd. 1, S. 280.

77 Stücktext hier und nachfolgend zitiert nach: Das Theater des Herrn Diderot. Hg. u. übers. von Gotthold Ephraim Lessing (1760). Leipzig 1981, S. 35.

78 Ebenda, S. 36, 40.

79 Karl Philipp Moritz: Beobachtungen über meinen Charakter, in: Magazin zur Erfahrungsseelenkunde als ein Lesebuch für Gelehrte und Ungelehrte. Bd. 6, hg. von K. P. Moritz und C. F. Pockels. Berlin 1788, S. 58, Hervorhebung – W. E.

80 Siehe Jürgen Habermas: Strukturwandel der Öffentlichkeit. Darmstadt und Neuwied 1962; Arnold Hauser: Sozialgeschichte der Kunst und Literatur. München 1953; Leo Balet/ E. Gerhard: Die Verbürgerlichung der deutschen Kunst, Literatur und Musik (zuerst 1936). 2., erw. Aufl., Dresden 1979; Gerhard Sauder: Empfindsamkeit. Bd. 1: Voraussetzungen und Elemente. Stuttgart 1974.

81 Denis Diderot: Le rêve de d'Alembert (1769); dt. Ausgabe: D'Alemberts Traum, in: ders.: Philosophische Schriften. Bd. 1, (Anm. 50), S. 526, Hervorhebung – W. E.

82 Ebenda, S. 533.

83 Dem Foucault-kundigen Leser wird die Parallele dieses »ästhetischen Panoptismus« zu den Argos-äugigen Machtmaschinen der »Disziplinargesellschaft« nicht entgangen sein. Siehe zu Letzterem: Michel Foucault: Surveiller et punir. La naissance de la prison (1975); dt. Ausgabe: Überwachen und Strafen. Die Geburt des Gefängnisses. Frankfurt a. M. 1979. Es wäre eine eigene und durchaus lohnende Bemühung, die Boten des Aufklärungszeitalters mit jenen des antiken Theaters zu vergleichen.

84 Jean-Jacques Rousseau: Julie ou la Nouvelle Héloïse (1761); dt. Ausgabe: Julie oder Die neue Heloise. Briefe zweier Liebender. Bd. 1 und 2. Leipzig o. J., S. 12 f.

85 Ebenda, S. 4.

86 Diese Zusammenstellung findet sich bei Balet/Gerhard, Die Verbürgerlichung der deutschen Kunst (Anm. 80), S. 171. Warum gelangte die Briefform zu solchen öffentlichen Ehren? – Weil, wer Briefe schreibt, ganz bei sich sowie in der Hand dessen ist, an den/an die er schreibt, und also gerade nicht in öffentlicher Pose; das sichert die Wahrhaftigkeit des Ausgedrückten. Siehe

dazu Anette C. Anton: Authentizität als Fiktion. Briefkultur im 18. und 19. Jahrhundert. Stuttgart, Weimar 1995.

87 Pädagogische Unterhandlungen, hg. von Johann Bernhard Basedow und Johann Heinrich Campe. 1.–4. Stück, Dessau 1778, S. 18.

88 Johann Heinrich Campe: Nötige Erinnerung, daß die Kinder Kinder sind, und als solche behandelt werden sollten (Leipzig 1778), in: Schwarze Pädagogik. Quellen zur Naturgeschichte der bürgerlichen Erziehung, hg. von Katharina Rutschky. Frankfurt a.M., Berlin, Wien 1977, S. 109.

89 Ebenda, S. 111.

90 Realenzyklopädie des Erziehungs- und Unterrichtswesens nach katholischen Prinzipien (1872–1884), in: Schwarze Pädagogik, S. 67.

91 Pädagogische Real-Encyklopädie oder Encyklopädisches Wörterbuch des Erziehungs- und Unterrichtswesens und seiner Geschichte ..., bearb. von Karl Gottlob Hergang. Bd. 1, Grimma (1851), S. 702.

92 Johann Michael Sailer: Über Erziehung für Erzieher. 2., verb. Aufl., München 1809, S. 138, Hervorhebung i.O.

93 Johann Heinrich Gottlieb Heusinger: Die Familie Wertheim. Bd. 2, Gotha 1801, S. 242 f.

94 »Die Schwäche des Menschen macht ihn gesellig« (Rousseau: Emil oder über die Erziehung [Anm. 65], S. 24).

95 »Die waffenloseste Zärtlichkeit wie die blutigsten Mächte sind auf das Bekennen angewiesen. Im Abendland ist der Mensch ein Geständnistier geworden.« Michel Foucault: Histoire de la sexualité, 1: La volonté de savoir (1976); dt. Ausgabe: Sexualität und Wahrheit. Bd. 1: Der Wille zum Wissen. Frankfurt a.M. 1977, S. 77. Der pädagogische Aufrichtigkeitsdiskurs steht in der Mitte dieser beiden Paten.

96 Rousseau: Emil oder über die Erziehung (Anm. 65), S. 88.

97 Ich beziehe mich hier auf Karl Bühler, der in seinem Standardwerk »Die Darstellungsfunktion der Sprache« (1934) über die drei semantischen Funktionen des Sprachzeichens schreibt: »Es ist Symbol kraft seiner Zuordnung zu Gegenständen und Sachverhalten, Symptom (Anzeichen; Indicium) kraft seiner Abhängigkeit vom Sender, dessen Innerlichkeit es ausdrückt; und Sig-

nal kraft des Appells an den Hörer, dessen äußeres oder inneres Verhalten es steuert wie andere Verkehrszeichen.« (2. Aufl., Stuttgart 1965, S. 28, Hervorhebung i. O.)

98 »Die positive Gesetzgebung besteht also in der Verkündigung der Naturgesetze, welche die für die gesellschaftlich vereinigten Menschen offensichtlich möglichst vorteilhafte Ordnung konstituieren.« François Quesnay: Das Naturrecht (1765), in: ders., Ökonomische Schriften. Übers., eingel. u. unter Benutzung von neuen Materialien hg. von Marguerite Kuczynski. Bd. 2: Schriften aus den Jahren 1763–1767. 1. Halbbd., Berlin 1976, S. 45.

99 Etienne de D'Amilaville: Bevölkerung – Population (Physik, Politik, Moral), in: Artikel aus der von Diderot und d'Alembert herausgegebenen Enzyklopädie, hg. von Manfred Naumann. Leipzig 1972, S. 880.

100 Denis Diderot: Mensch – Homme (Politik), in: ebenda, S. 676.

101 Denis Diderot: Hospital – Hôpital (Moral und Politik), in: ebenda, S. 678.

102 Jean-Jacques Rousseau: Ökonomie – Economie ou Oeconomie (Moral und Politik), in: ebenda, S. 357 f.

103 Richard Cantillon: Essai sur la nature de commerce en général (1755); dt. Ausgabe: Abhandlung über die Natur des Handels im allgemeinen. Jena 1931, S. 124.

104 D'Amilaville: Bevölkerung, in: Artikel aus der von Diderot und d'Alembert herausgegebenen Enzyklopädie (Anm. 99), S. 882.

105 Denis Diderot: Landmann – Laboureur (Landwirtschaft), in: ebenda, S. 729.

106 D'Amilaville: Bevölkerung, in: ebenda, S. 883. Ähnlich argumentiert Quesnay in seinem Artikel »Getreide« für Diderots Enzyklopädie: »Wir müssen also den Baum von der Wurzel her pflegen und unsere Bemühungen nicht darauf beschränken, die Zweige auszurichten.« Zitiert nach Quesnay: Ökonomische Schriften. Bd. 1: 1756–1759, 1. Halbbd., Berlin 1971, S. 86.

107 D'Amilaville: Bevölkerung, in: Artikel aus der von Diderot und d'Alembert herausgegebenen Enzyklopädie (Anm. 99), S. 884.

108 Cantillon: Abhandlung über die Natur des Handels im allgemeinen (Anm. 103), S. 73.

109 William Petty: The Political Anatomy of Ireland (1691), in: Karl Diehl/Paul Mombert, Ausgewählte Lesestücke zum Studium

der politischen Ökonomie. Bd. 4: Wert und Preis 1. Jena 1923, S. 49.

110 Cantillon: Abhandlung über die Natur des Handels im allgemeinen (Anm. 103), S. 25.

111 Petty: The Political Anatomy of Ireland, in: Diehl/Mombert (Hg.): Ausgewählte Lesestücke (Anm. 109), S. 50.

112 Cantillon: Abhandlung über die Natur des Handels im allgemeinen (Anm. 103), S. 1.

113 Die beiden letzten Zitate entstammen Johann Gottlieb Fichte: Der geschlossene Handelsstaat (1800), in: Fichtes Werke. Auswahl in 6 Bänden, hg. von Fritz Medicus. Bd. 3, Leipzig 1910, S. 445 f.

114 Ebenda, S. 485.

115 In einer Wirtschaft, die der »Ordnung des Lebens« gehorcht, genießt die Arbeit des Landmanns samt ihren Früchten höchste Priorität. Sie dominiert die handwerkliche und industrielle Arbeit und erst recht die »Arbeit« des Händlers, die im Geruch des an sich Überflüssigen, Parasitären stand. Siehe Anne Robert Jacques Turgot: Betrachtungen über die Bildung und Verteilung der Reichtümer (1770). Berlin 1981, S. 98: »In diesem Kreislauf, der, durch den wechselseitigen Austausch der zum Leben erforderlichen Dinge, die Menschen einander notwendig macht und die Bande der Gesellschaft knüpft, ist es die Arbeit des Landmannes, welche die erste Bewegung auslöst.«

116 In seinem Märchen »Ein junger König« versetzt Oscar Wilde denselben in der Nacht vor seiner Krönung in einen schrecklichen Traum, mitten unter Menschen, die für sein Gewand, sein Zepter, seine Krone wirken und sich dabei zu Tode schuften. Aus dem Alp erwacht, verzichtet er auf diesen ganzen Tand und geht zu Fuß zum Krönungsdom. Da tritt ihm einer aus der Menge in den Weg und verkündet den Zynismus der Wohlhabenden und Wohlgeborenen als Volkes Stimme: »Herr, weißt du nicht, dass aus der Üppigkeit der Reichen das Leben der Armen hervorgeht? Von eurer Pracht werden wir ernährt, und eure Laster geben uns Brot. Für einen harten Meister zu schaffen ist bitter, aber keinen Meister zu haben, für ihn zu schaffen, ist noch bitterer. Meinst du, die Raben werden uns füttern? Und was sorgst du um diese Dinge! Willst du zum Käufer sagen,

du sollst um soundso viel kaufen, und zum Verkäufer, du sollst zu diesem Preis verkaufen? Ich denke, nein. Also geh zurück zu deinem Palast und leg deinen Purpur und feines Linnen an!«

117 Für die erste Variante steht exemplarisch Marx, für die zweite ebenso paradigmatisch Keynes.

118 Balet/Gerhard: Die Verbürgerlichung der deutschen Kunst (Anm. 80), S. 280 f.

119 Johann Heinrich Campe: Über Empfindsamkeit und Empfindelei in pädagogischer Hinsicht. Hamburg 1779, S. 12.

120 Rousseau: Emil oder über die Erziehung (Anm. 65), S. 41.

121 Johann Ernst Gruner: Über den Zweck der Thränen, in: Gnothi sautón oder Magazin zur Erfahrungsseelenkunde als ein Lesebuch für Gelehrte und Ungelehrte, hg. von Karl Philipp Moritz u. a., 8. Bd., Berlin 1791, S. 22 f.

122 Johann Bernhard Basedow: Projekt einer Tränenglocke (1783), in: ders.: Elementarwerk. Kritische Bearbeitung in drei Bd., hg. von Th. Fritzsch. Leipzig 1909, Bd. 2; zitiert nach Schwarze Pädagogik (Anm. 88), S. 520 f.

123 Christoph Friedrich Nicolai: Vertraute Briefe von Adelheid B. an ihre Freundin Julie S. (1799), in: ders.: Vertraute Briefe, hg. von Günter de Bruyn. Berlin 1982, S. 93.

124 Blaise Pascal: Pensées; dt. Ausgabe: Gedanken. Mit den Anmerkungen Voltaires. Leipzig 1948, S. 93 f.

125 Claude-Adrien Helvétius: De l'homme, de ses facultés intellectuelles et de son éducation (1795); dt. Ausgabe: Vom Menschen, von seinen geistigen Fähigkeiten und von seiner Erziehung, hg. von Werner Krauss. Berlin und Weimar 1976, S. 365.

126 Campe: Über Empfindsamkeit und Empfindelei (Anm. 119), S. 16.

127 Was immer du sagst, sag es nicht zweimal
Findest du deinen Gedanken bei einem anderen: verleugne ihn.
Wer seine Unterschrift nicht gegeben hat, wer kein Bild hinterließ
Wer nicht dabei war, wer nichts gesagt hat
Wie sollte der zu fassen sein!
Verwisch die Spuren!
(Bertolt Brecht: Lesebuch für Städtebewohner, in: ders.: Werke. Große kommentierte Berliner und Frankfurter Ausgabe. Band 11. Berlin und Frankfurt a. M. 1988, S. 157.)

128 »Große Städte bedürfen der Schauspiele, verdorbene Völker der Romane.«)Rousseau: Julie oder Die neue Heloise [Anm. 84], S. 4).

129 »Die Stände! Wieviel wichtige Ausführungen, wieviel öffentliche und häusliche Verrichtungen, wieviel unbekannte Wahrheiten, wieviel neue Situationen sind aus dieser Quelle zu schöpfen.« (Denis Diderot: Dorval et moi [1757]; dt. Ausgabe: Dorval und ich, in: ders.: Ästhetische Schriften. Bd. 1 u. 2, hg. von Friedrich Bassenge. Berlin und Weimar 1967, Bd. 1, S. 222.) Lessings »Hamburgische Dramaturgie«, die Pamphlete und Stücke des Sturm und Drang, Goethes »Werther«, Schillers »Räuber« und das bürgerliche Trauerspiel sind herausragende Exempel des neuen Diskurses.

130 Rousseau, Emil oder über die Erziehung (Anm. 65), S. 57.

131 Rousseau, Julie oder Die neue Heloise (Anm. 84), S. 55.

132 Ebenda, S. 61.

133 11. Brief der Ersten Abteilung, ebenda, S. 68 f.; 12. Brief der Ersten Abteilung, ebenda, S. 71.

134 13. Brief, ebenda, S. 78.

135 Freilich auch seines eigentlichen Reizes beraubt. Um die wilde Romanze zwischen Julie und St. Preux vor dem Schicksal zu bewahren, das ihre Urbilder, Héloïse und Abaelard, ereilte, trennt Rousseau die Liebenden und verheiratet Julie mit Wolmar, einem ebenso tugendhaften wie von ungestümen Affekten freien Gatten. Was bleibt, ist bittersüße Erinnerung. Siehe zur Würdigung der ganzen Geschichte (und ihres Originals): Susanne Knaller: Ein Wort aus der Fremde. Geschichte und Theorie des Begriffs Authentizität. Heidelberg 2007, S. 37–63.

136 Rousseau, Julie oder Die neue Heloise (Anm. 84), 20. Brief, Dritte Abteilung, S. 416.

137 Rousseau, Julie oder Die neue Heloise (Anm. 84), Bd. 2, Fünfte Abteilung, 2. Brief, S. 201.

138 Hierzu u. a. Helmut Möller: Die kleinbürgerliche Familie im 18. Jahrhundert. Verhalten und Gruppenkultur. Berlin 1969.

139 »Teutsch und verständlich. Halten zu Gnaden. Euer Exzellenz schalten und walten im Land. D a s ist meine Stube. Mein devotestes Kompliment, wenn ich dermaleins ein Promemoria bringe, aber den ungehobelten Gast werf ich zur Tür hinaus! –

Halten zu Gnaden.« So bescheidet der Stadtmusikant Miller den Präsidenten in Schillers »Kabale und Liebe« (Zweiter Akt, 6. Szene), Hervorhebung i. O.

140 Siehe dazu insbesondere Richard Sennett: Verfall und Ende des öffentlichen Lebens. Die Tyrannei der Intimität. Frankfurt a. M. 1986, Zweiter Teil: Die Öffentlichkeit des Ancien Régime.

141 Man muss sich schon eine reichlich verdrehte Vorstellung von der Aufklärung machen, um behaupten zu können, dass »Entmediatisierungs- und Unmittelbarkeitsfantasien« in dieser Epoche »weniger relevant« gewesen wären. Siehe Knaller: Ein Wort aus der Fremde (Anm. 135), S. 68.

142 Johann Heinrich Zedlers Großes vollständiges Universallexikon aller Wissenschaften und Künste (1731–1754). Bd. 2, S. 1103, zitiert nach der Online-Ausgabe: zedler-lexikon.de, Bayerische Staatsbibliothek, München 2007. – Für eine pragmatische Auslegung des Aufrichtigkeitsgebots spricht sich Adolf Freiherr von Knigge aus: »Zwei Gründe hauptsächlich müssen uns bewegen, nicht gar zu offenherzig gegen die Menschen zu sein: zuerst die Furcht, unsere Schwäche dadurch aufzudecken und mißbraucht zu werden, und dann die Ueberlegung, daß, wenn man die Leute einmal daran gewöhnt hat, ihnen nichts zu verschweigen, sie zuletzt von jedem unserer kleinsten Schritte Rechenschaft verlangen, Alles wissen, um Alles zu Rathe gezogen werden wollen …« (Über den Umgang mit Menschen [1788]. Leipzig 1910, S. 46.)

143 »Ein Offenherziger sagt alles, was er denkt; der Aufrichtige redet allemal so, wie er denkt, ohne eben alles zu sagen, was er denkt.« (Johann Christoph Adelung: Grammatisch-kritisches Wörterbuch der Hochdeutschen Mundart, mit beständiger Vergleichung der übrigen Mundarten, besonders aber der Oberdeutschen. Erster Teil, 2. Aufl., Leipzig 1793, S. 520.)

144 »Sozial … – Dieses Wort wurde vor kurzem in die Sprache eingeführt, um die Eigenschaften, die einen Menschen in der Gesellschaft nützlich und für den Umgang mit anderen Menschen geeignet machen, zu bezeichnen: soziale Eigenschaften.« (Denis Diderot[?]: Sozial – Social [Grammatik]; in: Artikel aus der von Diderot und d'Alembert herausgegebenen Enzyklopädie [Anm. 99], S. 945.) So las man es noch um das Jahr 1770.

145 Gelegenheit dazu bietet der jüngst erschienene Forschungsbe-
richt mit dem schönen, doppelsinnigen Titel »Die Kunst der
Aufrichtigkeit im 17. Jahrhundert«. »Auf den ersten Blick hat
die moralische und kunsttheoretische Kategorie ›Aufrichtigkeit‹ mit dem 17. Jahrhundert wenig gemein«, heißt es dort
gleich eingangs (S. 1), um sodann Befunde auszubreiten, die
diesem Anschein gründlich widersprechen. Je mehr sich die Be-
lege für einen höchst lebendigen Aufrichtigkeitsdiskurs weit
vor der Aufklärungsepoche häufen – einige Autoren greifen
bis ins frühe sechzehnte Jahrhundert zurück –, desto stärker
relativiert sich der Eindruck späterer Originalität, desto mehr
Verbindungslinien und Gemeinsamkeiten fallen ins Auge. Vieles von dem, was den reifen Aufrichtigkeitsdiskurs charakteri-
siert, sein Einfallsreichtum, sein ausgeprägter Spieltrieb, seine
Verstiegenheiten, sein Gespür für Paradoxien, gibt sich als Abkömmling von längst Vorgedachtem, Vorempfundenem zu erkennen.

146 Ich sage was ich meyn'; Ich rede/was ich denke/
und leiste was ich kann/behalte was ich schenke/
ein mündlichs Hertze stets. Wer hier sucht Kunst und Zier/
und Schein und Aussen-werk/für diesem seht euch für.
Mein Sin steht an der Stirn'
…
Aus einem Gedicht von Paul Fleming (1609–1640). Zitiert nach
Thomas Borgstedt: Paul Flemings stoizistische Liebesdichtung
und die Latenz des Subjekts in der Frühen Neuzeit, in: Die Kunst
der Aufrichtigkeit (Anm. 5), S. 280.

147 Ebenda, S. 285.

148 Ebenda, S. 295.

149 Richard Alewyn: Das große Welttheater. Die Epoche der höfischen Feste. München 1985; Norbert Elias: Die höfische Gesellschaft. Untersuchungen zur Soziologie des Königtums und
der höfischen Aristokratie. Darmstadt, Neuwied 1969.

150 Siehe Ernst Osterkamp: Johann Christian Günthers Redlichkeit, in: Die Kunst der Aufrichtigkeit (Anm. 5), S. 297–310.

151 Dirk Niefanger: Aufrichtige Anlässe. Ausgangspunkte der
(poetischen) Rede im 17. Jahrhundert, in: Die Kunst der Aufrichtigkeit (Anm. 5), S. 267–278.

152 Claudia Benthien/Steffen Martus, Vorwort, in: Die Kunst der Aufrichtigkeit (Anm. 5), S. 7f.

153 Ingo Stöckmann: Die Gemeinschaft der Aufrichtigen. Die Sprache der Nation und der redliche Grund des Sozialen im 17. Jahrhundert, in: Die Kunst der Aufrichtigkeit (Anm. 5), S. 207–230.

154 Osterkamp: Johann Christian Günthers Redlichkeit, in: Die Kunst der Aufrichtigkeit (Anm. 5), S. 299.

155 Niefanger: Aufrichtige Anlässe, in: Die Kunst der Aufrichtigkeit (Anm. 5), S. 268 f.

156 Claudia Benthien: Hypertrophie als Demut. Paradoxien der Codierung von Aufrichtigkeit in der Barockmystik, in: Die Kunst der Aufrichtigkeit (Anm. 5), S. 93–108.

157 Näheres bei: Nicola Kaminski: Über die Schwelle der Un/Aufrichtigkeit. Die »Wahrhaftigkeit« von Talanders »Liebenswürdiger Europäerin CONSTANTINE«, in: Die Kunst der Aufrichtigkeit (Anm. 5), S. 311–327.

158 Stöckmann: Die Gemeinschaft der Aufrichtigen, in: Die Kunst der Aufrichtigkeit (Anm. 5), S. 209f.

159 Benthien/Martus, Vorwort, in: Die Kunst der Aufrichtigkeit (Anm. 5), S. 14.

160 Stöckmann: Die Gemeinschaft der Aufrichtigen, in: Die Kunst der Aufrichtigkeit (Anm. 5), S. 227f.

161 Diego de Saavedra Fajardo: Ein Abriss Eines Christlich-Politischen Prinzens/In CI. Sinnbildern und mercklichen Symbolischen Sprüchen gestellt. Amsterdam 1655, S. 373.

162 Molière zum Beispiel in seiner »Schule der Frauen«. Getreulicher Auskunftspflicht unterliegt in seiner Welt auch der Aristokrat. Zwar zeichnet sich derselbe idealerweise durch Leichtigkeit und Witz und Grazie aus und zieht alle Register der Verstellungskunst. Seinem Fürsten indes schuldet er uneingeschränkte Aufrichtigkeit. Das schärft Baldassare Castiglione (1478–1529) den Höflingen in seinem Bestseller »Il Libro del Cortegiano« (1528) ein.

163 Zitiert nach Die Kunst der Aufrichtigkeit, (Anm. 5), S. 277.

164 »… so ließe sich sagen, daß dies eben: soldatisch, aber nicht als Soldat, figürlich, aber nicht wörtlich, daß im Gleichnis leben zu dürfen eigentlich Freiheit bedeutet«, heißt es in den »Bekenntnissen des Hochstaplers Felix Krull« von Thomas Mann.

165 Es gibt sie noch, die Freunde von Förderein »Höfische Gesellschaft«: »Denn alle blenden. Sie aber blenden alle, indem Sie ab
und zu die Wahrheit sagen.« (Soboczynski, Die schonende Abwehr verliebter Frauen [Anm. 12], S. 90.)

166 Wilfried Barner: Aufrichtigkeit und »Lebendigkeit« bei Christian Weise, pragmalinguistisch betrachtet, in: Die Kunst der
Aufrichtigkeit (Anm. 5), S. 184.

167 Siehe zu dieser Geburt der Ironie aus dem Geist der Resigna-
tion: Michel Foucault: Histoire de le sexualité, Vol. 3: Le souci
de soi; dt. Ausgabe: Sexualität und Wahrheit. Bd. 3: Die Sorge
um sich. Frankfurt a. M. 1986, insbesondere Kapitel 3,2: Das
politische Spiel. Dieser Wandel vom öffentlichen zum privaten
Verhaltensstil, vom Aufkommen neuer intimer Sujets begleitet, ist für uns Heutige in der bildenden Kunst am greifbarsten.
Siehe Gerhard Zinserling: Abriß der griechischen und römischen Kunst. Leipzig 1977.

168 Ebenda, S. 59 f.

169 Anthony Earl of Shaftesbury: An Essay on the Freedom of Wit
and Humour, in: ders.: Characteristics of Men, Manners, Opinions, Times. Bd. 1, 2. Aufl. o. O. 1714; Nachdruck: Farnborough 1968, S. 112, Hervorhebung i. O.

170 So Rousseau in seinem »Gesellschaftsvertrag«, ebenso Victor
Considérants Abriss von Fouriers Phalanxsystem aus den
1840er Jahren mit seiner Beschränkung der Einwohnerschaft
auf 2000 Köpfe. Nachzulesen in: Joachim Höppner/Waltraud
Seidel-Höppner: Von Babeuf bis Blanqui. Französischer Sozialismus und Kommunismus vor Marx. Bd. 2: Texte. Leipzig 1975,
S. 212–249.

171 »Ein System wohlverstandener Feste wäre gleichzeitig das sanf-
teste Band der Brüderlichkeit und das machtvollste Mittel der
Wiedergeburt. Schafft allgemeine Feste für die gesamte Republik; schafft daneben besondere Feste für jeden Ort, die Feier-
tage sein sollen und das ersetzen, was die Umstände zerstört
haben.« Aus einer Rede, die Robespierre am 7. Mai 1794 im
Konvent hielt, zitiert nach: Von Brutus zu Marat. Kunst im Nationalkonvent, 1789–1795, hg. von Katharina Scheinfuß. Dresden 1973, S. 93.

172 In »funktional differenzierten« Gesellschaften regieren auch

Aufrichtigkeitspostulate nur mehr einen Teilbereich des Ganzen. Man kann das auch als »Normalisierung« von Aufrichtigkeit beschreiben, muss sich dabei aber hüten, die soziale Reichweite dieser Üblichkeit zu übertreiben, wie das im Folgenden geschieht: »In einer primär auf ›versachlichte‹ Beziehungen umgestellten Gesellschaft kann Aufrichtigkeit zur Normalität werden, weil die entsprechende Verhaltenstransparenz und die korrespondierende Angleichung von mentalen und kommunikativen Zuständen wichtig ist, um erfolgreich, reibungslos und in vielfältigen Zusammenhängen agieren zu können.« So Claudia Benthien und Steffen Martus in der Einleitung zu: Die Kunst der Aufrichtigkeit (Anm. 5), S. 15.

173 Bernard de Mandeville: The Fable of the Bees, or: Private Vices, Publick Benefits (1714); dt. Ausgabe: Die Bienenfabel. Berlin 1957, S. 256.

174 Ebenda, S. 107 f.

175 »Der Wert einer Ware oder die Quantität einer anderen Ware, gegen die sie ausgetauscht wird, hängt ab von der verhältnismäßigen Menge der Arbeit, die zu ihrer Produktion notwendig ist, nicht aber von dem höheren oder geringeren Entgelt, das für diese Arbeit gezahlt wird.« David Ricardo: Principles of Political Economy and Taxation (1817); dt. Ausgabe: Über die Grundsätze der politischen Ökonomie und der Besteuerung. Berlin 1979, S. 9.

176 Ernst Xaver Turin: Über die Verbeßerung der Trivial Schulen in teutschen katholischen Provinzen, in: Zwei Schriften zur Kurmainzer Schulreform von 1770–1784, hg. von Hans-Michael Elzer. Frankfurt a.M. 1967, S. 118.

177 Ebenda, S. 134. »Müde, Projekte zu schreiben« – man versteht die Formel, wenn man sich die Schwierigkeiten und Widerstände vor Augen führt, mit denen selbst an sich ordnungstreue Reformpädagogen zu ringen hatten; Widerstände von oben, vom Klerus und von der Aristokratie, aber auch von unten, vom Bürgertum und von der Bauernschaft, etwa bei der Durchsetzung der allgemeinen Schulpflicht. Da konnte einem das Träumen vergehen und die Lust kommen, den Nachwuchs, sofern man seiner überhaupt habhaft wurde, gehörig an die Kandare zu nehmen. Der Philanthrop ermüdet, der Ordnungsfanatiker

erwacht und »vergisst« oftmals, worum es eigentlich ging. Das gesamte Schrifttum dieser Zeit unter »Schwarze Pädagogik« zu subsumieren, wäre dennoch ungerecht. Es sind häufig dieselben Personen, die mal die heitere, mal die dunkle Seite des Reformeifers offenbaren und mal tiefschwarze Phantasien hegen. Die Zeitumstände geben den Ausschlag und entscheiden, welcher Aspekt die Oberhand gewinnt.

178 Ernst Christian Trapp: Versuch einer Pädagogik (1780), in: Schwarze Pädagogik (Anm. 88), S. 502.

179 Ebenda, S. 503.

180 Ebenda.

181 Johann Ignaz von Felbinger: Eigenschaften, Wissenschaften und Bezeigen rechtschaffener Schulleute. Sagan 1768, S. 35.

182 Ebenda, S. 36–39.

183 Robert Alt zeigt im zweiten Band des »Bilderatlas zur Schul- und Erziehungsgeschichte« (Berlin 1965, S. 273) eine Abbildung dieses Schulmodells aus dem Jahr 1821.

184 Der deutsche Kinderfreund. Ein Lesebuch für Volksschulen (1888), zitiert nach: Schwarze Pädagogik (Anm. 88), S. 107.

185 Karl Friedrich Bahrdt: Philantropischer Erziehungsplan oder vollständige Nachricht von dem ersten wirklichen Philanthropin zu Marschlins. Frankfurt a. M. 1776. Ferner: Lorenz: Die Meritenbücher und Meritentafeln des Philanthropismus zu Dessau, in: Mitteilungen der Gesellschaft für deutsche Erziehungs- und Schulgeschichte 12, 1902, S. 93–120.

186 Arnold Wagemann: Über die Bildung des Volkes zur Industrie. Göttingen 1791, S. 24 f.

187 Johann J. F. Steigentesch: Abhandlung von Verbesserung des Unterrichtes der Jugend in den Kurfürstlichen Mainzischen Staaten (1771), in: Zwei Schriften zur Kurmainzer Schulreform (Anm. 176), S. 19–67.

188 Ich beschränkte mich hier wie schon zuvor auf einen Ausschnitt desselben, auf Wortkunstwerke. Siehe zum Formenwandel des gesamten künstlerischen Ensembles: Hauser: Sozialgeschichte der Kunst und Literatur (Anm. 80); Balet/Gerhard: Die Verbürgerlichung der deutschen Kunst (Anm. 80).

189 Johann Christoph Gottsched: Die Schauspiele und besonders die Tragödien sind aus einer wohlbestellten Republik nicht zu

verbannen, in: ders.: Reden, Vorreden, Schriften, hg. von Michael Wehr. Leipzig 1974, S. 100.

190 Mendelssohn an Lessing, Januar 1757, in: Schulte-Sasse, Jochen (Hg.): Briefwechsel über das Trauerspiel. Gotthold Ephraim Lessing, Moses Mendelsohn, Friedrich Nicolai. München 1972, S. 99.

191 Brechts berühmtes »Glotzt nicht so romantisch!«, mit dem der heimkehrende Soldat aus »Trommeln in der Nacht« das Publikum traktiert.

192 Lessing an Nicolai, November 1756, in: Briefwechsel über das Trauerspiel (Anm. 190), S. 55.

193 Das, was kam und künstlerisch Epoche machte, Klassik und Romantik, schloss an Lessings »Emotion des Ästhetischen« an, mit Theorien und Werken, die die Autonomie der Kunst propagierten bzw. demonstrierten.

194 Henry Ford: Mein Leben und Werk. Leipzig 1923, S. 111.

195 Siehe hierzu u. a. Miroslawa Czarnecka: Listen der (Un)Aufrichtigkeit. Der geschminkte weibliche Körper in der Literatur des Barock, in: Die Kunst der Aufrichtigkeit (Anm. 5), S. 163–178; Marie-Thérèse Mourey: Gibt es eine Aufrichtigkeit des Körpers? Zu den deutschen Tanzlehrbüchern des späten 17. Jahrhunderts, in: ebenda, S. 329–342.

196 Anderen sagen, was man weiß, als Aufklärer in eigener Sache ergründen, was man nicht weiß, hier verläuft die Trennungslinie.

197 »Das Motiv, das mich getrieben hat, ist sehr einfach. Manchen, so hoffe ich, könnte es für sich selbst genügen. Es war Neugier – die einzige Art Neugier, die die Mühe lohnt, mit einiger Hartnäckigkeit betrieben zu werden: nicht diejenige, die sich anzueignen versucht, was zu erkennen ist, sondern die, die es gestattet, sich von sich selbst zu lösen. Was sollte die Hartnäckigkeit des Wissens taugen, wenn sie nur den Erwerb von Erkenntnissen brächte und nicht in gewisser Weise und so weit wie möglich das Irregehen dessen, der erkennt? Es gibt im Leben Augenblicke, da die Frage, ob man anders denken kann, als man denkt, und anders wahrnehmen kann, als man sieht, zum Weiterschauen und Weiterdenken unentbehrlich ist.« Michel Foucault: Histoire de la sexualité. Vol. 2: L'usage des plaisirs (1984); dt. Ausgabe: Sexualität und Wahrheit. Bd. 2: Der Gebrauch der Lüste. Frankfurt a. M. 1986, S. 15.

198 An einer Stelle seines Werks nennt Freud das Ich ein »armes Ding, welches unter dreierlei Dienstbarkeiten steht und demzufolge unter den Drohungen von dreierlei Gefahren leidet, von der Außenwelt her, von der Libido des Es und von der Strenge des Über-Ichs«. Sigmund Freud: Das Ich und das Es (1923), in: ders.: Studienausgabe. Bd. 3: Psychologie des Unbewussten. Frankfurt a. M. 1975, S. 322.

199 Im etymologischen Sinn »authentisch« ist und handelt der, der etwas mit eigener Hand, aus eigener Gewalt vollbringt, der Selbstherr, der Ausführer, der Urheber, der (als machtvollkommen gedachte) Autor. Siehe Knaller: Ein Wort aus der Fremde (Anm. 135), S. 10 f.

200 In der einschlägigen Literatur wird in diesem Zusammenhang gern auf Herder verwiesen, so auch bei Susanne Knaller, Ein Wort aus der Fremde, S. 19 f. Im zweiten Teil seiner »Ideen zur Geschichte der Menschheit« (1785) heißt es: »Findet nun schon das Auge des Zergliedrers diese zahllose Verschiedenheit; welche größere muß in den unsichtbaren Kräften einer so künstlichen Organisation wohnen! So daß jeder Mensch zuletzt eine Welt wird, zwar eine ähnliche Erscheinung von außen; im Innern aber ein eignes Wesen, mit jedem andern unausmeßbar.« (Johann Gottfried von Herder: Ideen zur Geschichte der Menschheit. Carlsruhe 1820, S. 65.) Dabei fällt unter den Tisch, dass Herder die Einzigartigkeit eines jeden Individuums als Besonderheit der Gattung Mensch versteht, als das, was die Menschen (und Rassen) verbindet. Siehe ebenda, S. 70.

201 Zu dieser epochalen Wende der kulturellen Präferenzen siehe für die deutsche Entwicklung die ebenso materialreiche wie anschauliche Untersuchung von Ulrich Beck: eigenes leben. Ausflüge in die unbekannte Gesellschaft, in der wir leben. München 1995.

202 Zitiert nach Ines Hertel, eisenhüttenstadt positionen 2003–2006, ineshertel@aol.com

203 Die haargenaue Scheidung von Narzissmus und Authentizität, wie sie sich etwa bei Charles Taylor findet (Das Unbehagen an der Moderne. Frankfurt a. M. 1995), beweist mehr Interesse für Begriffsakrobatik als für die Realitäten. Zustimmungsfähig ist seine Beschreibung des Narzissmus als angemaßte Souverä-

nität, als nur geträumte Unabhängigkeit des Einzelnen; siehe
ebenda, S. 50 f.

204 Allzu viele Darstellungen, die der Kultur des Authentischen ge-
widmet sind, vernachlässigen die objektiven Voraussetzungen,
unter denen es Menschen möglich wird, in sich hineinzuhören,
ihre Besonderheit zu entdecken und zu entfalten, ein Leben nach
ihren Vorstellungen zu führen.

205 Siehe Philippe Ariès: Einleitung: Zu einer Geschichte des privaten Lebens, in: Geschichte des privaten Lebens. Bd. 3: Von
der Renaissance zur Aufklärung, hg. von Philippe Ariès und
Roger Chartier. Frankfurt a. M. 1991, S. 9 f.

206 Steiger: superbia fidei..., in: Die Kunst der Aufrichtigkeit
(Anm. 5), S. 38.

207 Hierzu: Yves Castan: Politik und privates Leben, in: Geschichte
des privaten Lebens, Bd. 3 (Anm. 205), S. 46. Jede soziale Zelle,
jede Hülle entwickelte ihre kollektive Identität auf Kosten der
individuellen (ebenda, S. 70).

208 Arlette Farge: Familienehre und Familiengeheimnisse, in: Geschichte des privaten Lebens. Bd. 3, S. 576–590.

209 Was kann man tun, um seine revolutionären Tugenden fraglos
unter Beweis zu stellen? Nichts. Verdächtig ist, wer die Revolution verurteilt, selbstverständlich aber auch »wer dauernd die
Worte Freiheit, Republik und Vaterland im Mund führt« oder
»eine einstudierte Strenge und Härte an den Tag legt«. Siehe:
Merkmale zur Kennzeichnung von Verdächtigen. Aus dem Pro-
tokollbuch des Generalrats der Commune vom 11. Oktober
1793, in: Walter Markov: Revolution im Zeugenstand. Frankreich 1789–1799. Bd. 2: Gesprochenes und Geschriebenes. Leipzig 1982, S. 528 f. Eines der schwärzesten Kapitel in der Geschichte der Aufrichtigkeit.

210 Catherine Hall: Trautes Heim, in: Geschichte des privaten
Lebens. Bd. 4: Von der Revolution zum Großen Krieg, hg. von
Michel Perrot. Frankfurt a. M. 1992, S. 70–75. Ferner: Die
Geschichte des Hauses, hg. von Ettore Camesasca, Leipzig
1983.

211 Michelle Perrot, Formen des Wohnens, in: Geschichte des privaten Lebens, Bd. 4 (Anm. 210), S. 313–330; Roger-Henri Guerrand: Private Räume, in: ebenda, S. 331–418.

212 Das geschieht in Frankreich und England weit schneller als zum Beispiel in Deutschland, wo der erste Stand bis ins frühe zwanzigste Jahrhundert hinein staatstragend bleibt. Siehe Hall: Trautes Heim, in: Geschichte des privaten Lebens, Bd. 4 (Anm. 210), S. 86 f.

213 Zu den Usancen und Regeln dieser Kunst siehe Friedrich Daniel Ernst Schleiermacher: Versuch einer Theorie des geselligen Betragens (1799), in: ders.: Philosophische Schriften, hg. u. eingel. von Jan Rachold. Berlin 1984, S. 41–64.

214 Anne Martin Fugier: Riten der Bürgerlichkeit, in: Geschichte des privaten Lebens, Bd. 4 (Anm. 210), S. 201–265.

215 Alain Corbin: Das Geheimnis des Individuums, in: Geschichte des privaten Lebens, Bd. 4 (Anm. 210), S. 427 f. Inzwischen griff die Individualisierung auf die Nachnamen über. Verheiratete haben davon derweil meistens zwei, Männer wie Frauen; Signum freier Gattenwahl beider Geschlechter und zugleich Anzeiger der Beziehungsgeschichte. Aus jeder weiteren Ehe einen zusätzlichen Nachnamen abzuleiten, erklärtes Bedürfnis des einzigartigen Menschen – dazu mochte sich der Gesetzgeber bislang nicht durchringen.

216 Corbin: Das Geheimnis des Individuums, in: Geschichte des privaten Lebens, Bd. 4 (Anm. 210), S. 435.

217 Ebenda, S. 450 f. Hierzu auch: Peter R. Gleichmann: Die Verhäuslichung körperlicher Verrichtungen, in: Materialien zu Norbert Elias' Zivilisationstheorie, hg. von Peter Gleichmann, Johann Goudsblom und Hermann Korte. Frankfurt a. M. 1977, S. 254–278; ders.: Soziologie als Synthese. Zivilisationstheoretische Schriften über Architektur, Wissen und Gewalt. Wiesbaden 2006, besonders das Kapitel »Architektur und Zivilisation«.

218 Siehe dazu Norbert Elias' epochales Werk: Über den Prozeß der Zivilisation. Soziogenetische und psychogenetische Untersuchungen, zuerst Amsterdam 1935.

219 Corbin: Das Geheimnis des Individuums, in: Geschichte des privaten Lebens, Bd. 4 (Anm. 210), S. 431.

220 Ebenda, S. 436 f.

221 In seiner Erzählung »Im Spiegel. Aus dem Archiv eines Psychiaters« schildert der russische Symbolist Valeri Brjussow eine

solche Szene. Seine Heldin versenkt sich derart andächtig in ihr Spiegelbild, dass sie gar nicht bemerkt, wie ihr Double aus dem Rahmen heraustritt, sie ergreift und ins Innere des Spiegels zieht. Nun muss sie die Bewegungen ihrer einstigen Kopie kopieren und möchte doch so gern zurück ins wirkliche Leben.

222 Corbin: Das Geheimnis des Individuums, in: Geschichte des privaten Lebens, Bd. 4 (Anm. 210), S. 490 f.

223 Das ist die Materialität der Authentizität.

224 »Die Bourgeoisie, wo sie zur Herrschaft gekommen, hat alle feudalen, patriarchalischen, idyllischen Verhältnisse zerstört.« So beginnt die berühmte Passage aus dem Kommunistischen Manifest. Nur in einer Hinsicht irrten die Autoren: »Die Bourgeoisie hat dem Familienverhältnis seinen rührend-sentimentalen Schleier abgerissen und es auf ein reines Geldverhältnis zurückgeführt.« Das war ganz entschieden nicht der Fall und traf, wie gesehen, am wenigsten für die Oberschichten zu. Siehe Karl Marx/Friedrich Engels: Manifest der Kommunistischen Partei, in: Marx/Engels: Werke. Bd. 4, Berlin 1972, S. 464 f.

225 Siehe zu diesem Prozess ausführlich: Robert Castel: Die Metamorphosen der sozialen Frage. Eine Chronik der Lohnarbeit. Konstanz 2000.

226 Wer daran zweifelt, sei auf Selbstaussagen abhängig Beschäftigter aus den unteren Etagen der heutigen Arbeitsgesellschaft verwiesen. Sie finden sich reichlich in: Gesellschaft mit begrenzter Haftung. Zumutungen und Leiden im deutschen Alltag, hg. von Franz Schultheis und Kristina Schulz. Konstanz 2005. Zum authentischen Arbeitsethos für die angelsächsischen Verhältnisse siehe Russel Muirhead: Just Work. London 2004.

227 »Der Warter soll sich als Wärter vorkommen. Aber ›Wärter‹ ist er nur in einem ganz geringen Prozentsatz der Fälle … Selbst der Schweiß bleibt ihm missgönnt. Ob man das Recht hat, dessen Nichtstun und das sich-Abrackern des pflügenden Bauern unter den Oberbegriff ›arbeiten‹ zu subsumieren, dessen bin ich mir gar nicht sicher.« Günther Anders: Die Antiquiertheit des Menschen. Bd. 2, München 1980, S. 95.

228 Siehe Richard Sennett: Der flexible Mensch. Die Kultur des neuen Kapitalismus. Berlin 1998, Kapitel 4: Unlesbarkeit. Warum moderne Arbeitsformen schwer zu durchschauen sind.

229 André Gorz: Wege ins Paradies. Berlin 1983, S. 76.

230 Ebenda, S. 84, 98.

231 Siehe für die folgenden Betrachtungen: Haben Taylorismus und Miniberufe Zukunft? Fachkonferenz des IG Metall Vorstandes für die Betriebsräte und Bildungsfachleute der Automobilbranche (Reader). Frankfurt a. M. 2006.

232 Hierzu auch: Dietmar Hawranek: Neues Takt-Gefühl, in: Der Spiegel, 42 (2008) 33.

233 Martina Groß: Autostück(e). Geschichten aus der Produktion, Deutschlandradio Kultur 2008.

234 »Ökonomisch rechnet sich der Einsatz menschlicher Arbeit heute vielfach noch besser als der weitere Ausbau des Maschinenparks«, erklärt ein leitender Mitarbeiter in der erwähnten Reportage.

235 »The task today is not so much to fit in as to find work that fits us … The romantic ideal that each person has something unique and valuable to express has been grafted onto an acitivity – work – that would otherwise be motivated by survival and comfort.« (Muirhead: Just Work [Anm. 226], S. 114.)

236 Siehe zu dieser Drift: Engler: Unerhörte Freiheit (Anm. 39), S. 155–175. Dass weder der Anspruch an »gute« Arbeit noch der Kummer, wenn sie ausbleibt, Privilegien der gut Ausgebildeten sind, zeigt exemplarisch eine Reportage über eine Gewerbeschule in einem Pariser Vorort. Dort versammeln sich jene, die es von Hause aus am schwersten haben, am Arbeitsmarkt zu reüssieren. Bescheiden in ihren Ansprüchen an die Arbeit sind sie deshalb nicht. Fast alle wünschen sich eine Lehrstelle, die auf einen Beruf vorbereitet, der abwechslungsreich und ordentlich entlohnt ist, in dem man sich entwickeln kann und nicht im Schlummer der Monotonie versinkt. Siehe François Bon/Fabrice Cazeneuve: Schule als zweite Chance, ARTE F 2005.

237 Mark Siemons: Jenseits des Aktenkoffers. Vom Wesen des neuen Angestellten. München 1997.

238 »Work may offer internal goods, and these might be the basis for a reasonable devotion to it. We may in our way come to love it. Yet it is in exactly such cases that work threatens to consume more than its share of our energy and spirit. A strategic approach to work is thus always part of work, even at its best: a healthy

source of resistance to work's tendency (especially when it is fulfilling) to colonize other parts of life reminds us that even fitting work has its place.« (Muirhead: Just work [Anm. 226], S. 166.)

239 Hier sträubt sich Muirhead wie die meisten zeitgenössischen Autoren hartnäckig. Zur Emanzipation des Bürgers/Menschen vom Arbeiter siehe Engler: Bürger, ohne Arbeit (Anm. 28).

240 Nur der prägnanten Formulierung halber verzichte ich gelegentlich darauf, Sachverhalte geschlechtsneutral zu fassen. Was für »ihn« gilt, gilt selbstverständlich auch für »sie«.

241 So die berühmte Formulierung des Protagoras (481–411 v. u. Z.). Siehe Capelle: Die Vorsokratiker (Anm. 43), S. 327.

242 »The heart-ache and the thousand natural schocks / That flesh is heir to«, heißt es in Hamlets großem Monolog.

243 »Oh, wer sich einmal auf den Kopf sehen könnte! Das ist eins von meinen Idealen. Mir wäre geholfen«, sagt Leonce in der ersten Szene von Büchners »Leonce und Lena«.

244 »Das stürmische Anwachsen des wissenschaftlichen Wissens über unseren Körper hat den Bereich von körperlichen Defekten, wie wir verantworten müssen, explosiv vergrößert.« (Helmut Dubiel: Tief im Hirn. München 2006, S. 34.)

245 Siehe zum Pro und Contra in dieser Debatte: Hirn als Subjekt? Philosophische Grenzfragen der Neurobiologie, hg. von Hans-Peter Krüger. Berlin 2007.

246 Harry G. Frankfurt spricht sehr treffend vom »Vertrauen in das, was zu sein wir nicht umhinkönnen« (Taking Ourselves Seriously & Getting It Right, 2006; dt. Ausgabe: Sich selbst ernst nehmen. Frankfurt a. M. 2007, S. 71). Das will angesichts gegenläufiger kultureller Normen erst wieder gelernt sein.

247 Siehe Engler: Die Ostdeutschen (Anm. 2).

248 »Der Mensch in der Rüstung will fechten.« (Helmuth Plessner: Grenzen der Gemeinschaft. Eine Kritik des sozialen Radikalismus [1924], in: ders.: Gesammelte Schriften, Bd. 5:: Macht und menschliche Natur. Frankfurt a. M. 1981, S. 82.)

249 Ebenda, S. 95–112.

Bildnachweis

Abb. 1: Johannes Rogalla von Biberstein, Adelsherrschaft und Adels-
kultur in Deutschland. Frankfurt a. M. 1989

Abb. 2, 6: © Staatsbibliothek zu Berlin – Preußischer Kulturbesitz,
Kinder- und Jugendbuchabteilung

Abb. 3–5: Robert Alt, Bildatlas zur Schul- und Erziehungsgeschichte.
Band 1, Berlin 1960.

Abb. 7: Bordeaux Musée des Beaux-Arts, © Cliché du M. B. A. de
Bordeaux/photographe Lysiane Gauthier

Abb. 8–11: © Stadtarchiv Dessau-Rosslau

Abb. 12, 14: © Bridgemanart

Abb. 13: © ALINARI/ARTOTHEK

Abb. 15: Ursula Jäger

Abb. 16, 17: © Ullstein bild

Abb. 18: © dpa Picture

Abb 19: © Corbis

Abb. 20, 23: © Jean-Claude Caron

Abb. 21: © Frédéric Bravetti

Abb. 22, 24, 25: © Stéfan Le Dû

»Man muss sich die Kunden des Aufbau-Verlages als glückliche Menschen vorstellen.«

S ü d d e u t s c h e Z e i t u n g

Das Kundenmagazin des Aufbau Verlags finden Sie kostenlos in Ihrer Buchhandlung und als Download unter www.aufbau-verlag.de. Abonnieren Sie auch online unseren kostenlosen Newsletter.

Reinhard Höppner
Wunder muss man ausprobieren
Der Weg zur deutschen Einheit
Mit einem Vorwort von Richard von Weizsäcker
148 Seiten. Gebunden
ISBN 978-3-351-02680-6

»Wir sind das Volk!«

Reinhard Höppner, 1990 Vizepräsident der ersten frei gewählten Volkskammer, schildert Ursachen und Folgen der Herbstrevolution. Aus eigener Erfahrung und mit ebenso unterhaltsamen wie symbolträchtigen Episoden veranschaulicht Höppner Geschichte der DDR und den Aufstand gegen die SED-Herrschaft im Herbst 1989. In jenen Monaten vom Fall der Mauer bis zum Tag der Einheit schwankten viele Bürger zwischen der Freude über die neugewonnene Freiheit und der Angst vor künftigen Veränderungen. Die Dynamik der Ereignisse setzte auch Politiker in Ost und West unter Druck. Aufrichtig zieht Höppner Bilanz: Was hätte auf dem Weg zur Einheit besser gelingen können? Oder ließ das Tempo der Veränderung tatsächlich keinen Raum für Alternativen? Eine aufschlussreiche und eindrucksvolle Darstellung von einem glaubwürdigen Zeitzeugen für all jene, die diese dramatischen Ereignisse nicht unmittelbar miterlebt haben.

»Eine ebenso kenntnisreiche wie lebhafte Schilderung dieser Schlüsselzeit unserer Geschichte.« RICHARD VON WEIZSÄCKER

Mehr Informationen erhalten Sie unter
www.aufbau-verlag.de oder in Ihrer Buchhandlung

aufbau

Matthias Frings
Der letzte Kommunist
Das traumhafte Leben des Ronald M. Schernikau
488 Seiten. Gebunden
ISBN 978-3-351-02669-1

»Nur wer träumt, ist Realist.«

Im Sommer 1980 zieht Ronald M. Schernikau (1960-1991) nach
Westberlin. Er ist eine Lichtgestalt der Literatur, Autor der pro-
vokanten »Kleinstadtnovelle«. Er stürzt sich ins Nachtleben, in
die Welt der Cabarets, Saunen, Discos. Er trifft die Liebe seines
Lebens. Unter seinen Freunden, die wie er die Welt erobern wollen, ist der junge Schauspieler Matthias Frings. Doch in einem
Punkt unterscheidet sich Schernikau von den anderen: Er ist
Kommunist. Zum Entsetzen seiner Freunde will er DDR-Bürger
werden. Im Herbst 1989 erfüllt sich sein Lebenstraum. Doch
wenige Wochen später fällt die Mauer. – Neben einer schillernden
Biographie, in der Elfriede Jelinek, Thomas Hermanns, Marianne
Rosenberg, Peter Hacks u. v. a. auftreten, gilt es einen Autor zu
entdecken: »Einer der größten deutschen Schriftsteller der letzten
Jahrzehnte.« DIETMAR DATH

Mehr Informationen erhalten Sie unter
www.aufbau-verlag.de oder in Ihrer Buchhandlung

aufbau

Friedrich Schorlemmer
Wohl dem, der Heimat hat
260 Seiten. Gebunden
ISBN 978-3-351-02679-0

»Hellsichtiger Theologe mit Herz«

Hessische/Niedersächsische Allgemeine

Für Schorlemmer umfasst Heimat alles, was unser Selbst ausmacht: Herkunft, Bindungen an Menschen und Landschaften, politische Ereignisse, Erinnerungen, Geschichten, Bilder und Bücher. Aufgewachsen in einem Pfarrhaus, prägten ihn die Weite der Elblandschaft und die bedrückende Enge der fünfziger Jahre. Er erzählt von der Gemeinschaft in Familie, Kirche, von öffentlichem Engagement, der Sehnsucht nach Freiheit wie der Angst vor Verlusten. Sein Buch ist ein Plädoyer für das Besinnen auf tragfähige Werte und innere Gewissheiten. Zugleich warnt er vor Heimatliebe, die einengt und ausgrenzt.

Weitere Titel (Auswahl):
»Ich habe keinen Gott. Aber Gott hat mich.«. AtV 8149
Lass es gut sein. AtV 7064
Die Bibel für Eilige. AtV 1920

Mehr Informationen erhalten Sie unter
www.aufbau-verlag.de oder in Ihrer Buchhandlung

Jutta Voigt
Westbesuch
Vom Leben in den Zeiten der Sehnsucht
200 Seiten. Gebunden
ISBN 978-3-351-02675-2

Kein Ort drüben

Westbesuch – ein Wort, das Erinnerung in sich trägt, an
Willkommen und Abschied, Umarmung und Entfremdung. In
ihrem brillant geschriebenen, ironischen und hellsichtigen Text
stellt Jutta Voigt fest: Ost- und Westdeutsche kannten sich viel
besser, als nach 1989 gemutmaßt wurde – und sie profitierten
voneinander. Die einen freuten sich auf schöne Geschenke, die
anderen genossen die Bewunderung ihres dicken Audis, ihres
Lebensstandards, vor allem aber die Dankbarkeit für die mitmenschlichen Dienste an den Brüdern und Schwestern. Zwanzig
Jahre nach dem Mauerfall ist die Besuchszeit vorbei. Dennoch
fühlen sich viele Ostdeutsche immer noch zu Besuch im Westen
und viele Westdeutsche als generöse Gastgeber. Das Glück ist nicht
mehr da, wo wir nicht sind. Es hat da zu sein, wo wir sind.

»Jutta Voigt erweist sich als ausgezeichnete Beobachterin, sach-
kundige und pointierte Erzählerin erster Güte.« SÄCHSISCHE ZEITUNG

Weitere Titel (Auswahl):
Der Geschmack des Ostens. AtV 8156

Mehr Informationen erhalten Sie unter
www.aufbau-verlag.de oder in Ihrer Buchhandlung

Robert Misik
Politik der Paranoia
Gegen die neuen Konservativen
202 Seiten. Gebunden
ISBN 978-3-351-02678-3

Neokonservative, ade

Die neuen Konservativen verlangen seit langem »weniger Staat«,
zumindest in der Wirtschaft; wenn es um die Bespitzelung
der Bürger geht, sehen sie das nicht so eng. Sie haben die
Finanzströme dereguliert und warnen auch nach dem Totalcrash
vor »zu viel Intervention«. Die Sozialsysteme betrachten sie als
unmoralisch, weil die Faulen dadurch belohnt werden. Ihr Herz
gehört den Tüchtigen. Sie haben das Privatfernsehen eingeführt,
jetzt monieren sie den Kulturverfall. Sie halten die Familie hoch,
doch durch türkische Großfamilien droht angeblich der Untergang
des Abendlandes. Misiks Plädoyer für linke Werte zeigt, dass eine
moderne Politik der sozialen Gerechtigkeit den konservativen
Konzepten überlegen ist.

Mehr von Robert Misik (Auswahl):
Genial dagegen. AtV 7058
Marx für Eilige. AtV 1945
Das Kult-Buch. AtV 7065

Mehr Informationen erhalten Sie unter
www.aufbau-verlag.de oder in Ihrer Buchhandlung